Das Buch

Nachdem er in seinem Erfolgsbuch »Liquidatoren« die Frage beantwortete, wer die DDR ökonomisch platt machte, beschäftigt sich Hartmann in diesem Band mit den Liquidatoren der Erinnerung. In seinen kurzen, analytischen und bisweilen ironischen Texten polemisiert er gegen Legenden, die von den Herrschenden und ihren Sprachverstärkern täglich 24 Stunden lang verbreitet werden. Eine Erinnerungsindustrie ist damit beschäftigt, Bilder von der DDR zu vermitteln, wie diese zu sehen ist. Sie haben wenig bis nichts mit der Wirklichkeit zu tun. Gedenkstätten, Institute, Forschungsverbünde, Heerscharen gut bezahlter Historiker, Publizisten, Museumspädagogen, Politikwissenschaftler usw. sind in den Dienst dieser Sache gestellt. Sie deuten die DDR-Vergangenheit und erheben ihre Sicht zur einzig zulässigen. Abweichende Auffassungen werden als »Geschichtsrevisionismus« und »Verklärung« denunziert. Ralph Hartmann widerspricht solchen realitätsfernen Darstellungen. Er verklärt nicht, er stellt klar.

Der Autor

Ralph Hartmann, Jahrgang 1935, geboren und aufgewachsen in Zwickau. Nach dem Abitur studierte er von 1954 bis 1960 Außenpolitik in Moskau, anschließend war er im Diplomatischen Dienst der DDR tätig. Er arbeitete unter anderem als Presseattaché bzw. Botschaftsrat in Kuba und Jugoslawien. Von 1982 bis 1988 vertrat er die DDR als Botschafter in Jugoslawien. Von 1988 bis 1990 leitete er den Sektor Sozialistische Länder in der Abteilung Internationale Verbindungen des ZK der SED.

Zwischen 1991 und 1994 war Hartmann wissenschaftlicher Mitarbeiter des Bundestagsabgeordneten Hans Modrow in Bonn. Seither ist er überwiegend publizistisch tätig.

Sein Buch »Liquidatoren«, in welchem er sich kritisch mit der Treuhandanstalt auseinandersetzte, wurde zum Bestseller und erschien in mehreren Auflagen.

Hartmann lebt in Berlin.

W0192573

Ralph Hartmann

DDR-Legenden

Der Unrechtsstaat, der Schießbefehl
und die marode Wirtschaft

edition ost

ISBN 978-3-360-01804-5

© 2009 edition ost im Verlag Das Neue Berlin

Umschlaggestaltung: www.buchgut.com
Druck und Bindung: CPI Moravia Books GmbH

Ein Verlagsverzeichnis schicken wir Ihnen gern:
Das Neue Berlin Verlagsgesellschaft mbH
Neue Grünstr. 18, 10179 Berlin
Tel. 01805/30 99 99
(0,14 Euro/min. aus dem deutschen Festnetz,
abweichende Preise für Mobilfunkteilnehmer)

Die Bücher der edition ost und des Verlags Das Neue Berlin
erscheinen in der Eulenspiegel Verlagsgruppe.

www.edition-ost.de

Vorwort

Der Buchumschlag zeigt das Emblem der DDR am Palast der Republik, aus dem Ährenkranz, Hammer und Zirkel herausgebrochen wurden. Inzwischen ist der Palast abgerissen, und auf der Brache soll das Schloss der Hohenzollern wiedererrichtet werden. Meinen 2006 gemachten Vorschlag, im Schloss den Bundesnachrichtendienst unterzubringen, für den auf dem Gelände des ebenfalls geschleiften »Stadions der Weltjugend« ein Milliardenbau errichtet wird, haben die Verantwortlichen leider nicht angenommen, obwohl dadurch die Kosten halbiert und im Herzen der Bundeshauptstadt der zutiefst demokratische Charakter und die Volksnähe des Geheimdienstes anschaulich und tagtäglich demonstriert werden könnten.

Doch unabhängig davon, was in der Schloßimitation untergebracht wird, der Abriss des Palastes, der von zahlreichen Stararchitekten heftig kritisiert, von der Mehrheit der Ostdeutschen abgelehnt und noch immer bedauert wird, ist ein Symbol für den Umgang der Regierenden mit der DDR und ihren Bürgern. Zugleich ist er ein augenfälliger Beweis für die Dämlichkeit und Verbohrtheit der vermeintlichen, aber letztlich zeitweiligen Sieger der Geschichte und deren bornierten Hass auf die DDR.

Hass macht dumm und blind. Wie sehr, das versuchte ich im zurückliegenden Jahrzehnt in Beiträgen für die Zweiwochenschrift für Politik/Kultur/Wirtschaft *Ossietzky*, einer Nachfolgerin der 1927 bis 1933 von Carl von Ossietzky geleiteten *Weltbühne*, darzustellen. Natürlich sind die Texte auch anderen Themen gewidmet. Sie im einzelnen aufzuzählen, ist unnötig, dafür gibt es ein Inhaltsverzeichnis.

Darüber hinaus enthält auch der Dank, den ich hier aussprechen will, noch einen kleinen Hinweis auf den Inhalt. Keine Angst, das wird kein Dankesmarathon, wie er zum Beispiel im Fernsehen bei der Burda-Bambi-Verleihung stattfindet – also tiefempfundener Dank an Vater, Mutter, Ehegatten, Kollegen, Regisseure bis hin zu verdienstvollen Staatsdienern. Mein Dank hat drei Adressaten:

Da ist zum einen der Verantwortliche Redakteur des *Ossietzky*, Eckart Spoo, der mich immer wieder stimulierte, mich an den Laptop zu setzen, um Beiträge zum Zeitgeschehen zu verfassen. Da im vorliegenden Sammelband die Texte, abgesehen von geringfügigen Kürzungen, so publiziert werden, wie sie der Verantwortliche Redakteur in den *Ossietzky* aufnahm, ist Eckart Spoo für einen großen Teil von ihnen auch der Lektor, dem ich Dank schulde.

Die zweite Danksagung ist von besonderer Art. Sie gilt jemandem, der gewiss sagen wird, den Dank begehr ich nicht. Aber der Betreffende hat ihn verdient. Er ist der Geschäftsführer eines namhaften Berliner Verlages, in dem vor der Jahrtausendwende und seinem Amtsantritt mein Buch »Mit der DDR ins Jahr 2000« erschien. Unter seiner weisen Geschäftsführung erfolgte dafür keinerlei Werbung und ein Restbestand von 700 Exemplaren wurde eingestampft, makuliert, wie es fachmännisch heißt. In der Begründung gab der Makulierer an, dass es bei der »DDR-Welle« nach dem Film »Good bye, Lenin« darum ging, »die DDR als Objekt der Volksbespaßung zu mißbrauchen« und der Verlag und der Autor froh sein müssten, sich nicht »in solchem Zusammenhang verwurstet zu sehen«.

Nun, ich hatte weder für Spaß noch für »Verwurstung« sorgen wollen, noch hatte ich in jenen Chor eingestimmt, die die DDR munter verhackstückten. Im Gegenteil, ich hatte eben dagegen angeschrieben. Und auch aus ökonomischer Sicht war das eilige Einstampfen möglicherweise keine sonderlich kluge Entscheidung. Immerhin ist das Buch mittlerweile im Internet bei *anybook.de* gar für 60,53 Euro zu erwerben, ohne Versandkosten versteht sich. Wer den fürsorglichen Verleger und Makulierer, der z. B. als einer der Kuratoren des 2007 vom Deutschen Historischen Museum veranstalteten DDR-Aufarbeitungs-Panoptikums, offiziell Ausstellung »Parteidiktatur und Alltag in der DDR« genannt, wirkte, kennt, könnte leicht auf den Verdacht kommen, daß es andere Gründe für die Buchvernichtung gab.

Wie dem auch sei, die Rechte an der Publikation fielen dankenswerterweise an mich zurück und so bin ich in der glücklichen und lizenzfreien Lage, daraus das Kapitel »»Der Unrechts-staat‹, die Mauer und die ›marode‹ Wirtschaft« in das Buch »DDR-Legenden« aufzunehmen und es so ganz nebenbei dem Leser zu überlassen, den Grund für die Buchvernichtung zu erraten.

Drittens schließlich gilt mein Dank jenem Verlag, in welchem das vorliegende Buch erscheint. Es ist dort nicht mein erstes, und es ist bei weitem auch nicht das einzige, das sich mit Vergangenheit und Gegenwart hierzulande kritisch auseinander setzt und dessen Anliegen nicht zuletzt eine historisch authentische Darstellung der DDR ist, ohne den untergegangenen Staat zu verklären oder gar zu glorifizieren. Von dieser Art Verlage gibt es nicht viele in der Bundesrepublik, worüber die Flut der Publikationen in diesem Jubeljahr nicht hinwegtäuschen kann. Die edition ost bringt solche Themen nicht, weil sie Konjunktur hätten oder aus Opportunitätserwägungen, sondern weil der Verlag sie seit nun fast zwanzig Jahren für politisch notwendig hält. Und wie sich zeigt, macht sich die Ausdauer in vielerlei Hinsicht bezahlt. Denn die Zahl der Leser wächst stetig, die die Lügen und Legenden nicht mehr hinnehmen.

Das vorliegende Buch erscheint im sogenannten Gedenkjahr 2009, in dem vieler Jahrestage gedacht wird – des 20. des Falls der Mauer und der »Friedlichen Revolution«, des 60. der Gründung der BRD und der DDR, aber auch des 2000. der Schlacht im Teutoburger Wald, des 90. des Erlasses der deutschen Kleingarten-Ordnung, des 75. des ersten Zeichentrickfilmes mit Donald Duck usw. usf.

Nur ein Jubiläum ist in den Vorschauen in der Regel nicht zu finden: der 10. Jahrestag des NATO-Überfalls auf Jugoslawien. Allein das schon war ein Grund, für *Ossietzky*-Beiträge zu verfassen, die den verbrecherischen Angriffskrieg und die darauf folgende schändliche Politik gegenüber Jugoslawien und Serbien beleuchten.

Die Terrorangriffe deutscher ECR- und Recce-Tornados gegen Belgrad, Novi Sad, Kragujevac, Varvarin und andere serbische Ziele erfolgten zehn Jahre nach der Liquidierung der DDR und trotzdem stehen sie in einem unmittelbaren causalen Zusammenhang mit diesem tiefen Einschnitt in der deutschen Geschichte. Während der Abschlusskundgebung einer beeindruckenden Antikriegsdemonstration am 8. Mai 1999 auf dem Berliner Gendarmenmarkt hielten junge kräftige Männer vor den Stufen des Schauspielhauses ein überdimensionales, langgezogenes Transparent, auf dem in großen Lettern geschrieben stand: »Gäbe es die DDR, es gäbe keinen deutschen Angriff auf Jugoslawien.«

Eine hypothetische Feststellung, fern der Realität – und doch ein Stück realer Wahrheit.

Zuweilen wird mir vorgeworfen, die BRD zu schmähen und die DDR schönzuschreiben. Ich bleibe jedoch dabei: Man muß die existierende Bundesrepublik nicht gerade hassen, wenn man sich außerstande sieht, sie zu lieben; und die gewesene DDR verklärt man nicht, wenn man nicht bereit ist, sie zu verdammen.

»Merke: Die Tragödie der vergangenen vierzig Jahre war, zum Glück, ganz so grausam nicht, wie sie heute gern beschrieben wird. Aber das ihr nachfolgende Rüpelspiel hat komische Züge, die nicht zu übertreffen sind.« Das Zitat stammt von Günter Gaus, der immerhin sieben Jahre, von 1974 bis 1981 erster Leiter der Ständigen Vertretung der Bundesrepublik in der DDR war.

Das »Rüpelspiel«, von den einen Anschluss, Einverleibung oder gar Kolonialisierung, von den anderen Beitritt, Vereinigung oder gar Wiedervereinigung genannt, steht mittlerweile fast zwanzig Jahre auf dem Programm der deutschen Bühne. Vor wechselnden Kulissen hat es mit unterschiedlichen handelnden Personen tatsächlich auch unübertrefflich komische Züge. Nur dem Publikum, das häufig in das Spiel einbezogen wird, bleibt nicht selten das Lachen darüber im Halse stecken, meist dann, wenn das Komische zur Groteske gerät. Und an Groteskem im Wiedervereinigungsanschluss mangelt es nicht. Gerade auch davon handelt das vorliegende Buch.

Ralph Hartmann
Berlin, im Februar 2009

Anmerkung
1 *Neues Deutschland*, 2/3. Oktober 1993

Teil I

Der »Unrechtsstaat«, die Mauer und die »marode« Wirtschaft

Wer zählt die Scharen, kennt die Namen –
bis in Adenauers engsten Kreis hinein saßen sie,
diese Aktivisten der ersten Stunde,
und obwohl sich da manches abgeschliffen hat im Lauf
der vierzig Jahre, sind ihre Spuren heute noch erkennbar
auf der Haut, und leider auch im Geiste der Republik,
die zu feiern wir zusammengekommen sind.

Stefan Heym, 1989
in Bad Sassendorf
zur Feier »40 Jahre Bundesrepublik Deutschland«

Der »Unrechtsstaat«

Wer kennt heute eigentlich noch Herrn Otto Hauser? So mancher wird sich erst nach einigem Nachdenken erinnern: Otto Hauser? Das war doch der CDU-Abgeordnete, den Ex-Kanzler Helmut Kohl zu seinem letzten Regierungssprecher und Chefpropagandisten für die Endphase seines Wahlkampfes bestellte, welcher aber alsbald wieder in der Versenkung verschwand, und das nicht allein wegen der 1998 verlorenen Wahl.

Hauser hatte eitel und arrogant, nur etwas zu grob formuliert, was bei der Charakterisierung der DDR als »Unrechtsstaat« eigentlich so neu nicht war. Er hatte die NSDAP mit der SED gleichgesetzt und erstere auch mit der PDS verglichen: Wenn der SPD-Ministerpräsident Reinhard Höppner sich in Sachsen-Anhalt durch die PDS tolerieren lasse, meinte er an seinem ersten Arbeitstag, sei das genauso schlimm, als »wenn es nach dem Ende des Zweiten Weltkrieges in Bonn eine Zusammenarbeit mit Nazis gegeben hätte«.[2]

Auf Nachfragen erklärte er auf seiner ersten Pressekonferenz: »Die NSDAP hat während der nationalsozialistischen Zeit Schlimmes gemacht. Aber auf der anderen Seite hat die SED genauso Schlimmes gemacht.«[3]

Gegenüber dem Berliner *InfoRadio* verteidigte er sich gegen den Vorwurf der Geschichtsklitterung – »weil ja immerhin«, so der Interviewer, »die Ideologie des Nationalsozialismus darauf ausgerichtet war, Menschen ganzer Völker und Rassen zu vernichten« – mit den Worten: »Das ist richtig, und das ist auch durch nichts zu entschuldigen, und das will ich auch nicht gutreden – im Gegenteil.

Ich will nur darauf aufmerksam machen, dass man mit solchen Extremisten, die für totalitäres Regierungshandeln verantwortlich waren, die Menschen auch umgebracht haben, übrigens auch systematisch, dass man mit denen nicht gemeinsame Sache macht. Darüber soll man mal wieder in Deutschland nachdenken. Man soll nicht nur auf dem einen Auge blind sein, sondern soll auch das andere Auge ganz weit aufmachen und mit beiden Augen auf die Welt schauen.«[4]

Zwar ist Hauser bis zum Ende seiner Regierungssprecherzeit eine Erklärung dafür schuldig geblieben, wie man einäugig mit beiden Augen auf die Welt schaut, aber das empörte Echo auf seine Erklärungen in der deutschen Öffentlichkeit war derart, dass es fortan um ihn stiller und stiller und er schließlich zu dem wurde, was er anfangs lauthals verneint hatte, als er erklärte, kein *Regierungsschweiger*, sondern ein *Regierungssprecher* zu sein.

Nur Helmut Kohl und Peter Hintze verteidigten ihn. Der Kanzler meinte, was Hauser über die DDR gesagt habe, sei »absolut in Ordnung« und der CDU-Generalsekretär teilte mit, seine Partei stünde in der Sache zu dem, was Hauser gesagt habe.

Letztere Sache war auch schwerlich zu dementieren, denn die faktische Gleichsetzung der NSDAP und der SED, des Hitlerstaates und der DDR zieht sich wie ein roter Faden durch die lange Geschichte der Verunglimpfung des ostdeutschen Staates. Kein Geringerer als Konrad Adenauer war es, der 1950 auf dem CDU-Parteitag in Goslar erklärte: »Ich wollte die Bewohner der Ostzonen-Republik könnten einmal offen schildern, wie es bei ihnen aussieht. Unsere Leute würden hören, dass der Druck, den der Nationalsozialismus durch Gestapo, durch Konzentrationslager, durch Verurteilungen ausgeübt hat, mäßig war gegenüber dem, was jetzt in der Ostzone geschieht.«[5]

Fast fünfzig Jahre später ist der Blick von Antikommunisten auf die DDR »in der Sache« so ziemlich unverändert geblieben. In der deutschen Ausgabe des Schwarzbuches gegen den Kommunismus sind unter der Überschrift »Die Aufarbeitung des Sozialismus in der DDR« zwei Artikel aus der Feder des Bundesbeauftragten für die MfS-Unterlagen, Joachim Gauck, und seines Mitarbeiters Ehrhart Neubert veröffentlicht. Ganz im Sinne Adenauers zielt der Neubertsche Aufsatz auf den Nachweis ab, dass es in der DDR nichts gegeben habe, was nicht dem Machtgelüst der Regierenden entsprang und nicht auf Unrecht, Gewalt und Verbrechen zu reduzieren wäre, und dass die DDR die schlimmere der »beiden Diktaturen« gewesen sei.

Gemeinsam ist beiden, dem in der Mitte und dem am Ausgang des Jahrhunderts gefällten Urteilen, die Kriminalisierung der DDR. Deren faktische Gleichsetzung mit dem in der Menschheitsgeschichte einmaligen Terrorregime der NS-Diktatur ist jedoch nicht die Geistesfrucht einiger verbohrter Antikommunisten und DDR-Hasser oder irrender Geschichtsprofessoren. Sie gehört zum Gedankengut der Herrschenden und Regierenden, und natürlich auch zu dem von Bundeskanzler Schröder, der im Umzug des Bundestages nach Berlin auch »eine Rückkehr in die deutsche Geschichte« sah, »an den Ort zweier deutscher Diktaturen, die großes Leid über die Menschen in Deutschland und in Europa gebracht haben«[6].

Sie war Bestandteil eines offiziellen Dokumentes des Bundestages selbst, der Drucksache 13/11000, die das Parlament am 17. Juni 1998 zur Kenntnis nahm. In diesem Dokument, dem Schlussbericht der Enquête-Kommission »Überwindung der Folgen der SED-Diktatur im Prozeß der deutschen Einheit«, haben die Kommissionsmitglieder aus den Fraktionen der CDU/CSU, der FDP, der SPD und von Bündnis 90/Die Grünen im Abschnitt VI unter der Überschrift »Gesamtdeutsche Formen der Erinnerung an die beiden deutschen Diktaturen« einstimmig formuliert:

»Am Ende des 20. Jahrhunderts müssen die Deutschen mit der Erinnerung an zwei deutsche Diktaturen und ihre Opfer leben. Die Notwendigkeit von Aufarbeitung und Erinnerung an die beiden Diktaturen ist heute Teil des demokratischen Selbstverständnisses im vereinten Deutschland. Die Erinnerung an die beiden Diktaturen, die die Feindschaft gegen Demokratie und Rechtsstaat verbunden hat, schärft das Bewusstsein für den Wert von Freiheit, Recht und Demokratie. Dies, wie die notwendige Aufklärung über die Geschichte der beiden Diktaturen, ist der Kern des antitotalitären Konsenses und der demokratischen Erinnerungskultur der Deutschen.

Die Erinnerung gilt der nationalsozialistischen Diktatur, die von den Deutschen selbst herbeigeführt, zuerst das eigene Land in Unfreiheit brachte und schließlich ganz Europa mit Vernichtungskrieg und Völkermord überzog. Europa und Deutschland konnten nur durch den entschlossenen Willen und militärischen Sieg der Alliierten vom Nationalsozialismus befreit werden. Die Erinnerung gilt der kommunistischen Diktatur, die von der sowjetischen Besatzungsmacht nach dem Zweiten Weltkrieg implantiert wurde, um alsbald von den deutschen Kommunisten der SED willig exekutiert zu werden. Die SED-Diktatur bedeutete für die Deutschen in der SBZ und DDR Unfreiheit und Unrecht.

Die Deutschen gedenken des Widerstandes und der Opposition gegen die beiden Diktaturen, der Zivilcourage von Menschen, die sich den Diktaturen widersetzten, für eine andere politische Ordnung kämpften oder Verfolgten beistanden. Ohne die moralische Kraft des deutschen Widerstandes wäre nach der nationalsozialistischen Terrorherrschaft ein demokratischer Neuanfang in Deutschland nicht möglich gewesen. Die friedliche Revolution der Deutschen in der DDR vom Herbst 1989 schuf die Grundlage für die freiheitliche Demokratie im vereinten Deutschland. Widerstand und Opposition gegen die Diktaturen sind wichtiger Teil des demokratischen und freiheitlichen Erbes aller Deutschen. [...]

Die Kommisssion betont ausdrücklich, dass Erinnern und Gedenken an die beiden deutschen Diktaturen, ihre Opfer und an Opposition und Widerstand eine gesamtgesellschaftliche Aufgabe sind. Die Erinnerung an die Diktaturen gilt es, im vereinten Deutschland von allen Deutschen wachzuhalten.«[7]

Dass diese »gesamtgesellschaftliche Aufgabe« nicht in Vergessenheit gerät, dafür soll eine Stiftung sorgen, die auf Beschluss des Bundestages ins Leben gerufen wurde, aus Bundesmitteln finanziert wird. Sie nahm am 2. November 1998 offiziell ihre Arbeit auf. Die Stiftung wird sich nur mit einer »der beiden Diktaturen«, der »Aufarbeitung der SED-Diktatur« – so auch ihr Name – beschäftigen und nach dem Willen ihrer Gründer noch lange tätig sein. Dafür bürgt allein schon der allseits bewährte Demokrat und Geschichtsaufarbeiter Rainer Eppelmann. Er ist Vorsitzender des Stiftungsvorstandes, und als solcher blickte er weit ins nächste Jahrtausend: »Diese Aufgabe wird uns noch so lange beschäftigen, als es noch Menschen gibt, die die DDR kannten.«[8]

Aber was wird mit den Menschen, die die DDR nicht mehr selbst erlebt haben? Offenkundig sollen sie sich nur daran erinnern, dass es im 20. Jahrhundert auf deutschem Boden »zwei Diktaturen« gab.

Wozu die Gleichsetzung von NS-Regime und DDR dient, das hat der ehemalige Justizminister Klaus Kinkel 1991 vor dem 15. Deutschen Richtertag in Köln erläutert. Aus schwer nachvollziehbaren Gründen wird beim gewiss häufigen Hinweis auf diese Rede meist nur an den Ministerauftrag zur Delegitimierung des SED-Systems erinnert.

Doch der Minister hat mehr gesagt. Es lohnt sich durchaus, noch einmal nachzulesen: »Sie, meine Damen und Herren, haben als Richter und Staatsanwälte bei dem, was noch auf uns zukommt, eine ganz besondere Aufgabe. Es wird sehr darauf ankommen, wie die in allen Rechtsbereichen auf die Gerichte zukommenden Fragen behandelt werden, ob es vor allem auch gelingen wird, die für die Einheit so wichtige Akzeptanz der gerichtlichen Entscheidungen bei den Menschen zu erreichen. Davon hängt ab, ob der Rechtsstaat in den Augen der Bevölkerung in der Lage ist, mit dem fertig zu werden, was uns das vierzigjährige Unrechtsregime in der früheren DDR hinterlassen hat. [...] Ich weiß sehr wohl, dass die Gerichte nicht allein leisten können, was aufzuarbeiten ist. Aber einen wesentlichen Teil müssen sie leisten, alternativlos.

Ich baue auf die deutsche Justiz. Es muss gelingen, das SED-System zu delegitimieren, das bis zum bitteren Ende seine Rechtfertigung aus antifaschistischer Gesinnung, angeblich höheren Werten und behaupteter absoluter Humanität hergeleitet hat, während es unter dem Deckmantel des Marxismus-Leninismus einen Staat aufbaute, der in weiten Bereichen genauso unmenschlich und schrecklich war wie das faschistische Deutschland.«[9]

Selten hat ein Mitglied der Bundesregierung die enge Verbindung zwischen der Gleichsetzung von NS-Regime und »Unrechtsregime« der DDR sowie Delegitimierung, Kriminalisierung der DDR und politischer Strafverfolgung so offen und so präzise dargelegt wie Kinkel.

Gerade zum 50. Jahrestag der DDR-Gründung werden die Pflöcke tiefer in den Boden gerammt und neue gesucht, um Nazi- und SED-Herrschaft, Hitlerreich und DDR nicht nur zu vergleichen, sondern gleichzusetzen. Mit Akribie und Ausdauer werden die nicht zu bestreitenden Ähnlichkeiten »beider Diktaturen« benannt: der ideologische Absolutheits- und der uneingeschränkte Machtanspruch einer Partei, einer Führungsgruppe oder führenden Person, die Instrumentalisierung des Rechts zur Aufrechterhaltung bestehender Herrschafts- oder Gesellschaftsstrukturen, das Fehlen von demokratischen Strukturen der Machtkontrolle, die Verwandlung des Staates in ein Hilfsinstrument der Partei und ihrer Führung, die Kollektivierung vieler Lebensbereiche, die umfassende ideologische Einflussnahme. Mit Häme wird auf äußerlich ähnliche politische Rituale, auf Fahnenkult und -appelle, Gelöbnisse jeglicher Art, inszenierte Parteitage, lange Ansprachen und donnernde Sprechchöre, Massenveranstaltungen und -aufmärsche, Militärparaden und preußischen Stechschritt, reichen Ordens- und Medaillensegen verwiesen.

Wer wollte diese Ähnlichkeiten leugnen? Dass es die gesellschaftsstrukturellen und antidemokratischen gab, ist unverzeihlich und hat dem Realsozialismus gewaltigen Schaden zugefügt. Dieses schwere Versagen wird auch durch die Feststellung um kein Jota leichter, dass es auch im Realkapitalismus mit der Demokratie nicht gerade zum besten steht. Dass es die Ähnlichkeiten im Brauchtum gab, ist im hohen Maße peinlich. Daran ändert auch die Tatsache nichts, dass es beispielsweise in der Bundeswehr noch immer eine Traditionspflege gibt, die unmittelbar an braune Vorläufer anschließt.

Die strukturellen und äußerlichen Ähnlichkeiten gereichen der DDR nicht zum Ruhme, ganz im Gegenteil. Aber diejenigen, die nur diese hervorheben, unterlassen es, auf die enormen Unterschiede zwischen dem NS-Regime, der offenen faschistischen Diktatur, und der DDR, die sich ein »Staat der Diktatur des Proletariates« nannte, hinzuweisen – auch heute noch, obwohl sie offen zu Tage liegen und viele Male nachgewiesen wurden. Angeführt sind auch sie in einem offiziellen Dokument des Bundestages, im Sondervotum des Mitglieds der Gruppe der PDS/Linke Liste Dr. Dietmar Keller zum »Bericht der (ersten) Enquête-Kommission ›Aufarbeitung von Geschichte und Folgen der SED-Diktatur in Deutschland‹« vom Mai 1994. In diesem, in der linken Bundestagsgruppe heiß diskutierten Dokument kann nachgelesen werden, was bis heute kaum umfassender formuliert wurde und ein längeres, wenn auch gekürztes Zitat rechtfertigt. Im Votum hieß es:

»a) Besonders gravierend sind die völlig anders gearteten welthistorischen Wirkungen und Ergebnisse des Faschismus einerseits und des Staatssozialismus andererseits – hauptsächlich auf die Lebensrechte der Völker sowie auf die Krieg-Frieden-Problematik. [...] Der vom deutschen Faschismus ausgelöste Zweite Weltkrieg hat die Menschheit an den Rand des Abgrunds gebracht; die NS-Macht erhob den Völkermord, der im Holocaust gipfelte, zur Staatspolitik. Ungeachtet der gesellschaftlichen Gegensätze oder politischen Meinungsverschiedenheiten mit den westlichen Großmächten wurde die UdSSR Mitglied der Anti-Hitler-Koalition und leistete einen erheblichen Beitrag zur Abwehr der faschistischen Barbarei. Dabei erbrachte sie von allen Ländern die größten Opfer.

Für die DDR war typisch, dass sie eine Friedenspolitik betrieb. [...] Im Gegensatz zum NS-Regime, dessen Repräsentanten und staatstragende Organisationen und Verbände von internationalen Gremien gebrandmarkt und gerichtlich zur Verantwortung gezogen wurden, gehörte die DDR seit 1973 der UNO an, genoss internationales Ansehen und wurde zu keiner Zeit und von keinem internationalen Gremium völkerrechtlich angeklagt oder verurteilt.

b) Während das NS-Regime antikommunistisch war, war die DDR antifaschistisch. Ein wohl in seiner Bedeutung kaum zu überschätzender Unterschied.

c) Während in der DDR und den anderen staatssozialistischen Ländern zunehmend partiell demokratische Wirkungsräume existierten, wurden diese während des NS-Regimes [...]. letztlich vollständig beseitigt. Der Nazismus negierte Demokratie absolut, er setzte das Führerprinzip dagegen. Der Staatssozialismus versuchte, wenngleich zumeist in fragwürdiger Weise, den Demokratiegedanken in das Konzept der ›sozialistischen Demokratie‹ zu integrieren. Das hatte in Teilbereichen, namentlich auf betrieblicher und örtlicher Ebene, durchaus positive Wirkungen. [...]

d) Grundverschieden sind die Herkunft und die Hauptinhalte der jeweiligen Ideologien. Während die faschistische

Ideologie von Mystizismus und Irrationalismus, vor allem von der antihumanen Rassenlehre getragen wird, ist die Ideologie des ›Marxismus-Leninismus‹ mit dem Rationalismus und Humanismus der Aufklärung verbunden und wendet sich entschieden gegen Völker- und Rassenhass.

e) Grundlegend verschieden sind auch die ökonomischen Strukturen. Im Faschismus bleibt es bei der kapitalistischen Produktionsweise mit ihrer Profitwirtschaft, während der Staatssozialismus eine nichtkapitalistische Wirtschaftsform organisierte, in der neben dem dominierenden staatlichen Eigentum auch genossenschaftliches Eigentum und Privateigentum existierten.

f) Völlig verschieden sind Faschismus und Staatssozialismus auch in sozialer Hinsicht. Entgegen seiner vehement betriebenen sozialen Demagogie verfolgte das NS-Regime eine systematische Entrechtung im Sozial- und Arbeitsbereich. Bei aller Kritik an der DDR kann niemand übersehen, dass sehr viel für die Verbesserung der sozialen Lage der arbeitenden Menschen getan wurde. So konnten zum Beispiel eine weitgehende soziale Chancengleichheit in Bildung, Beruf und Kultur, eine soziale Grundsicherung, das Recht auf Arbeit, die Beseitigung von Arbeitslosigkeit und Obdachlosigkeit verwirklicht werden. In anderen wichtigen Lebensbereichen wie in der Wohnraumbereitstellung, der Gleichstellung der Geschlechter, im Familien- und Arbeitsrecht, im Gesundheitswesen, bei Kinderkrippen, Kindergärten und Kinderhorten sowie in der Kinderferiengestaltung und auf vielen anderen Gebieten wurden Ergebnisse erzielt, die nicht einmal einen Vergleich mit den hoch entwickelten kapitalistischen Industriestaaten zu scheuen brauchen. Im Gegenteil. […]«[10]

All diese unwiderlegbaren Tatsachen bringt die Gleichsetzer von Nazireich und DDR nicht von der einmal gewählten Spur, wie dem vier Jahre später veröffentlichten Bericht der Eppelmann-Kommission Nr. 2 zu entnehmen ist. Es stört sie auch nicht, dass mit dieser Gleichsetzung die ungeheuerlichen Verbrechen der faschistischen Diktatur bagatellisiert werden. Dabei verlieren sie allerdings aus dem Auge, dass bei einem Vergleich zwischen Staat und Gesellschaft Hitlerdeutschlands und der beiden deutschen Nachkriegsstaaten nach den Eppelmannschen Kriterien nicht wenige braune Spuren geradewegs in die Bundesrepublik Deutschland führen.

Nach dem Untergang Hitlerdeutschlands und seiner Aufteilung in vier Besatzungszonen erwiesen sich die drei westlichen, wie Stefan Heym einmal formulierte, als ein »trizonales Eldorado«, in das die geschlagenen Nazis aus allen Teilen des ehemals Großdeutschen Reiches in Scharen flüchteten. Als vier Jahre später die Bundesrepublik Deutschland aus der Taufe gehoben wurde, »da gab es unter der Beamtenschaft zahlreicher Behörden des gerade erst entstandenen Bundesstaates und seiner Länder mehr ehemalige Mitglieder und Funktionäre der aufgelösten und verbotenen NSDAP und ihrer diversen Gliederungen, als dort früher, zu Hitlers Triumphzeiten, vorhanden gewesen waren.«[11]

In der ersten Adenauer-Regierung waren mehr NSDAP-Mitglieder als in der ersten Nazireichsregierung vom 30. Januar 1933. Hier in Westdeutschland wurden sie geschützt, hier wurden sie gebraucht, denn im Gegensatz zu Ostdeutschland wurden die Beschlüsse der Alliierten zur »Vernichtung der bestehenden übermäßigen Konzentration der Wirtschaftskraft, dargestellt insbesondere durch Kartelle, Syndikate, Trusts und andere Monopolvereinigungen«[12] nicht erfüllt. Die ökonomischen Grundlagen, auf denen der Faschismus ruhte, blieben weitgehend unangetastet. Die Herren der Großindustrie und der Hochfinanz, die Hitler gefördert und gestützt hatten, gaben nach kurzer Schamfrist ohne Scham und Umstrukturierung, »Entflechtung« genannt, auch im neuen Staat den Ton an, darunter – um nur einige zu nennen – die ehemaligen Wehrwirtschaftsführer Heinrich Dinkelbach und Heinrich Kost, der Chef des Klöckner-Konzerns, Günter Henle, der Bankier Robert Pferdmenges und ab 1950 – nach Verbüßung einer von den Alliierten verhängten Gefängnisstrafe – Friedrich Flick, im Hitlerreich ebenfalls Wehrwirtschaftsführer, Mitglied des »Freundeskreises des Reichsführers SS Heinrich Himmler« und in der Bundesrepublik Herr eines riesigen Konzernreiches mit Hunderttausenden von Arbeitern und Angestellten. Wenn schon in den letzten Jahren mit immenser Energie nach Ähnlich- und Gleichartigkeiten zwischen Drittem Reich und einem der deutschen Nachkriegsstaaten gefahndet wird, dann gehören die ökonomischen Machtstrukturen zweifellos als erstes und Wichtigstes auf den Prüfstand. Das Ergebnis muss nicht einmal näher erläutert werden.

Die Kontinuität der Machtverhältnisse in der Wirtschaft fand ihre Entsprechung in der Kontinuität des politischen Personals. Bis weit in die 60er Jahre hinein waren ehemalige verdienstvolle Nazis, darunter solche, die barbarische Kriegsverbrechen begangen hatten, in großer Zahl in der Bundesrepublik Deutschland tätig: 21 Minister und Staatssekretäre, 100 Generale und Admirale der Bundeswehr, 828 hohe Justizbeamte, Staatsanwälte und Richter, 245 leitende Beamte des Auswärtigen Amtes und des diplomatischen Dienstes, 297 hohe Beamte der Polizei und des Verfassungsschutzes. Hinter den Zahlen stehen Namen, solche wie Oberländer, Heusinger, Filbinger, Lübke und viele andere politische Prominente der Bundesrepublik. Der am häufigsten genannte ist Dr. Hans Maria Globke. Nicht zu Unrecht, sein Anteil an den Untaten des Hitlerregimes und sein Einfluss in der Bundesrepublik Deutschland sollten auch kommenden Generationen in Erinnerung bleiben, zumal dann, wenn man in der Geschichte der beiden deutschen Staaten nach braunen Spuren Ausschau hält, wenn man nach Verwandtschaften mit dem NS-Regime sucht.

Globke war als Ministerialrat im faschistischen Innenministerium und Spezialist für Rassenfragen Hauptverfasser und richtungsweisender Kommentator der Nürnberger Blutgesetze, mit denen die juristischen Grundlagen für die totale Entrechtung der Juden, für ihre Verschleppung in die Konzentrations- und Vernichtungslager Auschwitz und Majdanek gelegt wurden. Wiederholt wurden seine »Verdienste« an ihrer Ausarbeitung und praktischen Umsetzung in den von der Wehrmacht eroberten Ländern von den höchsten Naziführern hervorgehoben und gewürdigt. Zeitgleich wirkte er bis zum Untergang des faschistischen Staates als Referent für »Allgemeine Angelegenheiten und Geschäftsführung« des deutschen Innenministers, der sich »Generalbevollmächtigter für Reichsverwaltung« nannte und seit 1943 kein anderer als der Reichsführer SS Heinrich Himmler war.

Dieser Globke stand 1945 mit der Nummer 101 auf der Hauptkriegsverbrecherliste der Alliierten, aber 1950, am 8.

Juli, wurde er mit der Unterschrift von Bundespräsident Prof. Heuss als Ministerialdirigent Leiter der Personalabteilung beim Kanzler und drei Jahre später Staatssekretär und Chef des Bundeskanzleramtes. Von der rechten Hand Himmlers wurde er zur rechten Hand Konrad Adenauers, zur »Grauen Eminenz« in Bonn. Über seinen Tisch gingen die für Adenauer bestimmten Schreiben und Vorlagen, er bereitete die Sitzungen des Kabinetts vor, er war der Chef des Staatssekretärs-Ausschusses für Sicherheitsfragen, ihm unterstanden der von Nazi-General Gehlen geleitete Geheimdienst und der Bundespressechef, er war der Koordinator der Schattenregierung der 25 bundesdeutschen Staatssekretäre, von denen mehr als die Hälfte schon im Dritten Reich leitende Positionen eingenommen hatten.

Nicht zuletzt entschied er über die Einstellung und Beförderung aller höheren Beamten. »Dr. Globke war damals und blieb bis zum Ende der Ära Adenauer«, so konstatierte Bernt Engelmann, »der mit Abstand einflussreichste und mächtigste Mann in Bonn nach dem Kanzler. Durch seine Personalentscheidungen bis 1962 wirkte er weit über seine eigene Amtszeit hinaus auf die Politik der Bundesregierung ein, die er während seiner Tätigkeit an der Spitze des Kanzleramtes auch noch dadurch enorm beeinflusste, dass er dem – inoffiziellen – ›Staatssekretärskränzchen‹ präsidierte, wo an Ministern und am Kabinett vorbei zahlreiche Weichenstellungen vorgenommen wurden.

Es ist nicht zuviel gesagt, wenn man feststellt, dass die Entwicklung der Bundesrepublik Deutschland entscheidend mitgeprägt wurde von diesem Mann, dessen Name unter Hunderten von Gesetzen und Verordnungen, Richtlinien und Kommentaren stand, mit deren Hilfe die furchtbarsten Verbrechen der deutschen Geschichte verübt, ja erst möglich wurden.«[13]

Dieser Einschätzung des langjährigen Vorsitzenden des Verbandes deutscher Schriftsteller (VS) bleibt wenig hinzuzufügen.

Ein Ergebnis der Personalentscheidungen von Globke und anderen war es, dass Hunderte von Nazi-Juristen als Richter und Staatsanwälte in der Bundesrepublik Karriere machten, ebenso wie ungezählte SS-Haupt- und Obersturmführer als Kriminalräte und Polizeihauptkommissare, was ebenfalls bei Bernt Engelmann im Detail nachzulesen ist.[14]

In den 50er und 60er Jahren bekamen diese nach der Annahme der sogenannten Blitzgesetze zur Verschärfung politischer Straftatbestände und dem KPD-Verbot vom 17. August 1956 reichlich Arbeit. Allein von 1954 bis 1964 wurden rund 150.000 Ermittlungsverfahren gegen tatsächliche oder vermeintliche Förderer der KPD und andere linke Staatsschutz-Delinquenten geführt, Tausende von ihnen wurden abgeurteilt und nicht wenige von ihnen mit Zuchthaus- oder Gefängnisstrafen ohne Bewährung belegt.

Es galt die Devise: »Wer sich als Kommunist betätigte, kann bestraft werden. Ziel dieser politischen Justiz war es, jeden Versuch eines politischen Kontakts mit [...] der DDR im Keim zu ersticken. Bereits das Organisieren von Reisen in die DDR oder die Teilnahme von Bürgern der Bundesrepublik an Veranstaltungen des FDGB [...] wurde strafbar beurteilt«, schrieb die der kommunistischen Propaganda wahrlich unverdächtige Frau Prof. Dr. Jutta Limbach – heute Präsidentin des Bundesverfassungsgerichtes – 1994 in einer juristischen Fachzeitschrift.[15]

Den verurteilten Antifaschisten und Kommunisten, die unter der Nazi-Diktatur inhaftiert, gequält und gefoltert worden waren, wurden die sogenannten Wiedergutmachungsleistungen, die so schon weitaus geringer als die Pensionen ihrer ehemaligen Kerkermeister waren, entzogen. Bis heute weigern sich Bundesregierung und Bundestag die Opfer dieser Strafjustiz zu rehabilitieren. So gibt es noch eine Spur, die vom NS-Staat in die Bundesrepublik führt: Der Antikommunismus, unterschiedlich in seinen Methoden und Folgen, gleich in seinem Wesen.

Von der Flucht der Nazis in das »trizonale Eldorado« hatte Stefan Heym in einer Rede in Bad Sassendorf zum 40. Gründungsjubiläum der Bundesrepublik gesprochen und hinzugefügt: »Wer zählt die Scharen, kennt die Namen – bis in Adenauers engsten Kreis hinein saßen sie, diese Aktivisten der ersten Stunde, und obwohl sich da manches abgeschliffen hat im Lauf der vierzig Jahre, sind ihre Spuren heute noch erkennbar auf der

Haut, und leider auch im Geiste der Republik, die zu feiern wir zusammengekommen sind.«[16]

Dass die heute in Deutschland Herrschenden, gemeint sind nicht die derzeit Regierenden – zwischen beiden besteht wie ehedem kein geringer Unterschied – die DDR nicht lieben, ist zu verstehen, dass sie ihr keine Gerechtigkeit in Gestalt eines differenzierten Urteils widerfahren lassen, ist zu beklagen. Aber dass ausgerechnet sie die DDR an die Seite der Nazidiktatur stellen und den Antifaschismus als »verordnet« herabsetzen wollen, das ist schon törichte Ignoranz oder widerwärtige Infamie.

Weder das eine noch das andere eignet sich, wenn es um die Beurteilung geschichtlicher Prozesse, ihrer Protoganisten und Ergebnisse geht.

So, wie man, um ein häufig gebrauchtes Bild zu wiederholen, die Leichenberge der Nazis nicht mit den Aktenbergen der Staatssicherheit gleichsetzen kann, kann man die Kommunistenverfolgungen in der Bundesrepublik nicht mit der Menschenvernichtung im Dritten Reich gleichsetzen. Auschwitz bleibt tatsächlich singulär, und es ist die Aufgabe aller Demokraten, eine Wiederholung unmöglich zu machen. Das aber setzt auch voraus, die Nazi-Herrschaft nicht durch eine Gleichsetzung mit der DDR schön- und kleinzureden und mit der geschichtsverfälschenden These von den »zwei Diktaturen in Deutschland« aufzuhören.

Anmerkungen

2 *Die Woche*, 12. Juni 1998
3 Ebd.
4 Interview mit Otto Hauser, Sprecher der Bundesregierung, *InfoRadio* am 3. Juni 1998, 6.10 Uhr
5 Ingeborg Drewitz (Hrsg.): Strauß ohne Kreide, Hamburg 1980, S. 35
6 33. Sitzung des 14. Deutschen Bundestages, Stenographischer Bericht, S. 2669
7 13. Deutscher Bundestag, Drucksache 13/11000, S. 503f.
8 *Das Parlament*, Nr. 46-47/1998
9 *Deutsche Richterzeitung*, 1/1992
10 12. Deutscher Bundestag, Drucksache 12/7820, S. 265

11 Bernt Engelmann: Rechtsverfall, Justizterror und das schwere Erbe, Köln 1989, Bd. 2, S. 291

12 Mitteilung über Dreimächtekonferenz von Berlin, Amtsblatt des Kontrollrats in Deutschland, Ergänzungsblatt Nr. 1, in: Michael Antoni: Das Potsdamer Abkommen, Berlin 1985, S. 340 ff.

13 Bernt Engelmann: Der Allertüchtigste: Hans Globke, in: Die Skandale der Republik, Hamburg 1990, S. 19/20

14 Siehe Bernt Engelmann: Wie wir wurden, was wir sind, München 1980, und Bernt Engelmann: Rechtsverfall, Justizterror und das schwere Erbe, Köln 1989

15 *Neue Justiz*, Heft 2/1994, S. 50

16 Stefan Heym: Einmischung, Frankfurt/Main 1992, S. 197

Die Mauer

Zu den bevorzugten Objekten bundesdeutscher Be- und Abur-
teilung der DDR gehört die Mauer. Kein hochgestellter Vertreter des politischen Establishments am Rhein und an der Spree
verabsäumt es, das niedergerissene Bauwerk, das seine Erbauer
einst »antifaschistischen Schutzwall« nannten, zu erwähnen,
wenn es gilt, den ostdeutschen »Unrechtsstaat« anzuprangern
und die »wiedergewonnene Einheit« zu preisen. In der Regel
begnügen sie sich dann nicht mit einer nackten Bezeichnung
der Baulichkeit, sondern schmücken diese mit den entsprechenden Attributen aus, damit auch jeder weiß, dass von der
»Schand- und Todesmauer« die Rede ist.

Auch das angebliche Mundwerk des Ostens, Wolfgang
Thierse, hat sich diesem Ritual unterworfen und in seiner
Antrittsrede als Parlamentspräsident die Mauer genannt und sie
als »ein absurde(s) und tödliche(s) Monument der Teilung«
bezeichnet.[17] Ob sich der Germanist und Kulturwissenschaftler
mit dieser Wortwahl als besonders treffsicher erwies, ist anzu-
zweifeln. Dass ein Monument, also ein Denkmal, tödlich sein
kann, ist anfechtbar, dass die Mauer absurd, also sinnlos, gewesen sein soll, ist selbst eine unsinnige Charakterisierung.

Sie löst ein geschichtliches Faktum aus seinen Zusammen-
hängen und macht es damit zu einem Akt subjektiver Willkür.
Das verrät die gleiche, und hier ist das Wort am Platze, absurde
historische Sicht wie der Beginn der chronologischen Aufzäh-
lung der Beschuldigungen im Mauerprozeß gegen Erich Honecker und andere SED-Politbüro-Mitglieder vor dem Berliner
Landgericht. Diese begann mit der Feststellung:

»Am 12. August 1961 ordnete der Angeschuldigte Honecker als Sekretär des NVR (Nationalen Verteidigungsrates)
und Sekretär für Sicherheitsfragen beim Zentralkomitee der
SED an, die Grenzanlagen um Berlin (West) und die Sperran-
lagen zur Bundesrepublik Deutschland auszubauen, um ein
Passieren unmöglich zu machen.«[18]

Diese absichtlich kuriose, ahistorische Betrachtungsweise durchzieht nicht nur die Anklageschriften und Urteilsbegründungen in den Totschlagsprozessen gegen Mitglieder der ehemaligen DDR-Führung, gegen Generale und Grenzsoldaten, die man Politbüro-, Mauer- oder Mauerschützenprozesse nannte, sie ist kennzeichnend für die Darstellung der Mauer selbst, einschließlich der Gründe ihrer Errichtung und ihrer Folgen. Sie verschweigt und missachtet einige äußerst simple historische Tatbestände, die heute aber in Vergessenheit geraten sollen. Zur Erinnerung:

– Als Folge des Sieges der Anthitlerkoalition im Zweiten Weltkrieg und der Befreiung des deutschen Volkes vom Faschismus wurde Deutschland in vier Besatzungszonen aufgeteilt. Nach der Gründung der Bundesrepublik Deutschland und der Deutschen Demokratischen Republik und ihrer Aufnahme in die NATO bzw. in den Warschauer Vertrag – beide Male war die westdeutsche Republik vorangegangen – wurden die ehemaligen Zonengrenzen zu einer Staatsgrenze im völker- und staatsrechtlichen Sinne, mit einer einzigen Besonderheit – sie war ungesichert, ungenügend markiert und stand sperrangelweit offen. Ihre Vermessung und Markierung erfolgte nach der Mauererrichtung durch eine Grenzkommission aus Beauftragten der Regierungen beider deutscher Staaten in nahezu gutnachbarlicher Kooperation.

– Lange Jahre erhob die Bundesrepublik Deutschland einen Alleinvertretungsanspruch, bestand auf der Wiederherstellung der deutschen Grenzen von 1937 und erkannte weder die DDR noch deren Staatsgrenzen an. Statt dessen unternahm sie alles, um der DDR vom Tag ihrer Gründung an politischen, finanziellen und ökonomischen Schaden zuzufügen, um sie letztlich zu beseitigen. Der offenen Grenze kam dabei eine Schlüsselfunktion zu.

– Die Grenzlinie, die damals wie heute so gern verniedlichend als »deutsch-deutsche« bezeichnet wurde und wird, war nicht nur eine Grenze zwischen zwei einander nicht wohlgesonnenen Nachbarstaaten, sie war eine Trennlinie zwischen zwei einander feindlich gegenüberstehenden Militärpakten, die Hauptlinie der Konfrontation zwischen Warschauer Vertrag und NATO. Nirgendwo auf der Welt standen sich die Streitkräfte beider hochgerüsteten Militärallianzen so konzentriert gegenüber wie auf dem Boden beider deutschen Staaten. Östlich von Elbe und Werra standen sechs Divisionen der Nationalen Volksarmee mit 110.000 und zwanzig Divisionen der Sowjetarmee mit 350.000 Mann, westlich zwölf Divisionen der Bundeswehr mit 300.000 Mann sowie acht Divisionen der Streikräfte der USA, Großbritanniens und Frankreichs.

Nicht eingerechnet sind hierbei die im strategischen Umfeld stationierten Luftflotten, Raketenarsenale und Nuklearwaffen, bei denen der westliche dem östlichen Militärpakt um ein Mehrfaches überlegen war.

Diese Truppen- und Waffenkonzentration konnte unter den Bedingungen der Rollback-Politik der NATO, des von beiden Seiten geführten Kalten Krieges und der offenen Grenze jederzeit zu einer militärischen Konfrontation mit nicht absehbaren Konsequenzen führen. Angesichts der Schärfe der Auseinandersetzung in den 50er Jahren war es nahezu ein Wunder, dass die Grenze bis zum Sommer 1961 weit geöffnet geblieben war.

Dafür, dass sie im August jenes Jahres geschlossen wurde, gab es bekanntlich noch einen Grund, der zum unmittelbaren Anlass des Mauerbaues wurde und der bei dessen Beginn östlicherseits schamhaft verschwiegen wurde.

In der DDR wurden für die Errichtung des »antifaschistischen Schutzwalls« neben der in diesem offiziellen Namen liegenden viele andere Begründungen gegeben – sie diente der Friedenssicherung, der Verteidigung der Souveränität des ersten sozialistischen Staates auf deutschem Boden, der Gewährleistung des territorialen Status quo in Europa, dem Schutz vor imperialistischer Spionage, Diversion und Ausplünderung. All das traf zu, aber der unmittelbare Zweck wurde nicht genannt und auch heute noch fällt es einigen Linken nicht gerade leicht, einzugestehen, dass die Mauer in Berlin und die Sicherungsanlagen an den westlichen Staatsgrenzen in erster Linie dazu dienten, die Abwanderung von Bürgerinnen und Bürgern der DDR nach Westberlin und in die Bundesrepublik, die, da sie legal nur selten möglich war, Flucht genannt wurde, zu verhindern.

Vor dem 13. August 1961 drohte der DDR ein in der Geschichte noch nicht dagewesener Staatskollaps. Infolge eines unaufhörlichen Bevölkerungsschwundes stand zu befürchten, dass sie ausblutet. Seit ihrer Gründung hatten 2,6 Millionen Menschen ihre Koffer gepackt und waren über die offene Grenze gen Westen gezogen. Im Sommer 1961 war ihre Zahl so sprunghaft angestiegen, dass dem Staat, der sich anschickte, den Sozialismus aufzubauen, die Gefahr drohte, einen beträchtlichen Teil des Staatsvolkes an den kapitalistischen Nachbarn zu verlieren. Ökonomisches Gefälle innerhalb eines Landes und auch zwischen benachbarten Ländern führt bei offenen Grenzen unausweichlich zur Abwanderung von Teilen der Bevölkerung aus den ärmeren in die reicheren Gebiete, und das West-Ost-Gefälle auf deutschem Boden war beträchtlich. Die Mehrheit derer, die ihr Bündelchen im noch immer grauen Osten schnürten und im bunten Westen auspackten, zog es weniger in die kapitalistische Freiheit und Demokratie, sondern vielmehr in das bundesdeutsche Wirtschaftswunderland.

Diejenigen, die das Gegenteil behaupteten, kommen spätestens jetzt bei der Frage ins Stottern, weshalb sich nach 1990, nachdem westliche Demokratie und Freiheit auch im Osten Einzug gehalten haben, die Ost-West-Wanderung im großen Umfang fortgesetzt hat?

Immerhin verließen in der Zeit von 1990 bis 1998 rund 1,8 Millionen Ostdeutsche ihre Heimat und schlugen ihre Zelte im Westen des staatlich vereinigten Deutschlands auf.

Wie die Abwanderungs- oder Fluchtgründe vor 1961 im einzelnen auch ausgesehen haben mögen: Die offene Grenze stellte für die DDR eine offene Wunde dar. Währungsspekulanten, Grenzgänger, die im Westen arbeiteten und im Osten soziale Vorteile nutzten, Auf- und Wiederverkauf rarer technischer Konsumgüter und subventionierter Lebensmittel, eine Vielzahl von Spionage- und Sabotagezentren in Westberlin, laut dem damaligen Regierenden Bürgermeister Ernst Reuter die »billigste Atombombe«, fügten der DDR großen Schaden zu, am schmerzlichsten und existenzbedrohend aber war der anschwellende Strom der Menschen, darunter vieler Facharbeiter, Ingenieure, Wissenschaftler, Ärzte, die, zu großen Teilen auch abgeworben, ihrer Heimat den Rücken kehrten.

Kreml- und SED-Führung standen vor einem schweren Dilemma:

Behielt man die offene Grenze bei, dann war das Ende des Arbeiter- und Bauernstaates abzusehen. Bei einem Zusammenbruch der DDR konnte die Entwicklung jedoch endgültig außer Kontrolle geraten und wahrscheinlich geradewegs in einen militärischen Konflikt führen. Nicht einmal die reaktionärsten Kräfte in Washington und in den NATO-Stäben erwarteten, dass die Weltkriegssieger- und Großmacht Sowjetunion in dieser Phase der Blockkonfrontation dem Verlust des deutschen »Vorpostens« in Europa mit verschränkten Armen zusehen könnte. Griff man zum einzig verbliebenen, kurzzeitig wirksamen Mittel, um den Zusammenbruch der DDR zu vermeiden, und schloss die Grenze, so bedeutete das die Offenbarung der Absicht, auch die Sozialismus-Ungläubigen mit Gewalt zu ihrem sozialistischen Glück zu zwingen, und das Eingeständnis einer politischen Niederlage ohnegleichen.

Es war eine Wahl zwischen Pest und Cholera. Die Entscheidung fiel zugunsten des scheinbar kleineren Übels.

Am 5. August 1961 wurde auf einer Beratung der Parteiführer der Staaten des Warschauer Vertrages die Abriegelung der Grenze und der Bau der Mauer beschlossen. Eine Woche danach wurden der Stacheldraht ausgelegt, die Straßen aufgerissen, der Wall, der antifaschistische, errichtet.

Die oberste Leitung der militärischen Sicherung der Maßnahmen lag in den Händen des Oberkommandierenden der sowjetischen Streitkräfte in Deutschland, Marschall Konew. Und noch 1986 schrieb Gorbatschow in das Mauer-Gästebuch: »Am Brandenburger Tor kann man sich anschaulich davon überzeugen, wieviel Kraft und wahrer Heldenmut der Schutz des ersten sozialistischen Staates auf deutschem Boden vor den Anschlägen des Klassenfeindes erfordert. Die Rechnung der Feinde des Sozialismus wird nicht aufgehen. Das Unterpfand dessen sind das unerschütterliche Bündnis zwischen der DDR und der UdSSR sowie das enge Zusammenwirken der Bruderländer im Rahmen des Warschauer Vertrages. Ewiges Andenken an die Grenzsoldaten, die ihr Leben für die sozialistische DDR gegeben haben!«[19]

Damals wusste Gorbatschow noch, dass der Schutzwall ein sozialistisches Gemeinschaftswerk unter sowjetischer Führung war, und später war es nicht zufällig, dass der USA-Präsident

Reagan seinen Appell zur Öffnung der Mauer an ihn und nicht an Honecker richtete.

Im August 1961 hatte einer der Vorgänger Ronald Reagans die Zuständigkeit nicht anders gesehen. Wenige Tage vor der Schließung der Grenze hatte John F. Kennedy laut seinem Berater Walt W. Rostow erklärt: »Ostdeutschland entgleitet Chruschtschow. Das kann er nicht zulassen. Wenn Ostdeutschland verloren geht, ist auch Polen und ganz Osteuropa verloren. Er muss etwas tun, um den Flüchtlingsstrom einzudämmen – vielleicht eine Mauer. Und wir werden nichts dagegen tun können.«[20] Auch das Völkerrecht bot keinen Vorwand, um gegen den Mauerbau vorzugehen.

Nahezu zeitgleich mit Kennedys Einschätzung erklärte der Vorsitzende des Außenpolitischen Ausschusses James W. Fulbright auf die Frage nach einer möglichen Schließung Westberlins als Fluchtweg, dass »die Russen die Macht haben, ihn auf jeden Fall zu schließen [...], ohne einen Vertrag zu verletzen.« Weiter stellte er fest: »Ich verstehe nicht, weshalb die DDR-Behörden ihre Grenze nicht schließen, denn ich meine, sie haben alles Recht, sie zu schließen.«[21]

Von dieser Macht und von diesem Recht wurde Gebrauch gemacht, obwohl darunter viele Deutsche in Ost und West auch schwer zu leiden hatten. Der Bau der Mauer beendete eine Krise, die jeder Zeit außer Kontrolle geraten konnte. »Es war darum nicht verwunderlich und auch nicht zufällig, dass die maßgeblichen Staatsmänner der Westmächte in den entscheidenden Stunden des 13. August 1961 nicht zu sprechen waren: USA-Präsident J. F. Kennedy setzte seine Wochenendparty auf seiner Jacht fort, der französische Präsident Charles de Gaulle verblieb auf seinem Landsitz, und der britische Premier Harold Macmillan fuhr mit seinem Außenminister zur Rebhuhnjagd nach Schottland.«[22]

Welche realistische Alternative gab es unter den gegebenen, inzwischen historischen Verhältnissen zum Bau der Mauer, eines tatsächlich abscheulichen Bauwerkes? Auch heute noch ist keiner der linken Kritiker in der Lage, darauf eine vernünftige Antwort zu geben. Sollte man statt der Pest die Cholera wählen, sollte man statt die ins Trudeln geratene Republik zu retten, sie aufgeben und damit auch einen Kriegsbrand riskieren? Nüchtern betrachtet, war die getroffene Entscheidung leider alternativlos. Besserwissern ist die Lektüre der »Einführenden Bemerkungen eines Reiseführers vor einem Reststück der Mauer« zu empfehlen, die einer der Kritiker des DDR-Regimes, der schon zitierte Stefan Heym, im August 1986 machte und – auch das spricht nicht gerade für das in der DDR erreichte Niveau der sozialistischen Demokratie – anonym veröffentlichen ließ.

Reiseführer Heym schrieb: »Sie sehen also, meine Damen und Herren, dass die Mauer [...] aus der Not geboren war und nicht aus irgendwelcher bösartigen Willkür; sie diente dazu, den real existierenden Sozialismus in der ehemaligen Deutschen Demokratischen Republik vor dem Zusammenbruch zu bewahren, einem Zusammenbruch, der hier, an der Nahtstelle zwischen den beiden Machtblöcken jener von Atomraketen geprägten Zeit, mit großer Wahrscheinlichkeit zu kriegerischen Verwicklungen geführt hätte.«[23]

Die Notmaßnahme Mauer war alles andere als eine Ruhmestat des Sozialismus. Doch die nicht eingestandene Niederlage wurde in einen Sieg umgemünzt. Und die Entwicklung im Jahrzehnt nach der Errichtung des Walls schien seinen Erbauern Recht zu geben. Selbst die erste Eppelmann-Kommission stellte fest: »Nach dem Bau der Berliner Mauer trat in der DDR eine innere Konsolidierung ein, in deren Gefolge die Führung ein in der Hauptsache wirtschaftliches Reformprogramm in Angriff nahm.«[24]

Einher ging die »innere Konsolidierung« mit einer schrittweisen Anerkennung der politischen und territorialen Realitäten in Europa, die schließlich zum Durchbruch der von Bonn über die DDR verhängten diplomatischen Blockade und zum europäischen Vertragswerk führte.

Egon Bahr, Architekt der Bonner Ostpolitik und gleichermaßen scharfsinniger wie scharfzüngiger Analytiker internationaler Entwicklungen, fasste diese Folgen im Februar 1999 in die drastischen Worte: »Diese Scheißmauer ist unter anderem Ausgangspunkt dessen, was später Ost- und Entspannungspolitik genannt wurde. Die Situation war: Da mir niemand hilft, dieses Ding wegzubringen, stehe ich vor der Frage, entweder ich protestiere erbittert, gerechtfertigt und resigniert und warte auf Wunder. Oder ich fange an, selbst etwas zu tun. Und selbst etwas zu tun, heißt, da ich Passierscheine leider nicht von der Bundesregierung kriege, nicht von den Amis, nicht mal von den Russen, muss ich mit denen verhandeln, die autorisiert sind, sie auszustellen. Das war die Regierung der Deutschen Demokratischen Republik.«[25]

Die Mauer hatte der DDR und ihrer Führung Zeit verschafft, den Sozialismus demokratischer, attraktiver und damit das Bauwerk durchlässiger und letztlich überflüssig machen zu können. Diese Zeit wurde vertan. 1961 hatte die Mauer die DDR gerettet, 1989 ging sie an ihr zugrunde.

Die »aus der Not geborene Maßnahme« stabilisierte die DDR und verhinderte »kriegerische Verwicklungen«, doch der Preis dafür war hoch, zu hoch, wie viele meinen.

Wer A wie Absperrung der Grenze sagte, der musste auch B wie Bewachung sagen, alles andere hätte die Staatsgrenze als Sperrlinie, deren illegales Überschreiten untersagt war, ihres Sinnes beraubt. Letztes und äußerstes Mittel war der Einsatz von Schusswaffen, der immer wieder Menschenleben forderte. Was nützt es heute darauf hinzuweisen, dass es keinen »Schießbefehl« gab, die »Schusswaffengebrauchsbestimmungen« der DDR-Grenzer nahezu wortwörtlich mit denen im bundesdeutschen Grenzdienst übereinstimmten und die Grenzverletzer wussten, welchem tödlichen Risiko sie sich aussetzten – die Toten werden davon nicht wieder lebendig, das menschliche Leid nicht ungeschehen.

Jahrelang haben bundesdeutsche Behörden und die mit Steuermitteln bestens finanzierten DDR-Aufarbeitungszentralen eifrig nach dem »Schießbefehl« gesucht. Verbissen wurde in den Archiven des Politbüros, des Nationalen Verteidigungsrates, der Volksarmee, des MfS und in Privatwohnungen das Unterste zuoberst gekehrt, um das Schlüsseldokument für den »Unrechtsstaat« zu entdecken. Erfolglos.

Dann endlich, am Vorabend des 46. Jahrestages der Errichtung der Mauer, wurden sie fündig. Am 12. August 2007 konnte Springers *Welt* melden: »Ein Dokument aus Magdeburg belegt erstmals, wie unmenschlich das SED-Regime seine Soldaten auf den Todesschuss gedrillt hat. Sogar Frauen und Kinder sollten erschossen werden. Der Schießbefehl der Stasi liegt schriftlich vor.«

Im Archiv der Magdeburger Außenstelle der Gauck-Birthler-Behörde wurde das heißersehnte Dokument entdeckt. Es datierte vom 1. Oktober 1973 und darin hieß es wörtlich: »Zögern Sie nicht mit der Anwendung der Schusswaffe, auch dann nicht, wenn die Grenzdurchbrüche mit Frauen und Kindern erfolgen, was sich die Verräter schon oft zunutze gemacht haben.«

Der so schreckliche Befehl löste bei den meisten Medien keine Bestürzung, sondern Jubel aus.

Die *Bild* überschrieb ihren Bericht vom 13. August: »Der Stasi-Schießbefehl. Die brutale Wirklichkeit über die DDR«, und die angeblich größte Berliner Tageszeitung *BZ* triumphierte: »Schießbefehl. Was sagt ihr jetzt, ihr DDR-Verklärer?« In den Hauptnachrichten von ARD und ZDF wurde der nun doch gefundene Befehl zur Spitzenmeldung und in den meisten Printmedien zum bevorzugten Kommentarthema. Die *Frankfurter Allgemeine Sonntagszeitung* titelte: »DDR wollte auf Kinder schießen« und machte den Stasi-Oberüberwacher im Aufklärungsfilm »Das Leben der Anderen«, den Schauspieler Ulrich Mühe, zum Opfer des Befehls: »Weil er als Mauerwächter dienen musste, bekam er ein Magengeschwür, an dessen Folgen er nun starb.«

Die DDR-Spezialisten stimmten ein. Jörg Stoye, der Chef der erfolgreichen Magdeburger Außenstelle, nannte das Schriftstück einen »aufsehenerregenden und für die Erforschung sowie Aufarbeitung der Stasi-Geschichte höchst bedeutsamen Fund«. Hubertus Knabe, der Leiter der Gedenkstätte in Berlin-Hohenschönhausen, sprach von einer »Lizenz zum Töten«: »Erschreckend an dem Befehl ist vor allem, dass auch Frauen und Kinder erschossen werden sollten. Erstmals gibt es nun auch einen schriftlichen Beweis für den Schießbefehl.«

Und aus der Sicht des Menschenrechtsbeauftragten der Bundesregierung, Günter Nooke, war das Fundstück der Beleg für einen flächendeckenden Schießbefehl an der DDR-Grenze: »Für mich ist das der Beweis, dass es immer einen Befehl zum Schießen an der Grenze gab«, konstatierte er im »Morgenmagazin« des *ZDF*. Die DDR, so der Menschenrechtskämpfer, sei wirklich von Leuten regiert worden, die angewiesen hätten, auf Frauen und Kinder zu schießen. »Und das wären heute Verbrechen gegen die Menschlichkeit, das gehörte nach Den Haag vor den Internationalen Strafgerichtshof […]. Und die Leute von der Stasi oder die SED-Kader, die das heute leugnen, diesen Schießbefehl, die tun das wie jeder miese Verbrecher, und versuchen, so lange die Dokumente nicht da sind, den Anschein zu erwecken, als wäre es nicht so gewesen.«

Doch was war der »Schießbefehl« für ein »Dokument«?

Obwohl »Dienstanweisungen des MfS«, und angeblich sollte es das sein, auf einem Kopfbogen des Ministers für Staatssicherheit geschrieben und gedruckt sowie mit der Anzahl der Seiten, Geheimhaltungsstufe und Verschlussnummer auf jedem Blatt versehen sein mussten, war das in den Akten eines Unterfeldwebels der Grenztruppen gefundene Papier mit einer Schreibmaschine geschrieben, es trug weder einen Kopf noch eine Unterschrift. Weitgehend verschwiegen wurde, dass es darin um Deserteure gegangen sein soll, die bekanntlich bewaffnet sind und schwerlich mit Frau und Kind bei Nacht und Nebel von ihrem Grenzposten zur anderen Seite überlaufen. Hinzu kam, dass das äußerst fragwürdige »Dokument« bereits 1993 aufgefunden, 1997 in dem Buch »DDR-Geschichte in Dokumenten« veröffentlicht und bis 2004 im Informations- und Dokumentationszentrum der MfS-Unterlagenbehörde ausgestellt worden war.

»Wiederentdeckt« wurde es im Juni 2007, doch die Verantwortlichen für die Vorbereitung des Mauer-Jubiläums hielten es für geraten, den sensationellen Fund erst an dessem Vorabend bekannt zu geben.

Der Schwindel flog auf, und selbst *Die Welt* sah sich genötigt, bereits nach zwei Tagen ihren neuen Bericht mit »Pfusch in der Birthler-Behörde« zu überschreiben.

Egon Krenz, der ehemaliger Staatsratsvorsitzende der DDR, war nicht zu widerlegen. Er hatte unmittelbar nach Beginn der neuen »Schießbefehl«-Kampagne unzweideutig gegenüber *Bild* erklärt: »Es hat einen Tötungsbefehl, oder wie Sie es nennen ›Schießbefehl‹, nicht gegeben. Das weiß ich nicht aus Akten, das weiß ich aus eigenem Erleben. So ein Befehl hätte den Gesetzen der DDR auch widersprochen.«

Einen knappen Monat später schrieb er: »Vor über einem Jahrzehnt habe ich vor Gericht gesagt: ›Jeder Tote hat mich immer betroffen gemacht, hat mich zum Nachdenken veranlasst, wie Zwischenfälle an der Grenze verhindert werden können. Dass dies nicht immer gelang, zähle ich zur Negativseite meiner Lebensbilanz. Das Regime an der Grenze zwischen den Staaten des Warschauer Vertrages und denen der NATO lässt sich aber nicht auf subjektive Schuld reduzieren. Ohne Spaltung Europas keine Spaltung Deutschlands. Ohne den Beitritt der BRD zur NATO keine Mitgliedschaft der DDR im Warschauer Vertrag. Ohne Vertragszugehörigkeit keine Bündnisdisziplin.‹ Das ist keine Rechtfertigung eines ›Ewiggestrigen‹, sondern die Beschreibung von geschichtlichen Tatsachen.«[26]

Das tragische Geschehen an der Mauer hat im Laufe der Jahrzehnte Hunderte von Todesopfern gefordert. Jedes ist ein Opfer zuviel. Die Unterlegenen in der an menschlichen Tragödien reichen historischen Auseinandersetzung haben darüber wiederholt ihr tiefes Bedauern zum Ausdruck gebracht. Selbst der sonst so uneinsichtige Erich Honecker erklärte im Dezember 1992 vor dem Berliner Landgericht: »Der unnatürliche Tod jedes Menschen in unserem Land hat uns immer bedrückt. Der Tod an der Mauer hat uns nicht nur menschlich betroffen, sondern auch politisch geschädigt. Vor allen anderen trage ich seit Mai 1971 die Hauptlast der politischen Verantwortung dafür, dass auf denjenigen, der die Grenze zwischen der DDR und der BRD, zwischen Warschauer Vertrag und NATO, ohne Genehmigung überschreiten wollte, unter den Bedingungen der Schusswaffengebrauchsbestimmung geschossen wurde.«[27]

Seitens der vermeintlichen Sieger gibt es bis heute – von seltenen Ausnahmen abgesehen – kein Wort des Bedauerns über die Opfer der anderen Seite, über den Tod von DDR-Grenzsoldaten, die aus westlichem Hinterhalt oder Grenzverletzern ermordet wurden, auch nicht dafür, dass nicht wenige DDR-Bürgerinnen und -Bürger durch ein im Widerspruch zum Völkerrecht stehendes Urteil des Bundesverfassungsgerichtes, wonach die Staatsgrenze wie eine Grenze zwischen BRD-Bundesländern zu betrachten sei, durch Politiker, Geheimdienstler, Menschenschlepperorganisationen, Medien zum Grenzübertritt ermuntert oder unmittelbar veranlasst wurden, der – wie alle wussten – tragisch enden konnte und leider nicht selten auch so endete.

Ganz zu schweigen davon, dass sich die Mitverantwortlichen für die Existenz des »Eisernen Vorhanges«, zu dem die Mauer gehörte, auch nur mit einem Halbsatz, mit einem Wort zu ihrer Mitschuld an den tragischen Geschehnissen in den Zeiten der deutschen Zweistaatlichkeit und der Blockteilung in Europa bekennen würden. Schlimmer noch, vielen von ihnen kommt dazu nicht einmal der Anflug eines Gedankens.

Waren tatsächlich Ulbricht, Honecker und später Krenz die Alleinschuldigen an der Mauer? Haben nicht auch andere mitgebaut, jeder auf seine Weise?

Hitler und die Nazis, mit ihrem verbrecherischen Krieg, der zur bedingungslosen Kapitulation und zur Aufteilung Deutschlands in Besatzungszonen führte?

Adenauer, der das halbe Deutschland lieber ganz als das ganze Deutschland halb wollte, das besetzte Land endgültig spaltete und seinen Weststaat in die NATO führte?

Die Präsidenten der USA von Truman, der mit dem Befehl zum Abwurf der Atombomben über Hiroshima und Nagasaki den Weltherrschaftsanspruch der Vereinigten Staaten unterstrich, bis Kennedy, der die Strategie der »Flexiblen Reaktion« verabschiedete, mit der »begrenzte« und »lokale« Kriege unterhalb der Schwelle eines umfassenden Kernwaffenschlages möglich gemacht wurden?

Churchill, der 1946 mit seiner Rede im Westminster College der Stadt Fulton in den USA in Anwesenheit Trumans ein Programm des militanten Antikommunismus verkündete und damit den Kalten Krieg einläutete?

Stalin und Chruschtschow, die nicht zulassen wollten, dass der sowjetische Sieg im Zweiten Weltkrieg im Nachhinein verspielt würde und die ihr Einflussgebiet um jeden Preis absichern wollten?

Tatsächlich, viele haben an der Mauer mitgebaut.

Lassen wir noch einmal den schon erwähnten »Reiseführer vor einem Reststück der Mauer« aus dem Jahre 1986 zu Wort kommen, und dazu noch recht ausführlich:

»Wer waren die Baumeister, wer inspirierte, verursachte, veranlasste die Errichtung eines so einzigartigen Werkes moderner Bautechnik? Der Schrifsteller Stefan Heym, der die Gelegenheit hatte, die Gründe des Mauerbaus von Amerika wie von

Deutschland aus zu erforschen und auf dessen Gedanken meine Ausführungen hier und da Bezug nehmen, nennt in diesem Zusammenhang vornehmlich Adolf Hitler, Harry Truman, Konrad Adenauer und auf östlicher Seite Jossif Wissarionowitsch Stalin und den seit je an städtebaulichen Fragen interessierten Walter Ulbricht; er fügt jedoch hinzu, wie die Geschichte denn überhaupt nur in begrenztem Maße von Einzelpersonen gemacht werde, seien auch hier größere Kräfte im Spiel gewesen, denen die Genannten untertan waren.

Vereinfacht gesagt, und damit Sie, meine Damen und Herren, sich ein Schema machen können: Ohne Hitler kein Krieg und ohne Krieg kein Vorrücken der Sowjetmacht bis in die Mitte von Deutschland; ohne Hitler also keine Teilung Deutschlands in ein östliches und westliches Besatzungsgebiet. Die Anfänge der Mauer liegen demnach in jener Nacht im Januar 1933, als auf der Wilhelmstraße in Berlin SA und SS fackeltragend an ihrem Führer vorbeimarschierten.«[28]

Stefan Heym steht mit dieser Einschätzung nicht allein. Auch der Angeklagte Erich Honecker erklärte, als er vor dem Berliner Landgericht am 3. Dezember 1992 »die Geschichte, die zur Mauer führte«, rekapitulierte: »Der unmittelbare Beginn des Elends der deutschen Geschichte der Neuzeit ist das Jahr 1933.«[29]

Sein früherer bundesdeutscher Pendant, Bundespräsident Richard von Weizsäcker, hatte schon zehn Jahre früher unterstrichen, dass die Entwicklung, die zur Mauer führte, 1933 begann. In einer Rede zum 50. Jahrestag der faschistischen Machtergreifung erklärte er im Berliner Reichstagsgebäude: »Am 30. Januar 1933 brach die Weimarer Republik zusammen. In allernächster Nähe von diesem Platz, an dem wir versammelt sind, leuchtete am Abend des 30. Januars ein Fackelzug den Beginn der nationalsozialistischen Zwangsherrschaft ein [...] Sie hat unsägliches Leid über viele Millionen unschuldiger Menschen mit sich geführt [...] Sie hat den Gang der Geschichte grundlegend verändert [...]

Wie ein mahnendes Monument steht dieser Reichstag an der Mauer, die bis auf den heutigen Tag Berlin, Deutschland und Europa teilt. Aber es gäbe diese Mauer nicht ohne den 30. Januar 1933.«[30]

Nichts anderes erklärte der Vorstand der PDS 1997 der Sache nach in seiner Stellungnahme zur Verurteilung von Egon Krenz im sogenannten Politbüro-Prozeß: »Die Zustände an der früheren Staatsgrenze, die zugleich eine Konfrontationslinie hochgerüsteter Militärblöcke war, hätte es – wie diese Grenze selbst – nie gegeben, wenn es das Dritte Reich und seinen Weltkrieg nicht gegeben hätte.«[31]

Die Mitschuldigen an der Mauer und ihren tragischen Folgen betrachten sich heute als Sieger, und so handeln sie, mit Hilfe der Justiz und mit den Mitteln einer allseitigen Kriminalisierung der DDR.

Anmerkungen

17 *Das Parlament*, Nr. 45/1998

18 *Blätter für deutsche und internationale Politik*, Januar 1993, S. 121

19 Zwei Staaten, zwei Paktsysteme und ihre Grenze. Geschichte – Standpunkte – Dokumente, Berlin 1992, S. 27

20 Hans-Peter Schwarz: Die Ära Adenauer, Wiesbaden o. J., S. 144

21 H. M. Catudal: Kennedy in der Mauer-Krise, Berlin, S. 216

22 Autorenkollektiv unter der Leitung von Hans Modrow: Zwei Staaten, zwei Paktsysteme und ihre Grenze, Berlin 1992, S. 15

23 Stefan Heym: Einmischung, Frankfurt/Main 1992, S. 112

24 Bericht der Enquête-Kommission »Aufarbeitung von Geschichte und Folgen der SED-Diktatur in Deutschland«, 12. Deutscher Bundestag, Drucksache 12/7820, S. 123

25 Interview mit Egon Bahr: Heucheleien im Kalten Krieg, *taz* vom 5. Februar 1999

26 *Leipzigs Neue*, Nr. 19/2007 vom 21. September 2007

27 *Blätter für deutsche und internationale Politik*, Januar 1993, S. 120

28 Stefan Heym: Einmischung, Frankfurt/Main 1992, S. 109

29 *Blätter für deutsche und internationale Politik*, Januar 1993, S. 122

30 Richard von Weizsäcker: Brücken zur Verständigung. Reden, Berlin 1990, S. 19

31 *PDS-Pressedienst* 35/1997

Die »marode« Wirtschaft

Fast zehn Jahre nach der Währungsunion und dem Anschluss der DDR an die Bundesrepublik liegt die Wirtschaftsleistung Ostdeutschlands noch immer unter dem 1989 in der DDR erreichten Niveau, die Industrieproduktion um nahezu fünfzig Prozent. Die 2. Eppelmann-Kommission, die sich auch mit der »wirtschaftspolitischen Lage in den neuen Ländern« beschäftigte, verschweigt dieses glanzvolle Ergebnis des »Aufschwungs Ost« und spricht statt dessen von der »kläglichen Schlussbilanz des wirtschaftlichen Systems in der DDR«, die »ein in vierzig Jahren Planwirtschaft bis in seine Grundstrukturen zerstörtes [...] Land« gewesen sei.[32]

Und der Namensgeber der Kommission, Rainer Eppelmann, der als ehemaliger Pfarrer doch das achte Gebot kennen müsste (»Du sollst nicht falsch Zeugnis reden wider Deinen Nächsten«), scheute sich nicht, in der Bundestagsdebatte zu dem Bericht zu erklären: »So wie wir nach dem Ende des von der ersten deutschen Diktatur ausgelösten Krieges unser zerstörtes Land wieder aufbauen mussten, so müssen wir heute nach dem Ende der zweiten deutschen Diktatur [...] die neuen Länder gemeinsam wieder aufbauen.«[33]

Damit bewegte er sich auf dem Niveau des Otto Graf Lambsdorff, der sich als besonders eifriger Vorsänger des Liedes von den »wirtschaftlichen Ruinen«, die die SED-Herrschaft hinterlassen habe, erwies und die Aufbauleistungen der Ostdeutschen in den Nachkriegs- und DDR-Jahren mit dem schönen Spruch würdigte, vierzig Jahre Misswirtschaft der SED hätten dem Osten Deutschlands mehr Schaden zugefügt als der Zweite Weltkrieg. Noch immer muss die »marode« Wirtschaft herhalten, wenn es darum geht, die Ostdeutschen zu ducken, die West- und Ostdeutschen zur »Solidaritäts«-Kasse zu bitten und die fatalen Folgen der Industriezerstörung in Ostdeutschland zu rechtfertigen.

Wie marode war die DDR-Wirtschaft 1989 tatsächlich?[34]

Kein ernsthafter Ökonom wird die wirtschaftliche Lage der DDR von 1989 schönreden. Nach Schätzungen des Deutschen Institutes für Wirtschaftsforschung (DIW) lag das Produktionsergebnis je Einwohner um etwa ein Drittel unter dem der BRD, nach späteren Berechnungen sogar um etwa fünfzig Prozent. Zugunsten der »Einheit von Wirtschafts- und Sozialpolitik« war die dringliche Erneuerung der Infrastruktur (Straßenverkehr, Post- und Fernmeldewesen, Trink- und Abwasserversorgung) sowie des zum Teil überalterten Maschinenparks von Jahr zu Jahr hinausgeschoben worden. Von 1970 bis 1988 hatte sich der Anteil der Akkumulation von 29 auf 21 Prozent verringert. Die Nettoausgaben und Geldfonds der Bevölkerung wuchsen schneller als die Warenfonds bzw. das produzierte Nationaleinkommen. Die Aufrechterhaltung niedriger Mieten, Tarife und Preise für den sogenannten Grundbedarf erforderten ständig größere Subventionen aus dem Staatshaushalt. Die DDR lebte am Schluss ihrer Existenz über ihre Verhältnisse.

Seriöse Wirtschaftswissenschaftler stimmen allerdings auch darin überein, dass die Ökonomie der DDR trotz gravierender Missstände und Disproportionen 1989/90 keinesfalls vor einem baldigen Zusammenbruch stand. Das DIW, dem in Fragen der DDR-Wirschaft in der Bundesrepublik die größte Sachkunde und Objektivität beigemessen wurde, konstatierte 1987: »Die DDR ist im RGW überhaupt das Land mit dem höchsten Leistungsniveau (und damit auch das Land mit dem höchsten individuellen Lebensstandard).«[35]

In den letzten siebzehn Jahren der DDR war das Nationaleinkommen jährlich um rund vier Prozent gestiegen, 1988 erreichte es ein Volumen von 258 Milliarden Mark, was einem Bruttosozialprodukt von über 300 Milliarden DM entsprach. 65 Prozent dieses Einkommens wurden von der Industrie produziert. Der Außenhandelsumsatz betrug 1989 nach Angaben des Statistischen Bundesamtes in Wiesbaden rund 84 Milliarden DM, 48 Prozent des Exportes entfielen auf Maschinen, Ausrüstungen und Transportmittel. Nicht wenige Zweige der Volkswirtschaft – so die Erdöl- und Erdgaschemie, die Veredlungsmetallurgie, der Schiffsbau und die Mikroelektronik, hatten ein beachtliches Niveau erreicht. Laut dem vom Statistischen Bundesamt in Wiesbaden herausgegebenen »Statistischen Jahrbuch 1990« betrug die Zahl der in der Industrie beschäftigten Arbeiter und Angestellten 3.211.000, allein der Maschinenbau zählte 962.000 Beschäftigte. Trotz nicht geringer Schwierigkeiten war die DDR einer der entwickelsten Industriestaaten, der seinen Bewohnern Arbeits- und Ausbildungsplätze, einen respektablen Lebensstandard und so manche sozialen Leistungen sicherte, die heute in der Bundesrepublik als unfinanzierbar gelten.

Diejenigen, die an der Behauptung von der »maroden« Wirtschaft, vom 1989 unmittelbar bevorstehenden ökonomischen Zusammenbruch festhalten, verweisen mit Vorliebe auf »Schürers Krisenanalyse«[36], eine Untersuchung der wirtschaftlichen Lage der DDR, die der Vorsitzende der Staatlichen Plankommission dem SED-Politbüro nach der Ablösung Erich Honeckers Ende Oktober 1989 vorlegen musste. Tatsächlich ziehen Gerhard Schürer und seine Mitverfasser eine äußerst kritische Bilanz der Wirtschaftsentwicklung in den vorangegangenen Jahren, in der hier bereits genannte negative Kennzahlen enthalten sind. Aber die altbundesdeutschen triumphierenden Kommentatoren verschweigen, dass die Analyse ein ganzes Bündel von Vorschlägen, unter anderem zur »Durchführung einer Wirtschaftsreform mit sofort wirksamen und langfristig wirkenden Maßnahmen« und für ein »konstruktives Konzept der Zusammenarbeit mit der BRD und mit anderen kapitalistischen Ländern wie Frankreich, Österreich, Japan, die an einer Stärkung der DDR als politisches Gegengewicht zur BRD interessiert sind«, enthält.

Wie weit entfernt die kritischen, aber gewiss sachkundigen hochrangigen Wirtschaftsanalytiker von dem ihnen im nachhinein zugeschriebenen Eingeständnis des bevorstehenden Wirtschaftszusammenbruches entfernt waren, zeigt allein ihr heute kurios anmutender, aber 1989 durchaus ernst gemeinter Vorschlag am Ende der »Krisen-Analyse«: »Als Zeichen der Hoffnung und Perspektive ist die DDR bereit, 1995 zu prüfen, ob sich die Hauptstadt der DDR und Berlin (West) um die gemeinsame Durchführung der Olympischen Spiele im Jahre 2004 bewerben sollten.«[37]

Selbst die beträchtliche Auslandsverschuldung, ein Bleigewicht am Hals der DDR-Wirtschaft, ließ keinen unmittelbar bevorstehenden Zusammenbruch erkennen. Die DDR war an keinem Tag ihrer Existenz zahlungsunfähig. Nach einem Bericht der Deutschen Bundesbank betrug die Auslandsverschuldung zum 1. Juli 1990, dem Stichtag der Währungsunion, 24,7 Milliarden DM. Diese Summe entsprach etwa acht Prozent des jährlichen Bruttosozialproduktes, was eine im Vergleich zu vielen anderen Staaten relativ niedrige Verschuldungsrate ausmachte. Grund für einen Staatsbankrott gab sie nicht.

Fügt man der Auslands- die Inlandsverschuldung hinzu, dann ergibt sich ein aufschlussreiches Bild: Zum Zeitpunkt der Staatsvereinigung betrug die Pro-Kopf-Verschuldung im Osten 5.298 DM und im Westen, der wesentlich länger und üppiger über seine Verhältnisse gelebt hatte, fast das Dreifache, nämlich über 15.000 DM. Die angeblich so verschuldeten armen Ostdeutschen übernahmen von einem Tag zum anderen einen beträchtlichen Teil der bundesdeutschen Schuldenlast.

Nein, »bis zum Sommer 1989 sprach«, wie die *Blätter für deutsche und internationale Politik* konstatierten, »nichts für eine wirtschaftliche Endzeitsituation«.[38] Trotz enormer Schwierigkeiten, großer struktureller Probleme und Disproportionen konnten die Bürgerinnen und Bürger der DDR auf ein auch international beachtetes Aufbauwerk zurückblicken: Wirtschaftlich erreichte die DDR 1950 das Vorkriegsniveau, sie verdoppelte es bis 1955. 1989 übertraf sie den Stand von 1936 13fach und den 1945 vorgefundenen Stand 30fach.[39]

Erreicht wurden diese Ergebnisse unter Umständen, wie sie ungünstiger kaum hätten sein können: Der Aufbau begann auf den Trümmern, die der Hitlerfaschismus zurückgelassen hatte. Da in der Endphase des Zweiten Weltkrieges die Wehrmacht nur noch im Osten erbitterten Widerstand leistete und die westalliierten Bomberflotten in der vorgesehenen Sowjetischen Besatzungszone ihre bevorzugten Ziele fanden, waren hier die Kriegsschäden größer als in Westdeutschland. Die nach der bedingungslosen Kapitulation erfolgte Aufspaltung des gesamtdeutschen Wirtschaftsraumes und die dadurch hervorgerufenen Disproportionen trafen den kleineren östlichen Teil wesentlich schmerzhafter als den größeren westlichen. Die im Osten vorhandene Industrie wurde von ihrer westdeutschen Rohstoff- und Schwerindustriebasis abgeschnitten. Vor dem

Krieg hatte der mitteldeutsche Anteil an der Produktion des Deutschen Reiches bei Steinkohle ganze 1,9 Prozent, bei Eisenerz sechs Prozent und bei Roheisen 4,3 Prozent betragen. Hinzu kam, dass sich viele hochqualifizierte Spezialisten aus Furcht vor der Roten Armee in die westlichen Besatzungszonen absetzten. Aber all das war nur ein Teil der ungünstigen Startbedingungen.

Während Westdeutschland nur geringfügige Reparationszahlungen leistete und bald nach Kriegsende durch den Marshall-Plan und andere USA-Hilfsprogramme in den Genuss von Hilfsleistungen von rund fünfzehn Milliarden DM kam, musste die am Boden liegende ostdeutsche Wirtschaft allein für die Wiedergutmachung der von Nazi-Deutschland in der UdSSR angerichteten Schäden aufkommen. Auch wenn diese historische Schuld materiell niemals abgetragen werden konnte, bedeuteten die Demontagen und Reparationen für Ostdeutschland und die spätere DDR einen Aderlass, der in dieser Form im zwanzigsten Jahrhundert ohnegleichen war. Zurecht zitieren viele Analytiker, die sich mit dieser Frage befassen, den Schweizer Historiker Jörg Fisch, der feststellte, »dass die SBZ/DDR 1945 bis 1953 die mit großem Abstand höchsten Reparationsleistungen erbracht hat, die im 20. Jahrhundert bekannt geworden sind«.[40]

Demontiert wurden mehr als zweitausend Betriebe, die fast die Hälfte der Produktionskapazitäten von 1936 und das Zehnfache der in Westdeutschland durchgeführten Demontagen ausmachten. Die zweiten Gleise der Eisenbahn, insgesamt 11.800 Kilometer, wurden abgebaut und in die Sowjetunion verbracht. Aus der laufenden Produktion wurden Erzeugnisse im Wert von fünfzehn Milliarden Mark für Reparationsleistungen aufgebracht – das 25fache der Reparationslieferungen, die die Bundesrepublik erbrachte. 1946 mussten 48 Prozent des ostdeutschen Sozialproduktes für Reparationen eingesetzt werden, 1953 waren es immer noch 12,9 Prozent.

Insgesamt leistete die DDR Reparationen im Werte von 99,1 Milliarden DM (zu Preisen von 1953), das waren über 97 Prozent der gesamtdeutschen Reparationslast.

Diese außerordentlichen ökonomischen Belastungen bis 1953, einem Zeitpunkt, an dem in der Bundesrepublik bereits die »Wirtschaftswunderzeit« begonnen hatte, fanden ihre Fortsetzung in der Einbindung der DDR in das östliche Wirtschaftssystem, in dem sich neben der vom Krieg gezeichneten Sowjetunion die ökonomisch zurückgebliebensten Länder Europas zusammengeschlossen hatten; eine von der SED-Führung nicht zu beeinflussende Zwangsläufigkeit und ein Wirtschaftsnachteil, der nicht auszugleichen war.

Die herrschenden Kreise der Bundesrepublik haben das schwere Los der »Brüder und Schwestern im Osten des deutschen Vaterlandes« stets lautstark beklagt. Das hat sie jedoch nicht daran gehindert, ihnen zusätzlichen schweren ökonomischen Schaden zuzufügen und ihren schwierigen Wirtschaftsaufbau nach Kräften zu stören. Sie nutzten die historisch entstandenen volkswirtschaftlichen Disproportionen und die lange Zeit ungenügende Lieferfähigkeit der UdSSR, um den Wiederaufbau im Osten mit immer neuen Handelshindernissen und -sanktionen zu erschweren und veranlassten dadurch die DDR zu notgedrungenen, aber uneffektiven Milliardeninvestitionen in der Metallurgie und im Bergbau. Vor allem vor, aber auch nach dem Mauerbau warben westdeutsche Konzerne und Einrichtungen gezielt Spezialisten, Facharbeiter, Ingenieure, Ärzte und andere Personen, die im Osten auf Staatskosten ausgebildet worden waren, ab. Was für die ökonomisch schwächere DDR ein weiterer Aderlass war, erwies sich für die Bundesrepublik als eine Art willkommener Frischzellentherapie.

Über Jahrzehnte betrieb Bonn gemeinsam mit seinen Bündnispartnern eine Embargopolitik, um die DDR und ganz Osteuropa von der internationalen Entwicklung im Bereich der Hochtechnologie abzuschneiden. Auf diese Art wurde die DDR gezwungen, mangels Alternativen mit unverhältnismäßig hohem Aufwand etwa fünfzig Prozent des Weltsortiments an Maschinen und Anlagen selbst, aber häufig eben nur in kleinen Serien zu produzieren. Die enormen materiellen und finanziellen Aufwendungen der DDR dafür wurden weder aus volkswirtschaftlichem Aberwitz noch aus Prestigegründen unternommen, sondern in erster Linie deshalb, weil es gar keinen anderen Weg gab, um international nicht völlig den Anschluss zu verlieren.

Der durch die Embargopolitik verursachte Schaden für die DDR-Wirtschaft ist bis heute noch nicht abschließend berechnet, aber die von der Politik in die Spur gesetzte Justiz der Bundesrepublik hält es auch weiterhin nicht davon ab, Versuche, diese Blockade-Politik zu durchbrechen, juristisch zu verfolgen.

Den für den Osten unverzichtbaren innerdeutschen Handel verwandelte Bonn in ein Instrument der politischen und ökonomischen Erpressung, wobei es wenig Skrupel zeigte, den Austausch nach sogenannten Verrechnungseinheiten zum Nachteil der Bürgerinnen und Bürger der DDR und deren Lebensstandart zu gestalten. Die Bundesrepublik exportierte zu Preisen über Weltmarktniveau und importierte zu Preisen, die oft unter den Herstellungskosten lagen. Von letzterem konnten sich die Bundesbürger jahrzehntelang in Warenhäusern und im Versandhandel überzeugen. Auch bei Krediten machte die bundesdeutsche Seite keine schlechten Geschäfte, vom politischen Gewinn einmal ganz abgesehen.

Um so kurioser ist die auch heute noch verbreitete Mär, der 1983 von Franz Josef Strauß eingefädelte »Milliardenkredit« habe die DDR vor dem finanziellen Bankrott bewahrt. Der Kredit war willkommen, bezeugte er doch die Kreditwürdigkeit der DDR. Aber die 350 Millionen Dollar, die er nach damaligem Kurs ausmachte, waren nicht einmal ein Fünftel des Guthabens, über das die DDR zu jenem Zeitpunkt nach Unterlagen der Bank für Internationalen Zahlungsausgleich in Basel verfügte. Während der Straußsche Ein-Milliarden-DM-Kredit, der ja letztlich kein Geschenk war, immer wieder ausgeschmückt wurde und wird, weigerte sich die Bundesrepublik bis zum Ende der DDR auch nur eine D-Mark ihrer Reparationsschuld, die mit Zins und Zinseszins viele Hunderte Milliarden DM ausmachte, zu bezahlen.

Auch das gehört zu den Handlungen, mit denen die ostdeutschen »Brüder und Schwestern« geschädigt wurden.

Fazit: Trotz widrigster Umstände und der Stör- und Sabotagepolitik Bonns hatte sich die DDR ökonomisch behauptet und Ergebnisse erzielt, die den internationalen Vergleich nicht scheuen mussten. Sie gehörte zwar nicht, wie immer wieder behauptet wurde, zu den zehn größten Industriestaaten der Welt – dafür war sie zu klein, und zu den 15 oder 20 größten zu gehören, wäre auch nicht ehrenrührig gewesen –, aber immerhin lag sie hinsichtlich des Bruttoinlandproduktes pro Kopf der Bevölkerung knapp hinter Großbritannien und weit vor den EG-Ländern Spanien, Griechenland und Portugal. Heute, nach dem »Aufbau Ost«, der laut dem Ex-CDU-Generalsekretär Peter Hintze die »beeindruckendste Erfolgsgeschichte in diesem Jahrhundert« ist, ist das Bruttoinlandsprodukt pro Kopf der ostdeutschen Bevölkerung niedriger als in jeder anderen größeren Region der EU.

Wer noch heute im westlichen Teil der Bundesrepublik auf dem hohen Roß sitzt und geringschätzig auf die Arbeitsergebnisse der Ostdeutschen unter den Bedingungen der Planwirtschaft blickt und die leistungsstarke BRD-Wirtschaft mit der »maroden« DDR-Ökonomie vergleicht, sollte sich wenigstens einen kurzen Moment lang einmal vorstellen, wie der Vergleich ausfallen würde, wenn die unterschiedlichen ökonomischen Bedingungen, denen beide deutsche Staaten ausgesetzt waren, entgegengesetzt gestaltet gewesen wären.

Stellen wir also die, zugegeben, sehr hypothetische Frage, welche Ergebnisse die Bundesrepublik erzielt hätte, wenn auf ihrem Territorium die Kriegsschäden größer und die durch die Spaltung Deutschlands verursachten wirtschaftlichen Disproportionen wesentlich stärker als die im Osten gewesen wären, wenn sie statt Marshallplanhilfe zu erhalten die riesige Reparationsschuld für ganz Deutschland hätte abtragen müssen, wenn sie statt der aus dem Krieg gestärkt hervorgegangenen USA sowie Großbritannien, Frankreich und der anderen hochentwickelten westeuropäischen Länder die vom Krieg zerstörte Sowjetunion und die weit zurückgebliebenen Länder Osteuropas über Jahrzehnte als Wirtschaftspartner an ihrer Seite gehabt hätte, wenn sie durch Embargomaßnahmen keinen gleichberechtigten Zugang zum Weltmarkt und zur Hochtechnologie gehabt hätte und zudem mit einem ökonomisch potenten Nachbarstaat konfrontiert gewesen wäre, der nichts unversucht gelassen hätte, ihr das Lebenslicht auszublasen?

Natürlich, jegliche Was-wäre-wenn-Diskussion ist unfruchtbar, historische Abläufe verändert sie nicht. Aber eine Schlussfolgerung läßt sie im vorliegenden Falle zu: Der ökonomische

Wettbewerb zwischen Kapitalismus und Realsozialismus fand auf deutschem Boden unter höchst ungleichen Bedingungen statt, die im wirtschaftlichen Konkurrenzkampf als unlauter und im Sport schlicht und einfach als unfair bezeichnet werden würden. Der Umstand, dass die kapitalistische Marktwirtschaft über jahrhundertlange Erfahrungen verfügt, die realsozialistische Planwirtschaft dagegen häufig über ein Experimentierstadium nicht hinauskam und wiederholte Reformversuche im Gestrüpp ideologischer Doktrinen und Bündnispflichten hängenblieben, hat diese Ungleichheit zusätzlich vertieft.

So bleibt auch die These, dass der Kapitalismus dem Sozialismus ökonomisch »haushoch überlegen« ist, anfechtbar. Auf deutschem Boden jedenfalls wurde ein überzeugender Beweis dafür, der zumindest gleiche Bedingungen erfordert hätte, nicht erbracht. Das Gerede von der »maroden« Wirtschaft kann daran nichts ändern.

Anmerkungen

32 13. Deutscher Bundestag, Drucksache 13/11000, S. 126/127

33 13. Deutscher Bundestag, 240. Sitzung am 17. Juni 1998, Plenarprotokoll 13/240, S. 22118

34 Siehe dazu auch die ausführliche Studie von Siegfried Wenzel: War die DDR 1989 wirtschaftlich am Ende? Hrsg. Helmut Meier, Detlef Nakath, Peter Welker, Berlin 1998

35 *DIW-Vierteljahreshefte*, 1-2/1987, S. 81

36 Siehe *DeutschlandArchiv*, Nr 10, Oktober 1992, S. 1112-1120

37 Ebd. S. 1120

38 *Blätter für deutsche und internationale Politik*, Mai 1990, S. 631

39 Gerhard Schürer: Die Wirtschafts- und Sozialpolitik der DDR; in: Ansichten zur Geschichte der DDR, Bonn/Berlin 1994, Bd. 3, S. 169

40 Jörg Fisch: Reparationen nach dem 2. Weltkrieg, München 1992, zitiert nach Gerhard Schürer: Die Wirtschafts- und Sozialpolitik der DDR, in: Ansichten zur Geschichte der DDR, Bonn/Berlin 1994, S. 132

Teil II

Die Konterrevolution, der Rechtsstaat und der Aufschwung Ost

1. Kapitel
Lobgesänge
auf die »Freiheitsrevolution«

Das waren die schmutzigsten Wahlen, die ich je in meinem Leben beobachtet habe. [...] Die gesamte Wahlkampagne wurde zu einer von der westdeutschen CDU/CSU gesteuerten Aktion gemacht. [...] Das war reinster psychischer Terror nach Goebbels-Manier.

Egon Bahr nach den Volkskammer-Wahlen
am 18. März 1990

Die Große Deutsche Friedliche Revolution

Ein Wort hatte im Herbst 2004 in Deutschland Konjunktur. Es war nicht das »Unwort des Jahres« und nicht das »schönste deutsche Wort«, aber vielleicht neben »Hartz IV« und »Gesundheitsreform« das am häufigsten gebrauchte: die »Revolution«, die »friedliche« in Ostdeutschland vor fünfzehn Jahren. Das Wort wird uns weiter begleiten, auch im kommenden Jahr, denn die fünfzehnten Jahrestage mehrerer »revolutionärer« Ereignisse stehen noch an: der »ersten freien und demokratischen Wahlen in der DDR« am 18. März, der Währungsunion vom 1. Juli und schließlich der deutsch-deutschen Vereinigung am 3. Oktober. Erst in ihrer Gesamtheit bilden sie den gesellschaftlichen Umbruch, dessen Beginn, die Massendemonstrationen in Leipzig und Berlin sowie der Mauerfall, von Rot-Grün und CDU/CSU/FDP gleichermaßen gefeiert wurde.

Bundespräsident Köhler rüttelte das Volk – wie schon sein Vor-Vorgänger Herzog, der immer aufs neue von der »ersten geglückten friedlichen Revolution in der deutschen Geschichte« gesprochen hatte – gleich in seiner Antrittsrede mit den Worten auf: »Mut zur Zukunft sollte uns […] die Erinnerung daran machen, was vor 15 Jahren in Deutschland geschah. Den Menschen in Ostdeutschland gelang eine friedliche Revolution.«

Auch Bundeskanzler Schröder lobte anläßlich des 15. Jahrestages des Falls der Mauer die Ostdeutschen: »Die Menschen in der DDR haben die deutsche Geschichte um ein einmaliges Ereignis bereichert: Sie haben in einer friedlichen Revolution eine Diktatur zu Fall gebracht.« Oppositionsführerin Merkel überreichte kurz vor dem Jahrestag Bärbel Bohley, der »Mutter der Revolution«, den Verdienstorden »Goldene Henne«, um wenig später zu erklären: »Die Ostdeutschen haben das höchste Gut in unser vereintes Deutschland eingebracht: eine erfolgreiche Freiheitsrevolution. Darauf können wir alle stolz sein.« Wie

51

treffend, wie wahr! Und wie unverständlich dagegen die – allerdings noch vereinzelten – Stimmen, die die damaligen Vorgänge eine »Konterrevolution« nannten. Die Tatsachen sprechen schließlich eine klare Sprache: Dank der »friedlichen Revolution« gelang es, in Ostdeutschland die Machtverhältnisse – Kernfrage einer jeden Revolution – grundlegend zu ändern, den totalitären Unrechtsstaat DDR zu zerschlagen und durch den demokratischen und freiheitlichen Rechtsstaat BRD zu ersetzen, das widernatürliche Volkseigentum zu liquidieren und in treusorgende privatkapitalistische Hände zu legen, die nichtsnutzige politische, wissenschaftliche und kulturelle Elite der DDR zu verjagen und an deren Stelle bewährte westdeutsche Spitzenkräfte einzusetzen, die Rückkehr altehrwürdiger Adelsgeschlechter auf ihre Schlösser und Ländereien zu ermöglichen, die Gleichmacherei im Gesundheitswesen zu beenden und endlich wieder eine Zwei-Klassen-Medizin zu schaffen, das abwegige Recht auf Bildung für alle zu beseitigen und bewährte Bildungsprivilegien wiederherzustellen, vom »verordneten Antifaschismus« und verbotenen Nazismus zum erlaubten und geschützten Neonazismus überzugehen und den wehrfähigen Männern und Frauen die Freiheit zu geben, als Staatsbürger in Uniform deutsche Interessen überall in der Welt zu verteidigen.

Wer will angesichts dieser unleugbaren Tatsachen bestreiten, dass sich auch in Ostdeutschland die Marxsche Einschätzung, wonach die Revolution die »Lokomotive der Geschichte« ist, bestätigt hat, zumal der Weltanschauungsbegründer sich im Zitat nicht festgelegt hat, in welche Richtung der ganze Zug fährt? Gewiss sind nicht alle Umwälzungen in Ostdeutschland so gelungen, wie es die westdeutschen Revolutionsfreunde und -förderer prophezeit hatten. Statt »Wohlstand für alle« wuchs die Kluft zwischen arm und reich. Landschaften verödeten, obwohl ihnen das Gegenteil verheißen worden war. Doch trösten wir uns, schon der russische Dichter und Revolutionskenner Alexander Blok wusste: »Wie ein Gewitterwind, wie ein Schneesturm bringt die Revolution stets Neues und Unerwartetes; grausam betrügt sie viele.«

Betrug hin, Betrug her, Trost kam auch von anderer Seite. Kein Geringerer als Joachim Gauck – Angela Merkel zitiert ihn mit Vorliebe – hat festgestellt, dass »die Ostdeutschen mit ihrer friedlichen Revolution unserer Nation die Eintrittskarte in den Kreis jener Völker gelöst haben, die ihre eigene Freiheitstradition haben«. Der verdienstvolle Revolutionär vergaß zwar den großen deutschen Bauernkrieg von 1525, die Märzrevolution von 1848 und die Novemberrevolution von 1918, aber das von ihm gewählte Bild beeindruckt auch so. Mit der 1989/90 gelösten Eintrittskarte drang die deutsche Nation endlich in die Reihe jener Völker vor, deren revolutionäre Erhebungen Geschichte machten. Ab jetzt lautet die Reihe der weltverändernden Revolutionen: bürgerliche englische Revolution von 1642, amerikanische Unabhängigkeitsrevolution von 1775/83, Große Französische Revolution von 1789, Große Sozialistische Oktoberrevolution in Russland von 1917, Große Deutsche Friedliche Revolution von 1989/90. Für die Helden der letztgenannten Revolution bleibt das nicht ohne Folgen. Auch ihre Namen werden im Pantheon der Weltgeschichte mit goldenen Lettern in die Ehrentafel eingetragen: Nach Oliver Cromwell und John Lilburne, Thomas Jefferson und Benjamin Franklin, Maximilien de Robespierre und Georges-Jacques Danton, Wladimir Iljitsch Lenin und Lew Dawidowitsch Trotzki nun auch Bärbel Bohley und Vera Wollenberger, Rainer Eppelmann, Wolfgang Schnur und Günther Krause sowie Helmut Kohl und Wolfgang Schäuble.

Angesichts dieser Helden hätte Gauck gleich, wie weiland Geheimrat Goethe als Zeuge des Sieges der französischen Armee über die Preußen bei Valmy, ausrufen können: »Von hier und heute geht eine neue Epoche der Weltgeschichte aus, und ihr könnt sagen, ihr seid dabeigewesen.« Doch auf solchen Überschwang verzichtete der ehemalige Rostocker Pfarrer und spätere Berliner Behördenvorsteher. Zu Recht. Vielleicht merkte er schon, dass, wie Carl von Ossietzky es nach der deutschen Novemberrevolution gesagt hat, »jede Revolution mit einer Konterrevolution zu kämpfen hat« und dass es, »wie die Geschichte lehrt, nicht absonderlich, sondern normal ist [...], dass auf eine Revolution eine Gegenbewegung folgt«.

Wenn der Umsturz von 1989/90 eine »Revolution« war, dann freue ich mich schon auf die Gegenbewegung, die Konterrevolution – eine friedliche, versteht sich.

Dezember 2004

Die erste wirklich freie Wahl

In der Reihe der Erinnerungstage an die Große Deutsche Friedliche Revolution von 1989/90 nähern wir uns einem weiteren denkwürdigem Datum: dem 18. März, dem 15. Jahrestag der Volkskammerwahl von 1990, mit der das Tor zur »Wiedervereinigung Deutschlands« weit und endgültig aufgestoßen wurde. Da gegenwärtig in so manchen Amts- und Redaktionsstuben darüber gebrütet wird, wie man diesen Tag gebührend würdigen soll, fühle ich mich herausgefordert, den Reden- und Artikelschreibern, denen so viel abverlangt wird, in aller Bescheidenheit ein wenig propagandistische Hilfe anzubieten.

So sei denn zuvörderst an die herzerhebenden Erklärungen des seinerzeitigen Bundeskanzlers erinnert, die mit goldenen Lettern in die Geschichtsbücher eingetragen sind. Als am Abend des 18. März bekannt wurde, dass die »Allianz für Deutschland« – so hieß, wie erinnerlich, das im Westberliner Gästehaus der Bundesregierung vom Kanzler aus der Taufe gehobene Wahlbündnis der Ost-CDU und ihr nahestehender Ostparteien – die Wahl mit 47,79 Prozent der Stimmen gewonnen hatte, erklärte Helmut Kohl: »Diese erste wirklich freie und direkte Wahl in der DDR ist ein historisches Ereignis [...] Es ist die erste wirklich freie Wahl seit 58 Jahren. Die Ereignisse in der DDR – die wohl friedlichste Revolution in der Geschichte der Deutschen – hat es möglich gemacht, dass es zu dieser freien Wahl kam.«

Diese treffliche Wertung – der Enkel Adenauers hat sie an jenen Tagen und in den folgenden Jahren stets aufs neue getroffen – sollte in keinem Beitrag zum Wahljubiläum fehlen.

Bei anderen Äußerungen des damaligen Kanzlers, vor allem bei denen vor dem Wahltag, ist eine gewisse Zurückhaltung angebracht. So beispielsweise bei der Rede, die er am 20. Februar 1990 auf der Wahlkundgebung auf dem Erfurter Domplatz hielt und in der er unter anderem mitteilte: »Ich habe heute früh in einer dreistündigen Konferenz mit mehr als fünfzig der wichtigsten Repräsentanten der deutschen Wirtschaft aus der Bundesrepublik gesprochen. Wir haben gemeinsam überlegt, was wir tun können. Was ich jetzt sage, ist nicht nur meine Botschaft: Wenn die Rahmenbedingungen gesetzt sind, wenn die notwendigen gesetzgeberischen Maßnahmen getroffen sind, dann werden nicht nur Hunderte, sondern Tausende von investitionsbereiten Unternehmern – von Großunternehmen bis hin zum Handwerk – aus der Bundesrepublik hierher kommen, und gemeinsam mit Ihnen werden wir hier in kurzer Zeit ein blühendes Land schaffen.«

Zwar waren diese Worte so schlagkräftig, dass sie, nur leicht variiert, im *CDU-Informationsdienst* als »Musterrede« für alle »Allianz-für-Deutschland«-Wahlkämpfer verbreitet werden konnten und ihre Wirkung auf die Wähler nicht verfehlten. Deren Mehrheit war tatsächlich von der Aussicht fasziniert, künftig nicht nur 100 DM Begrüßungsgeld, sondern den ganzen Lohn in harter Westmark zu erhalten.

Aber statt der Investoren kamen bekanntlich die Treuhänder und die Liquidatoren der volkseigenen Betriebe, so dass es mit dem »blühenden Land« nicht so recht geklappt hat. Es empfiehlt sich folglich, an »unserem Tag der Freiheit«, wie der sächsische Staatsminister Geisler den 18. März anlässlich des zehnten Jahrestages nannte, nicht an dieses heikle Thema zu rühren.

Statt dessen sollte des selbstlosen Einsatzes der westdeutschen Männer und Frauen gedacht werden, die in den Wochen des Wahlkampfes in der Noch-DDR landauf, landab zogen, um den Geist der Freiheit auszuschütten und im Vorgriff auf die Bundestagswahl im Dezember für ihre Parteien zu streiten. Als couragierte Demokraten und Patrioten ließen sie sich in ihrem aufopferungsvollen Einsatz auch nicht von der dreisten Forderung des ostdeutschen Zentralen Runden Tisches beirren, dass Politiker der Bundesrepublik sich aus dem Wahlkampf in der DDR heraushalten sollten, um das Recht der DDR-Bürgerinnen und Bürger auf Selbstbestimmung zu wahren.

Glücklicherweise war auch die DDR-Koalitionsregierung unter Hans Modrow in dieser Frage weitgehend handlungsunfähig, denn in ihr saßen nicht wenige, die die Wahlhelfer aus der Bundesrepublik herbeiriefen. Diesem Ruf und dem des Vaterlandes folgend, zogen denn Kanzler Kohl, Volker Rühe, Theo Waigel, Alfred Dregger, Lothar Späth, Karl Lamers,

Hans-Dietrich Genscher, Otto Graf Lambsdorff, Wolfgang Mischnik, Willy Brandt, Oskar Lafontaine, Hans-Jochen Vogel, Johannes Rau, Helmut Schmidt, Walter Momper und viele, viele andere wiederholt gen Osten, um den ostdeutschen Brüdern und Schwestern das Wesen demokratischer und freier Volkskammerwahlen zu erläutern.

Natürlich kamen die wahlkampferfahrenen Redner nicht mit leeren Händen. Mit ihnen kamen ihre Parteifahnen und -fähnchen, Wahlzeitungen, Flugblätter, Sticker und Plakate. Allein die CSU sandte unentgeltlich 25 Tonnen Propagandamaterial in die DDR, darunter zwei Millionen Flugblätter und eine Million Grundsatzprogramme ihrer ostdeutschen Schwesterpartei DSU. Und der Henkel-Konzern stellte zweieinhalb Tonnen Ia-Qualitätsleim zur Verfügung, um die in der Bundesrepublik entworfenen Wahlplakate dauerhaft zu befestigen. Da der Chemiekonzern für die gesamte deutsche Industrie steht, sollte man an dieser Stelle auch ihr für den Dienst am Vaterland danken.

Anerkennung und Dank gebühren selbstverständlich – das sollte zum Wahljubiläum nicht unerwähnt bleiben – auch den unzähligen namenlosen Geburtshelfern der Demokratie, die sich vor der Schicksalswahl rastlos einsetzten. In Bundes- und Landtagswahlkämpfen gestählte Koordinatoren und Manager aus Düsseldorf und München, aus Bonn und Westberlin lenkten und leiteten die unerfahrenen DDR-Wahlkämpfer vor Ort. Die CSU entsandte für vier Wochen ihre hauptamtlichen bayerischen Wahlkreisgeschäftsführer in die DDR.

Der Einsatz der Wahlredner und -helfer kann durch keinerlei Verleumdungen herabgewürdigt werden, auch nicht durch solche abscheulichen Schmähungen, wie sie zum Beispiel in den *Blättern für deutsche und internationale Politik* im Mai 1990 zu lesen waren: »Was BRD-Politiker im DDR-Wahlkampf in der DDR unter Ausnutzung der Notlage und der Ängste der DDR-Bevölkerung vorgeführt haben«, so meinten sie, »übertrifft in vielen Beziehungen die Einmischungspraxis imperialistischer Vormächte gegenüber sogenannten Bananenrepubliken. [...] Die in jenem ›unseren‹ Lande herumstampfenden westdeutschen Politikerherden (veranstalteten) ein wahrlich grandioses Finale der Selbstentblößung deutschnationalen Völkerrechtsdenkens.« Das ist ein Beispiel intellektueller Ignoranz, die das sogenannte Völkerecht über das Naturrecht der Deutschen auf Einheit in Freiheit stellte. Trotzdem ist es, um Missverständnisse zu vermeiden, ratsam, auf derartige Zitate zu verzichten.

Gleiches gilt für Einschätzungen Egon Bahrs. Dieser ansonsten bewährte Demokrat hatte sich nach Bekanntwerden der ersten Wahlergebnisse im Schmerz über den verpassten SPD-Wahlsieg zu einer unsäglichen Stellungnahme hinreißen lassen: »Was ich in dieser Zeit in der DDR gesehen habe, hat mich zutiefst empört. Das waren die schmutzigsten Wahlen, die ich je in meinem Leben beobachtet habe […] Die gesamte Wahlkampagne wurde zu einer von der westdeutschen CDU/ CSU gesteuerten Aktion gemacht. […] In kleineren Städten in Thüringen und Sachsen wurden vielen bekannten Mitgliedern der SPD und der PDS heimlich Drohbriefe bis hin zu physischer Abrechnung zugestellt. In Suhl wurden einem Jugendlichen, der dazu aufrief, die SPD zu wählen, beide Beine gebrochen, und er lag auf dem Platz, bis er Hilfe erhielt. Auch Kinder mussten herhalten. Man gab ihnen Westgeld, damit sie durch die Höfe laufen und Flugblätter der Deutschen Sozialen Union, der Tochterpartei der westdeutschen CSU, verteilen. Das war reinster psychischer Terror nach Goebbels-Manier.

Ich möchte wiederholen, dass dieser politische Schmutz aus der BRD exportiert wurde.«

Es versteht sich, dass solche Auslassungen in den Reden und Artikeln zum Wahljubiläum keinen Platz finden sollten. Überzeugender und bewegender ist es dagegen, abschließend noch einmal den Kanzler der Einheit als Mensch in den Vordergrund zu rücken und darüber zu berichten, wie er laut Augenzeugen am Wahlabend ruhig und gelassen hinter seinem mächtigen Schreibtisch die Wahlberichterstattung im Fernsehen verfolgte, wie er anschließend in der »Elefantenrunde« im ZDF-Studio die Ostdeutschen mit den Worten »Nach 40 Jahren Schattenseite deutscher Geschichte streben sie danach, auf die Sonnenseite der Geschichte überzugehen« zornig gegen den Vorwurf verteidigte, sie hätten sich »für die DM verkauft«, und wie er schließlich nach getaner Arbeit mit seinen engsten Mitarbeitern im italienische Restaurant »Isola d'Ischia« anstieß auf »die erste wirklich freie Wahl in der DDR«.

März 2005

Kurzlebige Götterfunken

Im Herzen Berlins, auf dem zeitweiligen Marx-Engels-, heute wieder Schlossplatz, soll ein Einheits- und Freiheitsdenkmal errichtet werden. Der Vorschlag der CDU/CSU-Fraktion im Bundestag, eine Neuauflage früherer fehlgeschlagener Initiativen solcher Ost-Heroen wie Nooke und Eppelmann, wurde dem Parlament kurz vor der Sommerpause unterbreitet. Noch ist er nicht in Gesetzesform gegossen, aber Ideenfindungskommissionen haben bereits tiefgehende Überlegungen angestellt, wie das Denkmal gestaltet werden könnte, das an die »friedliche Revolution« von 1989, die glückliche Wiederherstellung der deutschen Einheit und daran erinnern soll, was durch das Ende der DDR gewonnen worden sei.

Wie aus gewöhnlich gut informierten Kreisen der Bundeshauptstadt verlautet, tendieren sie in Richtung einer figürlichen Darstellung. In die engere Wahl sollen bislang Früchte, sogenannte Einheitsfrüchte, gelangt sein, unter anderem ein Apfel und ein Ei zur ständigen dankbaren Erinnerung an den Preis, mit dem das westdeutsche Kapital bereitwillig das volkseigene DDR-Vermögen übernommen hat; eine Banane als Symbol des den Ostdeutschen in den »ersten freien Wahlen« seitens der etablierten Parteien der Altbundesrepublik versprochenen »Wohlstandes für alle«; eine Ananas zum immerwährenden Gedenken an Wolfgang Schäubles ostdeutschen Handlanger bei der Vorbereitung des Einigungsvertrages, des zu Unrecht nahezu vergessenen Günter Krause, genannt Ananas-Krause, der es nach eigener Aussage nicht erwarten konnte, mit seiner Familie täglich Butterbrot mit dieser köstlichen Frucht essen zu können; eine Birne als Denkmalsform mit zweifacher Symbolik, vermag sie doch sowohl an den Kanzler der Einheit als auch an die Abrissbirne zu erinnern, mit der die ostdeutsche Industrie plattgemacht wurde. Zudem würde sie dezent darauf hinweisen, wie der Ort des Denkmals von staatssozialistischem Bauwerk freigeschlagen wurde. Schließlich soll das Einheits- und Freiheitsmonument nicht irgendwo, sondern da errichtet werden, wo heute noch der Palast der Republik steht – oder das, was von ihm übrig gelassen wurde. Sein endgültiger Abriss wird so zum Prolog des Denkmalbaues und zugleich zu einem illustrativen Beispiel für die Mentalität der Vorkämpfer für Einheit und Freiheit.

Mit dem Palast ist Seltsames geschehen. Auf ihn fokussiert sich der Hass der Gegner jener Republik, die ihn geschaffen und ihm den Namen gegeben hatte. Nach der Zerschlagung der DDR soll auch das Bauwerk niedergerissen und durch die Nachbildung eines Königsschlosses ersetzt werden. Nachdem die Abgeordneten der Übergabe-Volkskammer 1990 den Palast der Republik wegen Asbestgefahr fluchtartig verlassen und geschlossen hatten, wurde er Zug um Zug kaputtsaniert und mit einem Aufwand von 140 Millionen DM in die teuerste Ruine Europas verwandelt. Für weitere 20 bis 60 Millionen Euro soll das Gebäude endgültig abgetragen werden, obwohl der Asbest völlig beseitigt ist und das intakte Skelett, die Bodenwanne und die in Europa noch immer einzigartige technische Basis einen Wert darstellen, der die Abrisskosten um ein Vielfaches übersteigt.

Für den weltberühmten niederländischen Architekten Rem Koolhaas ist es »ein Verbrechen, den Palast der Republik nicht zu retten«, der CDU/CSU dagegen kann er nicht schnell genug verschwinden, denn nach ihren Vorstellungen soll, solange das Geld für den Wiederaufbau des Hohenzollern-Schlosses nicht reicht, auf dem freigewordenen Raum Rollrasen ausgelegt werden, und auf diesem soll sich dann das schöne Denkmal erheben. Mit diesem Ziel wurde im Bundestag der Antrag »Abriss des ›Palastes der Republik‹ nicht verzögern« eingebracht.

Die Aufgabe, ihn zu begründen, fiel einer ausgewiesenen Fachkraft zu: Renate Blank, Abgeordnete der CDU und passenderweise Präsidiumsmitglied im Deutschen Nationalkomitee für Denkmalschutz. Versiert und resolut brandmarkte sie den »Zirkus um das Gebäude« und das Schwelgen in »Nostalgie«, bei der man »die Grausamkeiten eines unerbittlichen Regimes« vergesse (womit sie aber nicht etwa die nostalgische Begeisterung für das Königsschloss und die Verdrängung der Grausamkeiten des preußischen Militarismus meinte). Aus ihrer sachkundigen Sicht war das vielbesuchte Haus des Volkes – das neben der Volkskammer auch ein Theater, eine Kunstgalerie, Gaststätten und vieles mehr enthielt – lediglich »Honeckers altes Protzgebäude«, das »neben seiner äußerlichen Hässlichkeit immerhin das Schaufenster einer Diktatur« gewesen sei und schnellstmöglich abgerissen gehöre, denn: »Worte sind genug gewechselt, lasst mich auch endlich Taten sehen, möchte ich mit Goethe schließen.«

Beifall ihrer Fraktion.

In so origineller Weise beim Weimarer Dichterfürsten angelangt, hätte die Rednerin auch noch dessen berühmte Worte »Solch ein Gewimmel möcht' ich sehn, auf freiem Grund mit freiem Volke stehn« anführen können, damit wir uns schon jetzt eine Vorstellung von der Feier zur Denkmalseinweihung machen können. Denn von Nord und Süd, von Ost und West werden die Menschen herbeiströmen, vor allem die Ostdeutschen, unter ihnen die vigilanten Einheitsgewinnler aus Politik, Wirtschaft und Medien, aber auch die Arbeitslosen aus den zerstörten Zentren des sächsischen und anhaltinischen Maschinenbaus, die tapferen, doch letztlich hintergegangen ehemaligen Kalikumpel aus Bischofferode, die in die Wüste geschickten und ihrer Existenzgrundlagen beraubten Wissenschaftler und Künstler, die einsamen Alten aus der Uckermark und der Lausitz, deren Kinder und Enkel auf der Suche nach Arbeit gen Westen zogen, und viele, viele andere. Sie alle werden sich unendlich dankbar daran erinnern, was ihnen das Ende der DDR und die Einheit gebracht haben: Vereins- und Meinungsfreiheit, Reisefreiheit (so man Geld hat), konvertible Währung, erneuerte Stadtzentren, glatte breite Autobahnen und leuchtende Häuserfassaden, Kaufhof und Aldi, Westautos und immer Bananen.

Im Vergleich dazu sind die weniger angenehmen Einheitsfolgen – wie entschädigungslose Enteignung des Volkseigentums, Arbeitsplatzvernichtung, ausufernde Bürokratie, Obdachlosigkeit, soziale Unsicherheit, nichtgekannte soziale Klüfte, Ungleichbehandlung bei Renten, Gehältern und Löhnen, Rückkehr zu schon vergessenen Bildungsprivilegien, Gewalt und Drogen an den Schulen, Anstieg der Kriminalität und noch so manche schöne Errungenschaft kapitalistischer Profitwirtschaft – geradezu Lappalien. Wo das Licht der Freiheit leuchtet, ist eben auch Schatten.

So wird dann auch in dem feierlichen Moment, wenn das verhüllende Tuch fällt und sich das Denkmal, sei es in Apfel-, Bananen-, Ananas-, Birnen- oder sonstiger Form, dem Auge des Betrachters bietet, aus der vielköpfigen Menge ein ohrenbetäubendes Freudengeheul erklingen, nur noch vergleichbar mit dem »Wir-sind-ein-Volk«-Ruf in der Endphase der DDR. Dieser Jubel dürfte sich noch steigern, wenn über die Lautsprecheranlagen noch einmal die bekannten Stimmen aus der Wendezeit im Originalton erklingen, die des Einheitskanzlers: »Den Deutschen in der DDR kann ich sagen [...]: »Es wird niemandem schlechter gehen als zuvor – dafür vielen besser [...]. Für die Deutschen in der Bundesrepublik gilt: Keiner wird wegen der Vereinigung auf etwas verzichten müssen«; seines Finanzministers Theo Waigel: »Die Finanzierung des Vereinigungsprozesses [...] ist eine gut gelungene, großzügige und finanzpolitisch glänzende Alternative. [...] Es bleibt dabei: Die Steuerzahler müssen kein Sonderopfer für die deutsche Einheit bringen«; des SPD-Fraktionsvorsitzenden in der Volkskammer und späteren Beinahe-Bundespräsidenten Richard Schröder: »Wir rechnen nicht mit Dauerarbeitslosigkeit, sondern mit einer Arbeitslosigkeit der verlängerten Arbeitsplatzsuche«; des SPD-Ehrenvorsitzenden Willy Brandt: »Nun wächst zusammen, was zusammen gehört«; des Bundespräsidenten Richard von Weizsäcker: »Sich zu vereinen, heißt teilen lernen. [...] Und die Freude, die Freude, die wir empfinden, sie ist ein Götterfunken.«

Mit dem »Götterfunken« könnte die Feier zur Einweihung des Monuments und zur Erinnerung an das Glück der Einheit enden. Ergreifend und symptomatisch, denn Funken sind wie das Glück kurzlebig.

April 2004

Stolz auf den Aufbau Ost

»So wie wir nach dem Ende des von der ersten deutschen Diktatur ausgelösten Krieges unser zerstörtes Land wieder aufbauen mussten, so müssen wir heute nach dem Ende der zweiten deutschen Diktatur [...] die neuen Länder wieder aufbauen.« Dieser richtungsweisende Satz stammt von einem erwiesenen Fachmann für Zerstörung und Wiederaufbau, dem Minister für Abrüstung und nationale Verteidigung der DDR, Pfarrer Rainer Eppelmann. Formuliert hat er ihn am 17. Juni 1998 auf der 240. Sitzung des 13. Deutschen Bundestages, auf der der Bericht der nach ihm benannten Kommission »Überwindung der Folgen der SED-Diktatur im Prozess der deutschen Einheit« behandelt und bestätigt wurde.

Mittlerweile sind fünfzehn Jahre seit dem Tag vergangen, an dem vor jubelndem Volke am Reichstagsgebäude in Berlin die überdimensionale schwarz-rot-goldene Einheitsfahne aufstieg und der damalige Bundespräsident Richard von Weizsäcker überglücklich ausrief: »Die Freude, die wir empfinden, sie ist ein Götterfunken.« Anfang Oktober war es wieder einmal Zeit, den Götterfunken leuchten zu sehen und das »im Prozess der deutschen Einheit« und beim »Aufbau Ost« Vollbrachte zu bilanzieren, dieses Mal für den Zeitraum 1990 bis 2005. Von Amts wegen übernahmen diese Aufgabe die Präsidenten des Staates, des Parlaments und des Bundesrates. Alle sprachen von noch nicht völlig erfüllten Erwartungen, von Rückschlägen und Entmutigungen gar, aber natürlich vor allem vom Erreichten, wobei sie sich nach umgekehrter Rangfolge steigerten. Laut Horst Köhler »haben wir viel erreicht«, nach Meinung von Wolfgang Thierse »ist sehr viel erreicht worden«, und nach den Worten von Matthias Platzeck »ist Großartiges in vergleichsweise kurzer Zeit geleistet worden«. Übertroffen wurden die drei von Linksparteichef Lothar Bisky, der sehr zum Erstaunen mancher seiner Parteifreunde von einer »gewaltigen Aufbauleistung« sprach. Viel, sehr viel, großartig, gewaltig ...

Doch keiner der Staatsmänner wiederholte die Einschätzung des ehemaligen CDU-Generalsekretärs und Rote-Socken-Bekämpfers Peter Hintze, der Ende der 90er Jahre den »Aufbau Ost« als die »beeindruckendste Erfolgsgeschichte des Jahrhunderts« bezeichnet hatte. Das ist verwunderlich, sprechen doch die Tatsachen eine ebenso deutliche wie überzeugende Sprache: Innerhalb von fünfzehn Jahren wuchs die Industrieproduktion um mehr als 400 Prozent. Allein in den letzten zehn Jahren verdreifachte sie sich. Das gesellschaftliche Bruttoprodukt stieg im gleichen Zeitraum von 50 Milliarden auf 150 Milliarden DM. Im Prozess dieses Aufschwungs wurden zahlreiche neue Großbetriebe der Petrolchemie, der Metallurgie, des Maschinen- und Schiffbaues, Talsperren, Elektrizitätswerke und ein moderner Überseehafen errichtet. Es herrscht ein akuter Arbeitskräftemangel. Auf dem ostdeutschen Territorium, das nicht einmal ein Viertel der Gesamtfläche des untergegangenen früheren Deutschen Reiches umfasst, werden 90 Prozent der Industrieproduktion ganz Deutschlands vom Jahre 1936 hergestellt. In fünf Jahren und zwei Monaten wurde in der Industrie der Vorkriegsstand erreicht ...

Stopp! Ich muss mich entschuldigen. Mir ist ein bedauerlicher Fehler unterlaufen. In der Eile der Niederschrift sind meine Notizzettel durcheinandergeraten. Bei den angeführten Daten handelt es sich zwar um den wirtschaftlichen Aufschwung in Ostdeutschland innerhalb von fünfzehn Jahren, allerdings nicht im Zeitraum von 1990 bis 2005, sondern in dem von 1945 bis 1960. Er vollzog sich bekanntlich auf den Trümmern, die das Naziregime hinterlassen hatte – trotz der schmerzlichen Demontagen und immensen Reparationsleistungen für die Wiedergutmachung der in der UdSSR angerichteten Schäden, trotz der enormen volkswirtschaftlichen Disproportionen nach der Aufspaltung des gesamtdeutschen Wirtschaftsraumes und nicht zuletzt trotz des permanenten Wirtschaftskrieges seitens des größeren, reicheren westlichen Nachbarstaates.

Die Ergebnisse des »Aufbaus Ost« von 1990 bis 2005 sehen ein klein wenig anders aus. Aus nachvollziehbaren Gründen vermieden es die drei Präsidenten im Amt, darauf einzugehen: Bereits ein halbes Jahr nach Verkündung des Programms zum

»Aufschwung Ost« war die ostdeutsche Industrieproduktion durch den Crash-Kurs der Bundesregierung, nach der überstürzten Währungsunion und dank des Wirkens der Treuhandanstalt um 67 Prozent zurückgegangen, im Maschinenbau betrug der Rückgang 70, in der Elektrotechnik 75 und in der Feinmechanik 86 Prozent. Ende 1991 erreichte die Industrieproduktion nur noch ein Drittel des Vorwendestandes. Knapp anderthalb Jahrzehnte später nähert sie sich mühselig dem DDR-Niveau von 1989.

Aus dem Industrieland DDR, dem das Deutsche Institut für Wirtschaftsforschung (DIW) noch 1987 bescheinigt hatte, »im RGW überhaupt das Land mit dem höchsten Leistungsniveau (und damit auch das Land mit dem höchsten individuellen Lebensstandard)« zu sein, wurde ein *Entwicklungsgebiet* innerhalb der Europäischen Union. Die Arbeitslosenquote beträgt gegenwärtig 18,4 Prozent, 2,18 Millionen Menschen haben Ostdeutschland verlassen, die Geburtenrate ist die niedrigste in Europa.

Licht am Ende des Tunnels ist nicht in Sicht, es sei denn, man betrachtet die Erklärung des Ost-Verantwortlichen der Bundesregierung Manfred Stolpe (»Vielleicht haben wir zu spät damit angefangen, den Menschen zu erklären, dass der Aufbau Ost 30 Jahre dauert«) als ein Lichtzeichen in der Dunkelheit.

Um das volle Ausmaß der in den ersten fünfzehn Jahren des »Aufbaues Ost« erzielten Fortschritte bei der Tunnelfahrt ermessen und gebührend würdigen zu können, darf selbstredend die Tatsache nicht außer Acht gelassen werden, dass die westlichen Bundesländer den sogenannten neuen allein bis zum Ende des 14. Aufbaujahres nach offiziellen Angaben 1,3 Billionen Euro und nach realen Berechnungen 900 Milliarden Euro zugeschossen haben.

Heribert Prantl von der *Süddeutschen Zeitung* verleitete das gar zu der superlativischen Behauptung: »Noch nie in der Weltgeschichte hat es ein so gewaltiges Hilfsprogramm gegeben wie das Programm der Bundesrepublik zum Aufbau der neuen Bundesländer.«

Gewaltig, gewaltig!

Vielleicht ist das ein bisschen übertrieben, zumal wenn der Vermögens- und Profittransfer in Richtung Westen außer Acht bleibt, aber ein schönes Sümmchen ist es schon, das mittlerweile in den Osten geflossen ist. Allein ein Bruchteil davon hätte der Staatlichen Plankommission gereicht, um der in den 80er Jahren angeschlagenen, aber sich weiterhin selbst tragenden DDR-Wirtschaft zu neuem Aufschwung zu verhelfen. Unter den Regierungen Kohl und Schröder dagegen diente der West-Ost-Transfer vorrangig dazu, die schlimmen sozialen Folgen ihrer desaströsen Wirtschaftspolitik zu mildern.

Vergleiche hinken – auch der zwischen den Ergebnissen des Aufbaus Ost von 1945 bis 1960 mit denen von 1990 bis 2005. Aber die schönsten Vergleiche stammen von unseren vornehmen Herrschaften, die von Klein auf die ökonomische Weisheit mit Löffeln gefressen haben, während Linke bekanntlich nichts von der Wirtschaft verstehen.

Einer dieser Weisen, Otto Graf Lambsdorff, einst selbst Bundeswirtschaftsminister, hat – man kann nicht oft genug daran erinnern – die Aufbauleistungen der Ostdeutschen in den Nachkriegs- und DDR-Jahren mit dem schönen Spruch gewürdigt, 40 Jahre Misswirtschaft der SED hätten dem Osten Deutschlands mehr Schaden zugefügt als der Zweite Weltkrieg.

Und der ehemalige Treuhandbeauftragte Klaus von Dohnanyi behauptete dieser Tage allen Ernstes: »Ostdeutschland war 1945 wirtschaftlich stärker als Westdeutschland. Das hat man einfach verwirtschaftet.«

In diesem die »innere Einheit« fördernden Geiste bleibt nun laut Stolpe vom »Aufbau Ost«, dem Werk, das so gar nicht vorankommen will, wenigstens die Hoffnung – auf die nächsten fünfzehn Jahre.

Oktober 2005

Illusionistisches Staatstheater

Die großzügige Springer-Postille *Berliner Morgenpost* hat mir zum diesjährigen Tag der deutschen Einheit ein Geschenk gemacht und in meinen Briefkasten ein Gratiswerbeexemplar geworfen. Darin forderte mich der Chefkorrespondent der *Welt*, Jochim Stoltenberg, auf, mich anlässlich des nationalen Feiertages »zu freuen, ja stolz zu sein«.

Als einen wesentlichen Grund dafür nennt er die »Fortschritte«, die »das viel beschworene Zusammenwachsen zweier Gesellschaften gemacht hat«. Zum Kronzeugen hat er sich Klaus Schroeder, Leiter des Forschungsverbundes SED-Staat an der FU Berlin, erkoren, der festgestellt habe, dass sich 54 Prozent der Menschen in den neuen Bundesländern mittlerweile wieder eher als »Deutsche« denn als »Ostdeutsche« empfinden«.

Juchheirassassa, was für ein grandioser Fortschritt! Allerdings verschwieg der jubelnde Staatsfeiertag-Schreiber, dass sich laut einer Umfrage des Senders *N24* nicht weniger als 74 Prozent der ostdeutschen Deutschen als »Bürger zweiter Klasse« fühlen.

Statt dessen konnte man in der Morgengabe ein Interview mit einem der größten Besserwisser unserer Zeit, dem Sprecher des von der Regierung eingesetzten »Gesprächskreises Ost«, Klaus von Dohnanyi, lesen, der sich schon als Sonderberater der famosen Treuhandanstalt unsterbliche Verdienste um den Osten Deutschlands erworben hat. Darin antwortet er auf die Frage: »Wird man mit der Ungleichheit zwischen Ost und West leben müssen?« kurz und schmerzlich: »Ja es hat keinen Sinn, sich Illusionen zu machen.«

Dem Blatt gefiel diese Aussage so gut, dass es sie gleich zur fetten Überschrift über die ganze Einheitstagsseite machte.

Anderswo gehörten Illusionen zum Festtagsprogramm. Das Wort stammt vom lateinischen »illudere« (verspotten, täuschen) ab und bedeutet bekanntlich nicht nur Selbsttäuschung und trügerische Hoffnung, sondern auch Vortäuschung einer

Wirklichkeit. Allein schon der diesjährige Staatsakt im neoklassizistischen, frisch aufpolierten Prachtbau des Staatstheaters Schwerin, in dem sich nach einem ökumenischen Gottesdienst die Spitzen von Staat und Gesellschaft versammelten, lieferte dafür treffliche Beispiele. Als Illusionist der Extraklasse erwies sich Bundestagspräsident Norbert Lammert.

In einer stilistisch geschliffenen, mit feiner Rhetorik vorgetragenen Festrede konstatierte er: »Mit der Revolution der Ostdeutschen und mit dem 3. Oktober 1990 ist Wesentliches erreicht worden: Einigkeit und Recht und Freiheit.« Diese Worte aus der Nationalhymne lassen die Herzen aller deutschen Landsleute in Ost und West höher schlagen, vor allem die der 79 Prozent, die die bundesdeutsche Gesellschaft für »sozial ungerecht« halten. Bei den Ostbürgern ist der Prozentsatz noch höher. Ihnen spendete der Festredner süßen Trost, indem er mitteilte, dass sich »der Aufbau Ost [...] in den vergangenen Jahren in vielen Regionen spürbar beschleunigt« habe.

Hier sprang ihm auch der Gastgeber im Staatstheater, der Ministerpräsident von Mecklenburg-Vorpommern, Harald Ringstorff, zur Seite, der in seiner Rede, ganz in der Wortwahl des berühmten chinesischen Erfinders des »langen Marsches« und des »großen Sprungs«, formulierte: »Ganz Ostdeutschland hat in vielen Bereichen einen großen Sprung nach vorn gemacht.«

Ganz offensichtlich hatten ihre Redenschreiber zu wenig hinter die wunderschönen Fassaden der sanierten Altstadthäuser am Schweriner See und schon gar nicht in die Berichte der Deutschen Bank Research oder namhafter Wirtschaftsinstitute geblickt, die den insgesamt katastrophalen Zustand der ostdeutschen Wirtschaft, die Massenarbeitslosigkeit, die Abwanderung und Verödung ganzer Landstriche beklagen und eine weitere Vertiefung der Kluft zwischen der ost- und westdeutschen Wirtschaft prognostizieren.

Lammert aber kannte den Grund für die »spürbare Beschleunigung« und den »großen Sprung«: »Nirgendwo sonst und nie zuvor hat ein Teil eines Landes einem anderen Teil im vergleichbaren Maße geholfen.« Nun, Ihr Ossis, kniet nieder und danket alle Gott, der CDU/CSU, der SPD und natürlich auch Herrn Lammert für diesen einzigartigen Beistand. Eine Hilfe der besonderen Art: Erst wird der Nachbar zum Krüppel geschlagen, dann werden ihm großzügig Krücken geschenkt. Erst haben Kohl, Waigel, Schäuble, Rohwedder, Breuel und die anderen Samariter mit Währungsunion und Treuhandanstalt den sich selbst tragenden Wirtschaftsstandort DDR zerstört, die Ostdeutschen zu Gunsten des westdeutschen Kapitals entschädigungslos enteignet und Millionen Arbeitsplätze vernichtet, dann zwangen sie die Deutschen in Ost und West zum Solidaritätszuschlag, zu anderen Sonderabgaben und rigorosen Einsparungen, um wenigstens einige der sozialen Folgen dieser Anschlusspolitik zu mildern. Wer wollte da nicht dankbar sein?

Natürlich hat es der Osten schwer, auf Krücken schnell voranzukommen. Das weiß auch Bundeskanzlerin Angelika Merkel, und so blickte sie in Schwerin auf eine 17jährige »lange Wegstrecke« zurück, »in der vieles gelungen ist, aber eben auch noch vieles zu tun bleibt«. Bewusst oder unbewusst wandelte sie als gelernte FDJ-Funktionärin einen der Lieblingssprüche Erich Honeckers, »Nichts ist so gut, als dass es nicht noch besser werden kann«, ab, was sie ungern zugeben würde. Der Bundestagspräsident handelte in dieser Hinsicht souveräner; er übernahm gleich den Honecker-Spruch und erklärte: »Nichts ist so gut, als dass es nicht verbesserungsfähig wäre.« Wer hätte das gedacht?

Wenig »verbesserungsfähig« allerdings war das propagandistische Rahmenprogramm zu den Feierlichkeiten in Schwerin. Während dort in den Reden der »Verbrechen zweier Diktaturen in Deutschland« gedacht wurde, erreichte in den Medien der Kalte Krieg gegen die DDR, vor allem mit dem »auf wahren Tatsachen beruhenden«, und diese skrupellos verfälschenden Fernsehfilm »Die Frau am Checkpoint Charly«, neue glanzvolle Höhepunkte. Die Dämonisierung des vor siebzehn Jahren untergegangenen Staates ist allein schon deshalb unverzichtbar, weil, wie Lammert im Staatstheater wehklagte, nach einer aktuellen Umfrage 64 Prozent der Ostdeutschen eher positive und nur 17 Prozent eher negative Erinnerungen an die DDR haben. Das muss sich ändern, schleunigst, damit wir alle, wie vom Springerblatt gefordert, uns zum nächsten »nationalen Feiertag« freuen und stolz sind.

Oktober 2007

Die Treuhand – vergessen?

Der Nebel lichtet sich, die Konturen werden schärfer. Deutschland steht vor einem historischen Jahr, vor dem Gedenkjahr 2009. Die Zahl der vorgesehenen Veranstaltungen wächst und wächst. Zu Recht, denn die Bedeutung ist enorm. Die »Stiftung zur Aufarbeitung der SED-Diktatur« hat sie in die rechten Worte gekleidet: »2009 können die Menschen in Deutschland und Europa auf das Freiheitsjahr 1989 als zentralen, gemeinsamen Bezugspunkt in der jüngeren Vergangenheit zurückblicken. Die friedliche Revolution vollendete in Deutschland das Vermächtnis der französischen Revolution von 1789, des demokratischen Frühlings von 1848 und der deutschen Revolution von 1918/19 [...]. Die Bundesstiftung zur Aufarbeitung der SED-Diktatur nimmt die 20. Jahrestage der friedlichen Revolutionen und der deutschen Einheit zum Anlass, die epochale Bedeutung dieser herausragenden Ereignisse in der deutschen und europäischen Freiheits- und Demokratiegeschichte hervorzuheben.«

Angesichts dieser welthistorischen Bedeutung nimmt es nicht Wunder, dass die Eppelmann-Stiftung unermüdlich arbeitet und ihren Veranstaltungskalender ständig erweitert. Schon 2007 hatte sie sich in einem Rundschreiben an 2.380 Landtags- und Bundestagsabgeordnete sowie an 1.831 Kommunen gewandt und dafür geworben, anlässlich der 20. Jahrestage von friedlicher Revolution und deutscher Einheit Projekte und Initiativen zu pflanzen, die 2009/10 Früchte tragen sollen.

Nunmehr zeichnet sich eine reiche Ernte ab: vielfältige Gedenkveranstaltungen, geförderte Studienprogramme, Wanderausstellungen, Umbenennung von Straßen und Plätzen sowie die Errichtung von Gedenktafeln und -steinen. Selbst ohnehin geplante öffentlichkeitswirksame Aktionen wie zum Beispiel die Bundesgartenschau 2009, die Jubiläen »175 Jahre Erste deutsche Eisenbahn« und auch die »2000. Wiederkehr der Schlacht im Teutoburger Wald« werden von einigen Ländern und Kommunen zur Revolutionswürdigung genutzt werden.

Höhepunkte sollen die Geschichtsmesse »20 Jahre friedliche Revolution und deutsche Einheit« im März im thüringschen Suhl und vor allem das »Berliner Geschichtsforum 2009« bilden, das gemeinsam mit der Kulturstiftung des Bundes und anderen Aufklärungsinstitutionen vorbereitet wird. Das Forum soll eine bisher »einmalige Mischung aus Fachkongress und öffentlichem Geschichts- und Kulturfest zum 20-jährigen Jubiläum der ›Friedlichen Revolution‹« sein und »an den Erfolg und die große Resonanz« des ersten Berliner Geschichtsforums von 1999 anknüpfen, auf dem so herausragende Revolutionsförderer wie Helmut Kohl, George Bush und Michail Gorbatschow zu den Ehrengästen gehörten.

Natürlich wird die »Stasi« im Gedenkmarathon einen gebührenden Platz einnehmen. Eine kleine Veranstaltungssuchmaschine der Eppelmann-Stiftung im Internet verrät unter anderem, dass im niedersächsischen Braunschweig »Der lange Arm der Stasi« diskutiert werden soll und in Sachsen »Das Stasigefängnis Bautzen II« zu besichtigen ist.

Nur bei einem Suchwort ist das Ergebnis kläglich. Es lautet wörtlich: »Veranstaltungskalender – Trefferliste: Sie haben nach Suchwort Treuhandanstalt […] gesucht. Kein Eintrag erfüllt die Auswahlbedingung.«

Alles was recht ist, das hat die Treuhandanstalt nicht verdient. Ausgerechnet die Institution, mit der es gelang, die Revolution siegreich zu vollenden, das verfluchte Volks- in das gelobte Privateigentum und die kommunistische Misswirtschaft in die aufblühende kapitalistische Marktwirtschaft zu verwandeln, wird nicht gewürdigt, sondern missachtet. Ja, kennen Eppelmann und die anderen Jubiläumsvorbereiter nicht deren Schlüsselrolle? Haben sie vergessen, was der Hauptsprecher der CDU, Dieter Schulte, in der abschließenden Diskussion zum Bericht des Treuhand-Untersuchungsausschusses im Bundestag feststellte? »Die Tätigkeit der Treuhandanstalt wird zukünftig von Ökonomen als gelungenes Beispiel für die erfolgreiche Überführung einer sozialistischen Planwirtschaft in die Soziale Marktwirtschaft gewürdigt werden und als eine einmalige Leistung in die Wirtschaftsgeschichte eingehen. […] In den neuen Ländern sind moderne Unternehmen und Industrieanlagen mit zukunfts- und wettbewerbsfähigen Arbeitsplätzen entstanden, und sie entstehen weiterhin. Sie sind deshalb in kürzester Zeit zum größten Wachstumsgebiet mit der höchsten Erneuerungsdynamik in Europa geworden.« Nun gut, den Abgeordneten Schulte aus Schwäbisch Gmünd muss man nicht unbedingt kennen. Aber was eine solche Koryphäe wie Kurt Biedenkopf argumentations- und wortgewaltig in der Parlamentsdebatte zum segensreichen Wirken der Treuhand unter anhaltendem Beifall der CDU/CSU und der FDP feststellte, das muss sich doch für alle Zeiten eingeprägt haben: »Ich bin überzeugt davon, dass das, was in den ersten vier Jahren zum Aufbau Ost, zur Privatisierung etc. geleistet worden ist, einmal als eine sehr bedeutende politische Leistung gewürdigt werden wird.« Wo bleibt sie nur, die Würdigung?

Deshalb wird es höchste Zeit, den Veranstaltungsplan mit einem Geschichtsforum »Das Wirken der Treuhandanstalt – eine einmalige Leistung in der Wirtschaftsgeschichte« zu ergänzen. Als Themen für Podiumsdiskussionen und Seminare drängen sich auf: »Die Treuhandanstalt – ›eine politische Veranstaltung‹ (Horst Köhler)«, »Wie es der Treuhand gelang, in nur vier Jahren 3.495 Betriebe mit einem minimalen Kostenaufwand von 25 Milliarden DM zu liquidieren und 2,6 Millionen Arbeitsplätze zu beseitigen«, »Die Reduzierung der Industrieproduktion eines Landes innerhalb von zwei Jahren auf ein Drittel – eine in der Welt einmalige Leistung«, »Wie Bürger von der Last ihres Prokopfanteils am Volksvermögen von 40.000 DM befreit und entschädigungslos enteignet werden können« und »Eine einzigartige wirtschaftliche Großtat – die Verwandlung eines Wirtschaftsvermögens von 600 Milliarden in einen Schuldenberg von 256 Milliarden DM«.

Da die Missachtung der verdienstvollen Treuhandanstalt bei den Feierlichkeiten schwerlich auf Vergesslichkeit seiner Organisatoren zurückzuführen ist, sollte endlich nach dem Vorbild der »Stiftung zur Aufarbeitung der SED-Diktatur« eine »Stiftung zur Aufarbeitung der Leistungen der Treuhand« errichtet werden. Herr Eppelmann ist gewiss gern bereit, sich daran mit Mitteln aus seinem Millionenetat zu beteiligen.

Juni 2008

Rote Socken,
liederlich gestopft

Das »Gedenkjahr 2009« rückt näher – die Wahlen zum Bundestag ebenso. Die CDU bereitet sich emsig darauf vor und hat die prächtige Idee, zwei Fliegen mit einer Klappe zu schlagen. Beide Ereignisse fest im Blick will sie mit der »Verklärung der DDR« aufräumen und die »Aufklärung über das SED-Unrechtsregime« vorantreiben. Dazu verabschiedete die christlich-demokratische Unionsführung einen Antrag mit dem flotten Titel »Geteilt. Vereint. Gemeinsam. Perspektiven für den Osten Deutschlands«. Anfang Dezember soll der Text, der zugleich als eine der Grundlagen für die bevorstehenden Wahlschlachten vor allem gegen *Die Linke* dienen soll, in Stuttgart auf dem Parteitag beschlossen werden.

Das Thema ist brisant, denn die Gefahr ist groß, und »leider stellen wir«, wie Generalsekretär Ronald Pofalla nach der Verabschiedung des Antrages alarmierte, »heute fest, dass eine Verklärung, ja teilweise sogar eine Geschichtsfälschung mit Blick auf das SED-Unrechtsregime stattfindet«. Das »Vergessen, Verdrängen und Beschwichtigen« dürfe keine Schule machen.

Wie ernst die Lage ist, hat Arnold Vaatz, stellvertretender Vorsitzender der CDU/CSU-Bundestagsfraktion, in einem Interview für das Berliner *Inforadio*, zwar untermalt mit zahllosen Stoiberschen »äh«, aber doch unmissverständlich, kundgetan: »Die DDR-Nostalgie schönt in zunehmenden Maße das Bild der DDR und verklärt die Geschichte. [...] Wir sehen einfach, dass mittlerweile in bezug auf die DDR die Wahrheit verdreht wird, dass sich die Balken biegen.« Deshalb diene die Kampagne »der Richtigstellung des gegnerischen Geschichtsbildes, das aus den Fugen zu geraten droht [...]. Wer die Wahrheit vergewaltigt, der verdient immer richtiggestellt zu werden.«

Die Richtigstellung ist im höchsten Maße beeindruckend, denn sie erinnert in nahezu unnachahmlicher Weise an die

Geschichte selbst, und zwar an die der schwärzesten Zeiten des Kalten Krieges und der späteren berühmten »Rote Socken«-Kampagne. Was CDU-Pastor Hintze damals hastig gestrickt hat, wird jetzt, liederlich gestopft und nach Fußschweiß riechend, wieder auf die Leine gehängt.

Die geschichtliche Wahrheit sieht dann im CDU-Papier beispielsweise so aus: »Die DDR wurde unter Führung des SED-Regimes auf Befehl Stalins gegründet und war eine Folge des sowjetischen Sieges im Zweiten Weltkrieg. Walter Ulbricht und seine Parteigenossen unterdrückten rücksichtslos am 17. Juni 1953 mit Hilfe sowjetischer Panzer den Freiheitswillen der Ostdeutschen und ihren Wunsch nach einem wiedervereinten Deutschland. Am 13. August 1961 zementierte der Mauerbau die Teilung Berlins und Deutschlands auf lange Zeit.«

Eine wahrlich tiefschürfende historische Analyse. Als offenbar nebensächlich werden Blockkonfrontation und Kalter Krieg mit keinem Wort erwähnt, desgleichen die Tatsache, dass Westdeutschland bei der Spaltung Deutschlands stets voranging: 1947 und 1948 wurden die westlichen Besatzungszonen zur Bi- und später zur Tri-Zone zusammengeschlossen. Am 20. Juni 1948 wurde die einheitliche Währung aufgespalten und in Westdeutschland und in Westberlin statt der bis dahin gültigen Reichsmark eine separate Währung eingeführt, die die bestehenden Wirtschaftsbeziehungen sprengte. Die Gründung der Bundesrepublik Deutschland erfolgte am 7. September 1949, die der DDR am 7. Oktober des selben Jahres. Am 9. Mai 1955 trat die BRD der NATO bei, fünf Tage danach, am 14. Mai, wurde die DDR Gründungsmitglied des Warschauer Vertrages.

Um so wortreicher ist die Schilderung von Gewalt, Unrecht und wirtschaftlichem Niedergang, den das SED-Regime über Jahrzehnte verschleiert habe. Als Kronzeuge wird der ehemalige Vorsitzende der DDR-Plankommission, Gerhard Schürer, aufgerufen – er wird im kommenden Jahr noch häufig zitiert werden –, der im Oktober 1989 eine »dramatische Verschuldung« im »kapitalistischen Ausland« festgestellt habe. Tatsächlich, die Verschuldung war beträchtlich, sie hing wie ein Bleigewicht am Hals der DDR-Wirtschaft. Laut Angaben der Bundesbank betrug sie zwölf Milliarden Dollar, also nach heutigem Kurs rund 8,5 Milliarden Euro. Eine gewaltige Summe, aber ein Blick auf die Berliner Schuldenuhr zeigt, dass dieser Betrag gerade einmal ein halbes Prozent der heutigen Staatsverschuldung der Bundesrepublik darstellt.

Um die »Misswirtschaft des SED-Regimes« zu belegen, mangelt es der Union nicht an lebhafter Phantasie. Einfallsreich behauptet sie zum Beispiel, dass »es in der DDR bereits im letzten Jahr ihres Bestehens eine verdeckte Arbeitslosigkeit von 1,4 Millionen Menschen« gegeben habe, was »einer Arbeitslosenquote von ca. 16 Prozent« entspreche. Ja, wo die Verfasser des Kampagne-Papiers Recht haben, haben sie Recht. Die Arbeitslosigkeit hatte ein so schauriges Ausmaß, dass gerade in den 1980er Jahren in der DDR händeringend nach Arbeitskräften gesucht, nahezu an jedem Werktor um »Arbeitskräfte aus der nichtberufstätigen Bevölkerung« gefleht und mit befreundeten Staaten, darunter Polen, Ungarn, Vietnam und Kuba, die Entsendung von Arbeitskräften vereinbart wurde.

Da sich die CDU offenbar bewusst ist, dass der angeführte und anderer Unsinn nur schwer denen zu vermitteln ist, die die DDR erlebt haben, gilt ihre Aufmerksamkeit besonders den nachwachsenden Generationen. Kategorisch fordert sie: »Die Geschichte der deutschen Teilung und der SED-Diktatur müssen zentraler Inhalt des Schulunterrichts in ganz Deutschland werden.« Deshalb fordert die Union, das SED-Unrecht und die friedliche Revolution als verbindliche Unterrichtsinhalte in die Rahmenpläne des Fachs Geschichte der Sekundarstufen I und II aufzunehmen, den Schülern Fahrtkostenzuschläge zu gewähren, damit sie sich an authentischen Plätzen, »in den Stasi-Gefängnissen, an Grenzübergängen und in Gedenkstätten«, ein eigenes Bild von den Zuständen in der DDR verschaffen können. Um die bedauerlichen Wissenslücken über das Elend in der DDR auch mit den Waffen der Wissenschaft zu schließen, schlagen die CDU-Granden vor, einen Lehrstuhl zur Erforschung und wissenschaftlichen Aufarbeitung des »SED-Unrechtsregimes« an einer Berliner Universität einzurichten.

Andere Lücken werden dafür gern hingenommen. Die Angaben über die erfolgreiche Entwicklung in Ostdeutschland nach dem Sieg der Revolution und dem Umbau der DDR zu den neuen Bundesländern sind spärlich. Zwar wird eingestanden, dass eine selbsttragende Wirtschaftsentwicklung noch nicht erreicht wurde, was aber nicht sonderlich verwundern kann, denn »auch im zweiten Jahrzehnt nach der Wiedervereinigung leidet die wirtschaftliche Entwicklung an den Folgen der sozialistischen Misswirtschaft und der deutschen Teilung«. Um so höher ist zu bewerten, dass »beim Aufbau der neuen Länder Großartiges geleistet« wurde.

Das Geleistete ist so grandios, dass die CDU auf kleine Mängel wie Deindustrialisierung, Überschuldung von Ländern und Gemeinden, Vergreisung und Verödung ganzer Landstriche, Abwanderung von 1,5 Millionen Menschen auf der Suche nach Arbeit, Massenarbeitslosigkeit, Diskriminierung der Ostdeutschen bei Tariflöhnen und Rente, Kinder- und Altersarmut gar nicht erst eingehen muss. Wenn es darum geht, im Gedenk- und Wahljahr der »Verklärung der DDR« den Kampf anzusagen und die »Aufklärung über das DDR-Unrechtsregime« zu verstärken, dann sollen solche Belanglosigkeiten die Erfolgsbilanz der zurückliegenden zwei Jahrzehnte nicht trüben.

Allerdings weist das CDU-Grundsatzpapier doch einen gravierenden Mangel auf:

Es nennt die DDR noch immer DDR, statt sie wie einst in Anführungszeichen zu setzen oder sie schlicht und einfach wieder Ostzone oder »Zoffjett-Zone« (Adenauer) zu nennen.

Aber keine Bange, wenn die Aufklärung erfolgreich voranschreitet, dann wird auch diese kleine, aber notwendige Änderung vorgenommen werden.

Oktober 2008

2. Kapitel
Der unaufhaltsame Aufschwung Ost

Flaggenwechsel

In Halle, an der Saale einstmals hellem Strande, steht ein Flaggenwechsel bevor. Die mickrige Betriebsfahne eines Großbetriebes wird eingezogen, über einem Kleinbetrieb wird dafür eine prächtige Deutschlandfahne im Ausmaß von 6,40 mal 4,50 Meter gehisst.

Halle, nun freue dich! Vor kurzem noch flatterte das deutsche Banner über dem Reichstag, nun wird es über dem Bordell »X-Carree« der Frau Christine Schmittroth wehen, die, aus Nürnberg gekommen, in der Saalestadt zehn Arbeitsplätze geschaffen und kürzlich das heilige Tuch der Nation mit Echtheitszertifikat für 3.350 Euro auf der Internet-Auktionsplattform des Zolls ersteigert hat.

Die bescheidene Werksfahne schmückt den Betrieb des Waggonherstellers Bombardier in Halle-Ammendorf. Zum Jahresende 2005 soll sie eingeholt werden – eine Zeremonie, die vom Ende des letzten großen produzierenden Betriebes der Stadt und ihres Umfeldes künden wird. Der Beschluss zur Werksschließung war im Juni vom Bombardier-Aufsichtsrat gefasst worden, der im Berliner Nobel-Hotel Hilton tagte, während draußen auf dem Gendarmenmarkt etwa 600 Betriebsangehörige bei strömendem Regen geduldig ausharrten. Wer die Klassenwidersprüche leugnet, der konnte sie hier im Herzen Berlins besichtigen.

Als der Aufsichtsratsvorsitzende Peter Witt die beschlossene Stilllegung verkündete, die man »so angenehm wie möglich« gestalten wolle, war die Geduld der um ihren Arbeitsplatz Bangenden zu Ende. »Verräter« und »Lügner« schrien sie ihm entgegen, und Antonius Engberding von der IG Metall, der für die Beschäftigten im Aufsichtsrat sitzt, bestätigte das, als er feststellte: »Es hat die einen Scheiß interessiert, was aus euch wird.« Die Waggonbauer seien »nach Strich und Faden verarscht worden«. Gemeint war das Ablenkungsmanöver des Aufsichtsrates, der Ende März den geplanten Beschluss vertagt hatte, um nach

Alternativen zu suchen, von denen dann im Hilton-Hotel keine Rede mehr war.

Die Schließung des Waggonwerks in Halle ist nur ein weiterer von vielen Schlägen zur Zerschlagung der ostdeutschen Großindustrie. »Nach Strich und Faden verarscht« – bleiben wir bei den Worten des Gewerkschafters – wurden nicht nur die Ammendorfer Waggonbauer, sondern Millionen von Ostdeutschen, die man zu DDR-Zeiten als »Werktätige« bezeichnete und in der Bundesrepublik widersinnigerweise »Arbeitnehmer« nennt. Wer erinnert sich nicht an Helmut Kohls Versprechung von den »blühenden Landschaften«?

Dabei war der Altkanzler nicht der einzige, der den Ostdeutschen vor der Aufnahme in die Bundesrepublik das Blaue vom Himmel herunter versprach. In der Wendezeit prophezeite Helmut Hausmann, Bundesminister für Wirtschaft, ein »deutsch-deutsches Wirtschaftswunder«, Theo Waigel, Finanzminister, »einen enormen Wachstumsschub in der DDR« und Hans-Dietrich Genscher, damals Außenminister und heute Ehrenbürger von Halle, ein »deutsches Aufbauwunder«.

Als die DDR längst untergegangen und ihre Industrie zerstört war, blieben die Volksverarscher bei ihren Wundermärchen, die an die »Wunderwaffen« erinnern, mit denen Großdeutschland einst den Zweiten Weltkrieg gewinnen wollte. Noch Ende der 90er Jahre nannten Ex-CDU-Parteivorsitzender Wolfgang Schäuble und sein Generalsekretär Peter Hintze den »Aufbau Ost«, wortwörtlich übereinstimmend, die »beeindruckendste Erfolgsgeschichte in diesem Jahrhundert«. Und auch Berhard Vogel, Thüringens damaliger Ministerpräsident, scheute sich nicht, die Versprechungen für die Wirklichkeit auszugeben. »Warum«, so fragte er am Beginn des Bundestagswahlkampfes 1998 in Apolda, »ducken wir uns vor dem Wort der blühenden Landschaften weg?« Da er sie in Teilen schon blühen sah, forderte er seine Parteifreunde auf, es ihm gleichzutun, denn – und hier berief sich der fröhliche Windmacher auf Martin Luther: »Aus einem verzagten Arsch kommt nie ein fröhlicher Furz.« Er hätte auch Ernst Moritz Arndts Gedicht »Teutscher Trost« zitieren können: »Teutsches Herz, verzage nicht«, aber die Tatsachen sind nicht so einfach wegzulügen – damals nicht und heute schon gar nicht.

Einst, in den 80er Jahren, war Ostdeutschland ein entwickeltes Industrieland gewesen – in der DDR-Propaganda unter die ersten zehn führenden Industriestaaten der Welt eingestuft, in westlichen Wirtschaftsanalysen auf Platz 15 oder 16. Zuletzt (1988) erreichte das DDR-Bruttosozialprodukt ein Volumen von über 300 Milliarden DM, 65 Prozent davon wurden von der Industrie produziert. In den Industriebetrieben der DDR waren 1989 laut dem Statistischen Bundesamt in Wiesbaden 3.211.000 Arbeiter und Angestellte tätig, allein im Maschinenbau 962.000. Der Außenhandelsumsatz betrug 1989 nach Angaben des gleichen Amtes rund 84 Milliarden DM, 48 Prozent des Exportes entfielen auf Maschinen, Ausrüstungen und Transportmittel. Auch der Ammendorfer Großbetrieb, der bis zu 4.700 Menschen beschäftigte – inzwischen sind es noch 677 – leistete dazu seinen Beitrag. Allein in die sozialistischen Länder lieferte er bis 1989 über 35 000 Waggons für Fernzüge.

Nunmehr, bald anderthalb Jahrzehnte nach der Einverleibung in die Bundesrepublik, ist Ostdeutschland als Folge der »beeindruckendsten Erfolgsgeschichte« des 20. Jahrhunderts weitgehend deindustrialisiert. Der Anteil der Industrie an der Bruttowertschöpfung der ostdeutschen Wirtschaft erreicht gerade einmal 16 Prozent. Die Zahl der Erwerbstätigen in der Industrie, einschließlich aller Klein- und Kleinstbetriebe, lag im September 2001 bei 673.062, war also um vier Fünftel gesunken und ist inzwischen noch weiter zurückgegangen.

Die Verwandlung Ostdeutschlands aus einem entwickelten Industrieland in ein industrielles Notstandsgebiet, das Jahr für Jahr mit Milliardensummen alimentiert werden muss, ist ein Vorgang, den die Weltwirtschaft bis dahin nicht gekannt hat. Das ifo-Institut für Wirtschaftsforschung hat dazu festgestellt: »Das Leistungsbilanzdefizit der neuen Länder liegt bei etwa 45 Prozent der eigenen Erzeugung. Niemals zuvor hat es in der Geschichte der Menschheit eine Region gegeben, die in solch großem Umfang von einem Ressourcenzustrom aus anderen Regionen abhängig war. Selbst Israel, Portugal und der italienische Mezzogiorno, drei weitere klassische Transferökonomien, liegen mit Werten von 12 bis 13 Prozent weit, weit darunter.«

Mit der Schließung des Werkes in Halle-Ammendorf soll der industrielle Kahlschlag fortgesetzt werden. Doch die

Betriebsangehörigen wollen sich zur Wehr setzen. »Wir werden das niemals so hinnehmen, sondern mit allen Mitteln, die wir haben, für unsere Rechte kämpfen«, kündigte der Betriebsratsvorsitzende Reiner Knothe an, und der Vertreter der IG Metall, Bernd Kruppa, erklärte: »Ob Verkauf, Buy-out, neue Produkte oder sonstiges – alles muss denkbar sein, um die Beschäftigung in der Region zu sichern.«

Buy-out? Ja, warum eigentlich nicht? Warum sollten die Werksangehörigen ihren dem kanadischen Bahn- und Luftfahrtkonzern Bombardier in den Rachen geworfenen Betrieb nicht zurückkaufen? Natürlich für einen handelsüblichen Preis, etwa für die symbolische Mark, also heute 51 Eurocent, die zum Beispiel der frühere niedersächsische Ministerpräsident Ernst Albrecht nach der Wende für das Eisenhüttenwerk Thale zu zahlen hatte. Immerhin hat man auch in Ammendorf in früheren Jahren schon bewiesen, dass es sich ohne Kapitalisten erfolgreich wirtschaften lässt.

Nach dem Rückkauf, den es ohne Kampf nicht geben wird, könnte über dem Werk auch eine neue Betriebsfahne gehisst werden, eine bunte, in der ein wenig Rot nicht schaden könnte. Die schwarzrotgoldene über dem Etablissement der Frau Schmittroth könnte ruhig am Mast bleiben. Nicht etwa als Zeichen, dass Deutschland ein Freudenhaus wäre, aber als Symbol dafür, dass in diesem Land nahezu alles käuflich ist: die Liebe, die Frauen, die Reichstagsflagge und –warum nicht? – der Waggonbau in Halle-Ammendorf.

April 2004

80

Was tun mit dem Osten?

Hinter fest verschlossenen Türen hat unlängst in der Bundeshauptstadt eine Beratung von Vertretern der Regierung und der schwarz-gelben Opposition über ein »Ideenpapier« stattgefunden, dessen weitere Präzisierung und Umsetzung für die Zukunft der Bundesrepublik Deutschland von historischer Bedeutung wären. In dem Papier wird angeregt, nach dem Vorbild des »Forschungsbeirates für Fragen der Wiedervereinigung Deutschlands«, der von 1953 bis 1975 bestand, ein neues Beratungsgremium zu gründen.

Spiritus rector der damaligen »Wiedervereinigungsforscher« und persönlich von Konrad Adenauer eingesetzter erster Präsident des Forschungsbeirates war Dr. Friedrich Ernst, von 1939 bis 1941 Hitlers Reichskommissar für die Verwaltung des feindlichen Vermögens. Unter seiner Leitung und der seines Nachfolgers, des vormaligen CDU-Vertriebenenministers Dr. Johann Baptist Gradl, erarbeitete der Beirat fleißig und hingebungsvoll Pläne für die Einverleibung der DDR und die Restauration des Kapitalismus im Osten Deutschlands. Als diese Konzepte und Empfehlungen – unter anderem zur Währungsumstellung, zur Umwandlung der volkseigenen Betriebe in privatwirtschaftliche Unternehmen, zur Einsetzung von Treuhändern und einer entsprechenden »Oberen Behörde« sowie zum Prinzip Rückgabe vor Entschädigung – 1990 nach dem kläglichen Untergang der DDR mit einiger Verspätung umgesetzt wurden, ahnte keiner der jubilierenden Sieger über den roten Osten, dass angesichts bedrohlicher gesellschaftlicher Trends bereits fünfzehn Jahre später über die Bildung eines Forschungsbeirates mit gleicher Funktionsweise nachgedacht werden müsste.

Nach ersten Überlegungen soll er wie sein Vorgänger aus einem engen Kreis von Staats- und Wirtschaftswissenschaftlern und einem erweiterten Kreis von delegierten Mitgliedern aus den Spitzengremien des Staates, der Bundestagsfraktionen, der

Industrie und der Banken bestehen; die Forschungsarbeit, die spätestens im Jahre 2010 abgeschlossen werden soll, könnte nach bewährtem Muster im Plenum sowie in mehreren Ausschüssen und Arbeitsgruppen erfolgen.

Anders wäre allerdings die Zielsetzung, was sich allein schon im geringfügig, aber doch entscheidend veränderten Namen der angedachten Einrichtung zeigt, der nun lauten soll: »Forschungsbeirat für Fragen der Wiedertrennung Deutschlands«. Ausgangspunkt für die Überlegungen zur Wiederbelebung des Forschungsbeirates mit entgegengesetzter Zielsetzung ist die Einschätzung, dass die nicht vorausgesehenen Folgen der »Wiedervereinigung« Bestand und Zukunft des deutschen Kernlandes, der alten Bundesrepublik, ernsthaft bedrohen.

Drei Gründe sind es vor allem, die die Teilnehmer der eingangs erwähnten Geheimberatung bewogen, die Bildung eines Wiedertrennungsbeirates ins Auge zu fassen:

Erstens, der wirtschaftliche Aufholprozess Ostdeutschlands ist gescheitert. Die wenigen Leuchttürme lassen die landesweite Misere nur noch klarer hervortreten. Das Bruttoinlandsprodukt je Einwohner im Osten liegt unter 60 Prozent des Westniveaus. Der Anteil Ostdeutschlands am bundesdeutschen Steueraufkommen beträgt bei Lohn- und Einkommenssteuer jeweils vier Prozent. Obwohl sich rund zwei Millionen Frauen und Männer vom ostdeutschen Arbeitsmarkt zurückgezogen haben, verharrt die Arbeitslosenquote bei fast 20 Prozent. Das Leistungsbilanzdefizit liegt bei 45 Prozent der eigenen Erzeugung.

Von 1990 bis 2003 wurden von West nach Ost netto rund 900 Milliarden Euro transferiert.

Gegenwärtig betragen die Transferzahlungen aus öffentlichen Mitteln jährlich 83 Milliarden Euro. Die derzeitigen Wachstumsraten des ostdeutschen Bruttoinlandsproduktes (2001: minus 0,2; 2002: 0,1; 2003: 0,2) zeigen, dass Ostdeutschland auch 2010 und weit darüber hinaus ein wirtschaftliches Notstandsgebiet bleiben wird und ein Ende der in der Welt einmaligen enormen Alimentierung nicht abzusehen ist. Der Osten wurde für die Bundesrepublik entgegen vielen anderen Voraussagen zu einem Faß ohne Boden. Die deutsche Einheit ist nicht nur teuer, sie ist zu teuer geworden.

Zweitens, seit Ende 1989 hat sich die Einwohnerzahl Ostdeutschlands von 16,6 auf 14,8 Millionen verringert. Auf der Suche nach einem Arbeitsplatz sind vor allem Facharbeiter, gut ausgebildete und risikobereite junge Menschen, darunter besonders viele Frauen mit überdurchschnittlich hohem Bildungsniveau, in Richtung Westen abgewandert. Setzt sich dieser Prozess fort, womit zu rechnen ist, werden 2015 in Ostdeutschland nur noch 12,5 Millionen Menschen wohnen, großenteils Rentner. Ökonomen der Deutschen Bank schätzen, dass die Zahl der Ostdeutschen im erwerbsfähigen Alter bis zum Jahre 2050 um 43 Prozent sinken wird, und das Deutsche Institut für Urbanistik nimmt an, dass die ostdeutsche Bevölkerung in hundert Jahren auf sechs, womöglich gar auf weniger als vier Millionen Einwohner sinken wird.

Neben der Abwanderung trägt dazu der dramatische Geburtenrückgang bei. Mit 0,7 Kindern pro Frau weist Ostdeutschland gegenwärtig die niedrigste Geburtenrate auf, die jemals weltweit gemessen wurde. Vor der Vereinigung war die Geburtenrate dort wesentlich höher gewesen als in Westdeutschland.

Infolge von Abwanderung und Geburtenrückgang drohen viele Landstriche schon jetzt zu vergreisen und zu veröden. Die Zahl der Konsumenten geht zurück, die Kaufkraft schrumpft, auch als Absatzmarkt für westdeutsche Produkte verliert der Osten rapide an Bedeutung.

Drittens, von einer inneren Einheit ist Deutschland weit entfernt. Eine signifikante Mehrheit der Ostdeutschen verweigert sich marktwirtschaftlichen Prinzipien und westlichem Lebensstil. Ihre Einstellung zur Arbeit und Berufstätigkeit von Frauen, zu Armut und Reichtum, zu sozialer Sicherheit und Gerechtigkeit, zum Geschlechterverhältnis und zur Religion, zur Solidarität und zum Krieg ist von 45 Jahren staatssozialistischer Herrschaft geprägt. Nach Umfragen werten zwei von drei Ostdeutschen die bundesdeutsche Gesellschaftsordnung als ungerecht. Laut dem »Datenreport 2004« des Statistischen Bundesamtes halten 76 Prozent der Ostdeutschen den Sozialismus für eine gute Idee, die nur schlecht umgesetzt wurde. Die heute lebenden Generationen werden sich nicht oder nur unvollkommen an das bundesdeutsche Gesellschaftsmodell und seine Lebensregeln anpassen können. Im Gegenteil, in jüngster Zeit zeigen sich Tendenzen, dass einzelne Segmente des nach 1990 beseitigten Gesellschaftssystems auf die Bundesrepublik ausstrahlen. Überlegungen zur Verbesserung der frühkindlichen Betreuung, zur Einführung einer Gemeinschaftsschule für alle Kinder bis zum 10. Schuljahr, zu einer radikalen Verringerung der Zahl der Krankenkassen, zur Übernahme des Systems der Polikliniken und zu einer einheitlichen, für alle Bürger gleichen Sozialversicherung können leicht zum Türöffner für eine von linken Kräften seit langem angestrebte umfassende »Modernisierung« der Bundesrepublik werden.

Aus den genannten Gründen haben Überlegungen zur Gründung eines »Forschungsbeirates für Fragen der Wiedertrennung Deutschlands« auf der eingangs erwähnten Beratung beachtliche Zustimmung gefunden. Allerdings sind noch etliche Fragen offen, vor allem, wie die Idee in den Zeiten des wiederbelebten Patriotismus der Öffentlichkeit propagandistisch überzeugend vermittelt und wem die Leitung des Gremiums übertragen werden soll. Während zur erstgenannten Frage noch große Unklarheit herrscht, gibt es zur zweiten erste Vorstellungen. Für die Funktion des Beiratsvorsitzenden bieten sich unter anderen an: Verkehrsminister Manfred Stolpe, Beauftragter der Bundesregierung für die neuen Länder, der über reiche Erfahrungen im Umgang mit gescheiterten Unternehmungen verfügt; Professor Arnulf Baring, dessen Verdienste um die Vertiefung der mentalen Kluft zwischen Ost und West unbestritten sind; Ex-Treuhand-Chefin Birgit Breuel, die die Suppe auslöffeln könnte, die sie miteingebrockt hat.

Vorerst handeln die Beiratsinitiatoren nach der Devise: Kommt Zeit, kommt Rat, Beirat findet sich beizeiten. Vorschläge und Anregungen können jedoch von jetzt an, da die Geheimberatung publik geworden ist, an den »Forschungsbeirat für Fragen der Wiedertrennung Deutschlands (in Vorbereitung)« unter dem Stichwort »Wie werden wir die Ossis wieder los?« gerichtet werden.

Januar 2005

Vorwärts zur DDR

Wieder einmal haben die undankbaren »Frustrierten im Osten« den Schwarz-Gelben und den Rosa-Grünen eine Wahl zum Deutschen Bundestag versaut. Verbitterung macht sich breit. Die zu Jahresbeginn bekanntgewordenen Überlegungen, nach dem Vorbild des in den 60er und 70er Jahren bestehenden Bonner »Forschungsbeirates für Fragen der Wiedervereinigung Deutschlands« ein beratendes Gremium »für Fragen der Wiedertrennung Deutschlands« zu gründen, haben neue Nahrung bekommen. Während die Befürworter der Initiative darin einen Weg sehen, die Republik vom schweren politischen und ökonomischen Ballast des Ostens zu befreien, geht sie anderen, vor allem linken Kräften nicht weit genug.

Am Vorabend des 15. Jahrestages der BRDigung des ersten realsozialistischen Staates auf deutschem Boden fordern sie, einen »Forschungsbeirat für Fragen der Wiedererrichtung der DDR« ins Leben zu rufen. Da ein ostdeutscher Separatstaat allerdings infolge der nach 1990 erfolgten Kolonialisierung und zielstrebigen Zerstörung einer eigenständigen Wirtschaftsbasis nicht lebensfähig wäre, treten sie dafür ein, die wiederzuerrichtende DDR auf das gesamte Bundesgebiet auszudehnen.

Wie zu erfahren und nicht anders zu erwarten war, stieß dieser Vorstoß in politischen Kreisen auf helle Empörung und entschiedene Ablehnung. Während der BDI-Vorsitzende Jürgen Thumann allein schon in der Idee einer Wiedererrichtung der DDR den Untergang des Abendlandes zu erblicken meinte, lehnte Kanzler Gerhard Schröder sie ohne Wenn und Aber ab, es sei denn, so ließ er durchblicken, er würde zum Staatsratsvorsitzenden auf Lebenszeit gewählt. Angela Merkel ließ verlauten, dass sie ihre als FDJ-Sekretärin und erfolgreiche Studentin in der UdSSR sowie im CDU/CSU-Ränkespiel gewonnenen Fähigkeiten aufbieten werde, um das Projekt zum Scheitern zu bringen. Guido Westerwelle erklärte, dass für seine Partei, die ansonsten für jeden Scherz zu haben sei, bei einer solchen Idee der Spaß aufhöre. Edmund Stoiber schließlich drohte gar mit der staatlichen Spaltung und der Wiedererrichtung eines souveränen Königreiches Bayern mit Edmund I. an der Spitze.

Der überaus heftige Widerstand der Berliner Spitzenpolitiker und des Münchner Landesherrn wird noch verständlicher, wenn man bedenkt, dass die Initiatoren des DDR-Wiederherstellungsforschungsbeirates – wie aus ersten Arbeitsthesen hervorgeht – als Ausgangspunkt für die Bestimmung der staatlichen und gesellschaftlichen Grundlagen der neuen Republik die Verfassung der DDR vom 7. Oktober 1949 ins Auge gefasst haben, die sich laut ihrer Präambel »das deutsche Volk [...] von dem Willen erfüllt, die Freiheit und die Rechte des Menschen zu verbürgen, das Gemeinschafts- und Wirtschaftsleben in sozialer Gerechtigkeit zu gestalten, dem gesellschaftlichen Fortschritt zu dienen, die Freundschaft mit allen Völkern zu fördern und den Frieden zu sichern«, gegeben hatte.

Darüber hinaus soll der neue Forschungsbeirat darauf orientiert werden, dieses Grundgesetz mit wesentlichen Normen aus der DDR-Verfassung vom 6. April 1968 in der Fassung vom 7. Oktober 1974 zu ergänzen. Gedacht sei dabei vor allem an Artikel 12, in dem es in Absatz 1 hieß: »Die Bodenschätze, die Bergwerke, Kraftwerke, Talsperren und großen Gewässer, die Naturreichtümer des Festlandsockels, Industriebetriebe, Banken und Versicherungseinrichtungen, die volkseigenen Güter, die Verkehrswege, die Transportmittel der Eisenbahn, der Seeschiffahrt sowie der Luftfahrt, die Post- und Fernmeldeanlagen sind Volkseigentum. Privateigentum daran ist unzulässig.«

Um das Eigentümerbewusstsein in den volkseigenen Betrieben, dessen weitgehendes Fehlen wesentlich zum Untergang der Ur-DDR beigetragen hat, zu stärken, seien, so die Thesenverfasser, zukünftig die Wechselbeziehungen zwischen gesamtgesellschaftlichem Eigentum, Selbstverwaltung (nach Marx: die »Assoziierung unmittelbarer Produzenten«), zentraler Planung und Marktgesetzen so zu gestalten, dass individuelle und gesellschaftliche Interessen immer aufs Neue in Übereinstimmung gebracht werden können. Details, so heißt es in den Arbeitsthesen, bedürften einer weiteren gründlichen Untersuchung. Als grundfalsch wird die frühere Verfassungsnorm über die führende Rolle der Partei der Arbeiterklasse bezeichnet, da sie zu »Schiefheiten« (Rosa Luxemburg) und zum Niedergang der Demokratie führte. Ersetzt werden soll sie durch einen Passus, mit dem ein System mehrerer absolut gleichberechtigter Parteien etabliert werden soll, die in demokratischen Wahlen miteinander konkurrieren, aber verpflichtet sind, die sozialistischen Gesellschaftsgrundlagen anzuerkennen und zu schützen.

Versuche jeglicher Art, ausbeuterische kapitalistische Gesellschaftsverhältnisse zu restaurieren, sollen unter Strafe gestellt werden. Als kleines Zugeständnis an notorische Hasser des 1989/90 untergegangenen Staates soll in den Thesen die Bereitschaft bekundet werden, den zu schaffenden Staat notfalls nicht »DDR«, sondern »GDR«, also »Gesamtdeutsche Demokratische Republik«, (nicht zu verwechseln mit der russischen Übersetzung, »Germanskaja Demokratitscheskaja Respublika«, aber auch nicht mit der englischen, »German Democratic Republic«) zu nennen.

Entsetzen und Zorn der sogenannten politischen Klasse rief gleichermaßen die in den Arbeitsthesen bekundete Absicht hervor, in der neuen DDR zumeist nach dem Vorbild der ersten für alle Bürgerinnen und Bürger das Recht auf Arbeit durch eine gerechte Aufteilung des gesellschaftlichen Arbeitsvolumens und eine Verkürzung der Arbeitszeit zu gewährleisten; die Umverteilung des Reichtums von unten nach oben zu beenden und die Spanne zwische niedrigstem und höchstem Einkommen von gegenwärtig 600:1 auf 7:1 zu verringern; den Abriss intakter Wohnungen so lange einzustellen, bis der letzte Obdachlose mit menschenwürdigem Wohnraum versorgt ist; eine Gemeinschaftsschule für alle Kinder bis zum 10. Schuljahr einzuführen und soziale Chancengleichheit beim Zugang zu Bildung, Kultur und Sport zu sichern; die Kommerzialisierung des Gesundheitswesens zu beenden, die Zahl der Krankenkassen radikal zu verringern und mittels einer einheitlichen Sozialversicherung die Zweiklassen-Medizin abzuschaffen; neonazistische Organisationen zu verbieten und die Verbreitung von faschistischen und rassistischen Gedankengut zu unterbinden und schließlich die Personendossiers des Bundesverfassungsschutzes nach dem Muster der MfS-Akten zur Einsicht freizugeben und alle Geheimdienste aufzulösen. In der Tat, allein schon die unvollständig wiedergegebenen Zielvorgaben machen die heftige Reaktion der jetzt noch Regierenden und derer im Wartestand verständlich.

So ist es auch nicht verwunderlich, dass das Bundeskriminalamt in Zusammenarbeit mit dem Bundesverfassungsschutz eine Sonderfahndung nach den Beiratsinitiatoren eingeleitet haben soll.

Um eine neuerliche Verschleuderung von Steuergeldern zu vermeiden, erkläre ich an dieser Stelle ausdrücklich, dass diese namentlich noch unbekannt sind, obwohl ich ihr Anliegen, ich gestehe es, für nachvollziehbar halte.

Oktober 2005

Der abgeschminkte Antifaschismus

Nach seiner ungewollt komischen Attacke auf Günter Grass wegen dessen realistischer Betrachtung der Zustände in Deutschland Ost und West hat sich der allseits bekannte Theologieprofessor an der Berliner Humboldt-Universität Richard Schröder auf einen weiteren geistigen Höhenflug begeben. In dem von 1. Programm der *ARD* am 16. Oktober zu später Stunde ausgestrahlten *Kulturreport* aus Berlin kommentierte er das epochale Werk »NS-Verbrechen und Staatssicherheit. Die geheime Vergangenheitspolitik der DDR«.

Der Autor, Henry Leide, Mitarbeiter der Außenstelle Rostock der »Bundesbeauftragten für die Unterlagen des Staatssicherheitsdienstes der ehemaligen Deutschen Demokratischen Republik«, entdeckt darin, dass in der DDR »eine Auseinandersetzung mit der NS-Zeit […] von Anfang an ausgeblendet« wurde und »NS-belastete Personen« als inoffizielle Mitarbeiter oder als Spione angeworben wurden. Laut *Kulturreport* beweist das, dass »der zur Staatsdoktrin geronnene Antifaschismus […] am Ende nur Fassade« war.

Zu dieser Erkenntnis mag und kann Richard Schröder nicht schweigen. Also gibt er seinen Senf dazu und zu wissen, »in den zurückliegenden fünfzehn Jahren von vielen Leuten gehört« zu haben, »dass vieles an der DDR schlecht war, aber dass sie doch ein antifaschistischer Staat war«. Diese Leute führt er auf den rechten Weg: »Die so argumentiert haben, die sich gewissermaßen über das, was an unerfreulichen Dingen schon zu Tage lag, hinweggetröstet haben, dass die Grundorientierung doch okay gewesen ist, die werden sich leider auch das noch abschminken müssen.«

Ja, er hat Recht, der nach seinem Glauben christliche und nach seinem Parteibuch sozialdemokratische Professor! Die zum Abschminken Aufgeforderten, die sich über »unerfreuliche Dinge« hinwegtrösteten, brauchen nur seinem weisen Rat zu folgen, und der sonst so steinige Weg zur Wahrheit öffnet sich ihnen wie eine glatte Straße in das Reich der Erkenntnis.

Sie müssen lediglich die Entschiedenheit ignorieren, mit der im Osten Deutschlands nach 1945 die Herren der Großindustrie und der Hochfinanz, die Hitler gefördert und gestützt hatten, enteignet, die Nazi- und Kriegsverbrecher verfolgt und jegliche Formen nazistischer Propaganda unter strenge Strafen gestellt wurden. Die Älteren unter ihnen sollten sich auch nicht mehr daran erinnern, welche Aufklärungsarbeit nach der Befreiung vom Faschismus geleistet wurde, um den Deutschen das unermeßliche Leid vor Augen zu führen, das sie unter dem Hitlerregime anderen Völkern zugefügt hatten. Ebenso ist aus der Erinnerung zu streichen, wie viele Straßen und Plätze, Kulturhäuser, Schulen und später auch Kasernen die Namen von ermordeten antifaschistischen Widerstandskämpfern trugen und dass Millionen von Schülern Buchenwald, Sachsenhausen, Ravensbrück und andere Stätten des Gedenkens an die Leiden in den Konzentrationslagern besuchten.

Nicht erinnern dürfen sie sich daran, dass der Antifaschismus ein zentrales Thema der Kunst und des gesamten Kulturschaffens war, und sollten sie – um als Beispiel nur die Filmkunst zu erwähnen – solche Filme wie Wolfgang Staudtes »Die Mörder sind unter uns«, Kurt Maetzigs »Ehe im Schatten«, Konrad Wolfs »Professor Mamlock«, »Sterne« und »Ich war neunzehn«, Frank Beyers »Nackt unter Wölfen« und »Jakob der Lügner« oder Günter Reischs und Günther Rückers »Die Verlobte« gesehen haben, dann sollten sie das schnellstens aus ihrem Gedächtnis tilgen.

Auch die Tatsache sollte nicht länger schöngeredet werden, dass nahezu alle zentralen Führungspositionen in der DDR von Antifaschisten eingenommen wurden, die in der Illegalität, in den Internationalen Brigaden in Spanien und im Exil gekämpft, in den Zuchthäusern und Konzentrationslagern gelitten hatten. Verdrängt werden muss schließlich nur noch, dass der Antifaschismus durch das Wirken von Widerstandskämpfern, Künstlern, Schriftstellern, Wissenschaftlern und Lehrern zur herrschenden Überzeugung und zu einem wichtigen Bindeglied der Gesellschaft wurde.

Wie man sieht, ist es gar nicht so schwer, Schröders Rat zu folgen und sich abzuschminken, dass die DDR ein antifaschistischer Staat war. Und wer es schafft, wird belohnt. Wenn das bisschen Schminke weg ist, dann endlich ist sie zu sehen, die Visage der »zweiten Diktatur in Deutschland«, des »Unrechtsstaates DDR«.

Das Rezept ist allerdings nicht originell. Versuche, den Antifaschismus in der DDR in Zweifel zu stellen, begannen mit zahlreichen Publikationen des famosen »Untersuchungsausschusses freiheitlicher Juristen«, setzten sich unter anderem mit dem 1981 erschienenen Pamphlet »Braunbuch DDR. Nazis in der DDR« fort, das dem »Braunbuch Kriegs- und Naziverbrecher in der Bundesrepublik und in Berlin West« entgegenwirken sollte, und nahmen nach dem Untergang des ostdeutschen Staates den Charakter einer Dauerkampagne an. Das schmalbrüstige Werk des Henry Leide ist nur ihr jüngstes Produkt. Ihr Ziel ist es, eine tragende Säule der Legitimität der DDR auch im Nachhinein zu zerstören.

Dass sich der Theologe Richard Schröder, der eigentlich durch Gottes Gebot verpflichtet wäre, nicht falsch Zeugnis zu reden, daran besonders eifrig beteiligt, zeigt ein weiteres Mal, welches Potenzial in ihm gärt. Der politische Tausendsassa und nicht unbegabte Mime, der vor allem, wie jetzt im *Kulturreport*, im komischen Fach brilliert, wurde 1998/99 sogar als Kandidat für das Amt des Bundespräsidenten gehandelt. Damals wurde nichts daraus. Aber wer weiß? Verfassungsrichter, wenn auch nur in Brandenburg, ist er schon.

November 2005

Ostdeutsches Wunder

Kürzlich noch hatte die Mehrheit der Ostdeutschen in unterschiedlichen Umfragen erklärt, sich im vereinten Deutschland als »benachteiligt«, als »nicht gleichbehandelt«, eben als »Bürger zweiter Klasse« zu fühlen. Doch kurz vor Weihnachten 2005 geschah ein Wunder. In einer von der Zeitschrift *SUPERillu* beim Institut für Marktforschung Leipzig in Auftrag gegebenen repräsentativen Befragung gaben 72 Prozent der Ostdeutschen an, die Menschen in den sogenannten neuen Ländern hätten nach dem Aufstieg von Angela Merkel zur Bundeskanzlerin und von Matthias Platzeck zum SPD-Vorsitzenden nicht mehr das Gefühl, »Deutsche zweiter Klasse« zu sein.

Tage- und nächtelang habe ich darüber gegrübelt, wie das Mirakel zustande gekommen sein kann. Sollten die Ostdeutschen, wenn die Umfrage halbwegs repräsentativ war, tatsächlich ihre Auffassung so blitzartig geändert haben, weil die in Templin aufgewachsene ehemalige FDJ-Sekretärin und der smarte Potsdamer künftig häufiger via Television zu sehen sein werden? Sollte die verballhornte Wendezeitlosung »Wir sind ein (dummes) Volk« doch zutreffen? Oder hat etwa der für den »Aufbau Ost« zuständige CDU/CSU-Vizefraktionsvorsitzende Arnold Vaatz Recht? Er formulierte die Sätze: »Der Aufstieg von Angela Merkel und Matthias Platzeck ist der Beweis, dass jeder Ostdeutsche […] im wiedervereinigten Deutschland eine Chance hat. […] Millionen Ostdeutsche sollten es als Ermutigung betrachten, dass auch sie es bis ganz oben schaffen können. dass in ihnen das selbe Potenzial zum Sieger steckt.«

Den Gedanken, das Umfrageergebnis könne fingiert sein, verwarf ich, schließlich gilt das Leipziger Institut als eine seriöse Einrichtung. Der Ausgang der Befragung blieb also unerklärlich – bis ich durch einen Zufall, genauer gesagt: dank einem »Maulwurf« in einem unserer demokratischen Geheimdienste, des Rätsels Lösung fand. Seine Dienststelle, so war zu erfahren, hatte an dem Forschungsinstitut vorbei das telefonische

»Zufallsprinzip« bei der Auswahl der Befragten manipuliert. Aus diesem Grund war ihr ein großer Teil der Auserwählten vorher bekannt. Ihnen wurde dann durch den nicht näher genannten Dienst ein streng vertrauliches Dossier über ein zwischen Merkel und Platzeck vereinbartes »10-Punkteprogramm zur Beendigung der Ungleichbehandlung der Ostdeutschen« zugespielt, das noch vor der Fussballweltmeisterschaft veröffentlicht werden und folgende Punkte enthalten soll:

Erstens, für die im Zuge der Vereinigung erfolgte Beseitigung des volkseigenen Vermögens in Höhe von rund anderthalb Billionen DM und die damit verbundene entschädigungslose Enteignung wird den ehemaligen DDR-Bürgern und ihren Erben im Laufe der kommenden fünf Jahre ein Wiedergutmachungs- und Kompensationsbetrag von jeweils 30.000 Euro ausgezahlt. Damit wird zumindest teilweise die im Vertrag über die Währungsunion in Aussicht gestellte Entschädigung der Ostdeutschen, denen beim Währungsumtausch von 2:1 die Hälfte ihrer Sparguthaben gestrichen wurde, nachgeholt.

Zweitens, der durchschnittliche Jahresverdienst von Vollzeitarbeitnehmern im Osten wird um 29 Prozent, also von gegenwärtig 29 352 Euro brutto auf den im Westen gezahlten Durchschnittsverdienst von 41 068 Euro angehoben. Der Grundsatz »Gleicher Lohn für gleiche Arbeit« gilt zukünftig für ganz Deutschland.

Drittens, die Rentenwertbestimmungsverordnung (RWBestV 2005) wird geändert. Angesichts der Tatsache, dass in Westdeutschland von Schleswig-Holstein bis Bayern ungeachtet unterschiedlichen Entwicklungsniveaus die Rentenpunkte gleichwertig sind, wird der bisherige Rentenwert Ost von 22,97 Euro auf die Höhe des Rentenwertes West von 26,13 Euro angehoben.

Viertens, mittels gezielter wirtschaftsfördernder Maßnahmen wird die Arbeitslosenquote im Osten von achtzehn Prozent in einem ersten Schritt halbiert und damit auf das westdeutsche Niveau von neun Prozent gesenkt. Damit werden Voraussetzungen für eine freiwillige Rückkehr der rund zwei Millionen Wirtschaftsflüchtlinge geschaffen, die seit 1991 auf der Suche nach Lohn und Brot von Ost- nach Westdeutschland abgewandert sind.

Fünftens, die ostdeutschen Städte und Gemeinden, denen im Durchschnitt siebzig Prozent weniger Mittel als den westdeutschen Kommunen zur Verfügung stehen, werden aus Bundes- und Länderkassen finanziell so ausgestattet, dass sie ihren Bürgern die gleichen Arbeits- und Lebensbedingungen wie im Westen bieten können.

Sechstens, alle Leitungsfunktionen in den ostdeutschen Ländern, Kommunen, Universitäten, Kliniken und anderen Institutionen, die noch immer von westdeutschen Koryphäen besetzt sind, werden neu ausgeschrieben und zukünftig nach tatsächlicher Befähigung besetzt.

Siebtens, die Schulen in ganz Deutschland reduzieren im Geschichtsunterricht die DDR nicht länger auf den 17. Juni 1953, Mauer und MfS, sondern bringen in Erinnerung, dass sich die Bürger mit fleißiger Arbeit ein Leben in sozialer Geborgenheit, Vollbeschäftigung, Arbeitsplatzsicherheit, mit beträchtlicher sozialer Gleichheit, freiem Zugang zu Bildung, Kultur und Gesundheitsbetreuung, ohne Existenzangst, Obdachlosigkeit und barmherzige Suppenküchen gesichert hatten.

Achtens, diskriminierende Äußerungen über ostdeutsche Bundesbürger wie zum Beispiel Jörg Schönbohms Erklärung, dass »die von der SED erzwungene Proletarisierung eine der wesentlichen Ursachen [...]. für Verwahrlosung und Gewaltbereitschaft« sei, oder Arnulfs Barings Behauptung, dass »die Menschen im Osten verzwergt, ihre Erziehung, ihre Ausbildung verhunzt« worden seien, werden zukünftig als Volksverhetzung betrachtet und als solche geahndet.

Neuntens, Erfahrungen und Leistungen der Ostdeutschen werden nicht mehr negiert. Künftig wird zum Beispiel das erfolgreiche Schul- und Bildungssystem nicht mehr auf dem Umweg über Finnland, sondern direkt an dessen Vorbild, dem System der DDR, studiert. Gleiches gilt für die empfohlene regelmäßige Mütterberatung, die nicht mehr nach schwedischem, sondern nach dem originalen DDR-Muster angestrebt wird. Die von vielen Seiten gewünschten Gesundheitseinrichtungen der integrierten Versorgung und kurzen Wege werden nicht mehr wie jetzt in Berlin die lächerliche Neubezeichnung »Polikum« tragen, sondern wie in der DDR üblich »Poliklinik« heißen.

Zehntens, der Abriss des Palastes der Republik, eines der letzten Symbole der DDR, wird gestoppt. Statt dessen wird er wie das ICC in Westberlin, das ehemalige Kanzleramt in Bonn und unzählige andere Gebäude nach erfolgter Asbestsanierung wiedereröffnet und als Zentrum der Kommunikation, der Kunst und Kultur genutzt.

Zeitgleich zum Inkrafttreten des Programms startet, wie den Befragten vertraulich angekündigt wurde, in wichtigen Print- und elektronischen Medien die zweite Staffel der berühmten Aufklärungskampagne »Du bist Deutschland«, dieses Mal mit dem Text »Auch Ostdeutsche sind Deutschland« Als Hintergrundmusik sollen dazu Katja Ebsteins Erfolgsschlager »Wunder gibt es immer wieder, wenn sie dir begegnen, musst du sie auch sehen« und – original ostdeutsch – Frank Schöbels Hit »Wie ein Stern in einer Sommernacht« mit dem schönen Refrain »Herrliches Wunder, das wir erleben« erklingen.

Kein Wunder, dass sich bei solchen Nachrichten eine große Zahl der Ostdeutschen nunmehr selber als »erstklassig« betrachtet.

Januar 2006

Stasi-Knüppel aus dem Sack

Spätestens seit Schillers »Wallenstein« wissen wir: »Am Himmel geschehen Zeichen und Wunder«. Mit ein wenig Phantasie geschehen sie auch auf Erden: Einem ehemaligen Offizier des Ministeriums für Staatssicherheit (MfS) wird der Rote Teppich ausgerollt, ein Ex-Bundeskanzler rühmt sich seiner Duz-Freundschaft und tritt in seine Dienste. Die amtierende Kanzlerin verhält sich dem Geheimdienstmann gegenüber etwas kühler und buhlt doch um seine Zuneigung. Dem letzten Generalsekretär des ZK der SED, dem de facto auch das MfS unterstand, werden höchste Weihen zuteil, er wird mit hohen Auszeichnungen geehrt, und zu seinem Geburtstag gratuliert die Crème de la Crème der Bundesrepublik Deutschland.

Natürlich weiß jedermann, dass das horrender Unsinn ist. Aber es genügt, die Kürzel »MfS« und »SED« durch »KGB« und »KPdSU« zu ersetzen, und schon wird daraus schönste Realität. Der frühere KGB-Oberstleutnant Putin ist ungeliebter, aber umworbener Präsident einer europäischen Großmacht, und Ex-KPdSU-Generalsekretär Gorbatschow ist der verehrte Freund aller wahren deutschen Demokraten. Mit des Oberstleutnants und Generalsekretärs früheren Waffenbrüdern und Kampfgefährten in der DDR geht man bekanntlich anders um. Ex-Generalsekretär Egon Krenz wurde zu sechseinhalb Jahren Haft verurteilt, »Amtsfähigkeit« und »Wählbarkeit« wurden ihm abgesprochen. Die ehemaligen Angehörigen des MfS wurden allesamt zu Unholden erklärt und per Strafrente kujoniert, gegen Tausende von ihnen wurden Ermittlungsverfahren eingeleitet. In ihrem Ergebnis wurden allerdings nur zwanzig verurteilt: zwölf zu Geldstrafen, sieben zu Freiheitsstrafen auf Bewährung.

Dem beklagenswerten Chefankläger Schaefgen gelang es trotz aller Bemühungen nicht, auch nur einen einzigen Fall von Folter, radioaktiver Bestrahlung, Verabreichung von Psychopharmaka, Elektroschocks oder dergleichen, worüber die

Medien viel Grausiges berichtet hatten, nachzuweisen. Als wahr erwies sich die Informationssammelleidenschaft, die die Sinnlosigkeit von Geheimdiensten bestätigte, aber erst dann endgültig bewertet werden kann, wenn BND und Verfassungsschutz ihre eigenen Akten offenlegen. Schadlos hielt sich die Justiz dagegen an den Bundesbürgern, die westlich der Elbe für die DDR-Aufklärung arbeiteten, sie wurden als »Spione einer feindlichen Macht« zu teilweise hohen Haftstrafen verurteilt. Die eigenen wurden ausgezeichnet und reich belohnt.

Die tonangebenden Medien blasen zum fröhlichen Jagen auf die Stasi. Dem Eiskunstlauftrainer Ingo Steuer wurde IM-Tätigkeit nachgewiesen, und das Nationale Olympische Komitee setzte Himmel und Hölle in Bewegung, um ihn an der Teilnahme an den Olympischen Winterspielen zu hindern. Einem Bundestagsabgeordneten der Linkspartei, Lutz Heilmann, wird vorgeworfen, dass er als junger Mensch im Personenschutz – im Oststaat dem MfS zugeordnet, im Weststaat dem Bundeskriminalamt – gearbeitet hat, und die darum entfachte Stasi-Hysterie war so wirksam, dass es selbst in seiner Partei zu heftigen Debatten kam. Der Berliner Innensenator Erhart Körting (SPD), Koalitionspartner der Linkspartei, verstieg sich gar dazu, die vor allem von ehemaligen MfS-Angehörigen getragene *Gesellschaft zur rechtlichen und humanitären Unterstützung* (GRH) mit den »Freundschaftsverbänden der Waffen-SS« zu vergleichen und mit dem Verfassungsschutz zu drohen.

Neuerdings beteiligt sich auch die Kinematografie an der Stasi-Jagd. Nach dem Reinfall des schwachsinnigen Films »Der rote Kakadu« (»über die Liebe im Schatten der Stasimacht«) wurde nun der »Stasi-Thriller« »Das Leben der Anderen«, der beim Bayerischen Fernsehpreis gleich mit vier Trophäen bedacht wurde und zum Film des Jahres erhoben. Bei der Premiere in Berlin posierte der ehemalige MfS-Aktenverwalter Gauck auf dem rotem Teppich. In dem »berührendsten und beeindruckendsten deutschen Film seit langem« (*Die Welt*), Regie Florian Henckel von Donnersmarck, spielt der hervorragende Schauspieler Ulrich Mühe einen MfS-Hauptmann, einen, wie er selbst sagt, »Hohlkörper, angefüllt mit Ideologie« oder, wie der *Spiegel* meint, »eine Stasi-Ratte« in einer »Welt, wie sie grauenvoller [...] nicht sein kann«.

Wie die ganze Politikerschar, die sich in der rechten oder neuen Mitte drängelt, war auch Berlins SPD-Bildungssenator Böger von dem Kunstwerk so angetan, dass er sogleich 700 Schüler und deren Lehrer zu einer Sondervorstellung einlud, denn »Aufklärung über die DDR-Vergangenheit tut not«. Und Mühe meinte bescheiden, dass man mit dem Film »endgültig von der DDR Abschied nehmen kann«. Good bye, GDR!

An vorderster Front der Aufklärungsschlacht steht Hubertus Knabe, Leiter der »Stasi-Gedenkstätte« in Berlin-Hohenschönhausen, in der den Besuchern, vor allem Schülern, Folterzellen des MfS gezeigt werden, die so nie existiert haben und von Gedächtnisexperten »nachgebaut« wurden. Weil nun das ganze Gebiet um die Gedächtnisstätte markiert werden soll, fand im Stadtbezirk Lichtenberg eine Podiumsveranstaltung statt, auf der »Experten« ihre Modelle vorstellten und den Anwesenden erläuterten, dass auf diesem Gelände Terror geherrscht und ein Arbeitslager nach faschistischem Vorbild existiert habe.

Da geschah das Unfassbare, das Unverzeihliche. Unter den Anwesenden befanden sich Zeitzeugen, eine größere Gruppe von ehemaligen MfS-Angehörigen, später von demokratischen Politikern »eine Horde von Stasi-Leuten« und »Stasi-Pöbel« genannt, die sich mit dieser Geschichtsverfälschung und mit Knabes Aussage, das Gelände sei das »Dachau des Kommunismus« gewesen, nicht abfinden wollten. Sie setzten sich zur Wehr und verteidigten mit mehr oder weniger ausgefeilten Formulierungen nicht so sehr sich selbst und ihr früheres Tun und Lassen als vielmehr – und das wurde ihnen besonders verübelt – den verteufelten Staat gegen Geschichtsrevisionisten, was den Linkspartei-Senatoren in der rosa-roten Landesregierung niemals in den Sinn gekommen wäre. Zwar beteuerten sie, sich nicht an der politischen Instrumentalisierung der Auseinandersetzung über DDR-Geschichte und Staatssicherheit beteiligen zu wollen, aber gleichzeitig distanzierten sie sich gemeinsam mit ihren SPD-Koalitionsfreunden »von allen Versuchen, die Geschichte und Funktion der Staatssicherheit zu verharmlosen«. Bei solch eindeutiger Haltung war es natürlich nicht erforderlich, sich von der Gleichsetzung der Nazi- und »SED-Diktatur« oder wenigstens von der Verlegung des KZ Dachau nach Berlin-Hohenschönhausen zu distanzieren.

Wer neben dem Antikommunismus und dem Hass auf den untergegangenen Staat noch andere, aktuelle Gründe für die wieder einmal verstärkte Stasi-Hysterie sucht, der braucht nur die jüngsten Berichte namhafter Wirtschaftsforschungsinstitute über die Entwicklung im deutschen Osten fünfzehn Jahre nach der Einverleibung in die Bundesrepublik zu lesen, um auf folgende Stichworte zu stoßen: »schwindelerregender Abbau von Arbeitsplätzen«, »reale Arbeitslosenquote von 25 Prozent«, »Niedriglöhne und Lohndumping«, »Verarmung«, »erschreckend niedrige Geburtenrate«, »Abwanderung und Überalterung«, »Verödung ganzer Landstriche«, »besorgniserregender Ärztemangel«, »Ostdeutschland auf dem Weg zum Mezzogiorno der Bundesrepublik« und so weiter.

Günter Grass, wahrlich kein DDR-Nostalgiker, ist zuzustimmen: »Häßlich sieht diese Einheit aus.« Das ökonomische, soziale und demografische Desaster im wieder kapitalistisch gewordenen Osten will partout nicht zu dem Märchen vom »Aufschwung Ost«, vom »2. deutschen Wirtschaftswunder«, ganz zu schweigen von den »blühenden Landschaften« passen. Wie sollen da die Märchenerzähler dem Frust der Getäuschten und Gebeutelten entgegenwirken? Das in Aussicht gestellte »Tischlein-deck-dich« versagt den Dienst, der »Goldesel« streckt sich nicht, also bleibt nur der »Knüppel aus dem Sack«, der Stasi-Knüppel.

Ein Zeichen der Stärke ist das nicht, aber eben auch kein Wunder.

April 2006

Die Nation bleibt gespalten

Als der »Kanzler der Einheit« am 18. Mai 1990 bei der Unterzeichnung des Vertrages über die Schaffung einer Währungs-, Wirtschafts- und Sozialunion beklagte, dass »den Menschen in der DDR vierzig Jahre lang verwehrt wurde, so zu leben wie die Deutschen in der Bundesrepublik«, und die bekannten »blühenden Landschaften« versprach, bekundete auch der DDR-Ministerpräsident die Überzeugung, »dass im Ergebnis des Einigungsprozesses kein Deutscher ärmer wird, sondern dass es uns allen gemeinsam besser gehen wird«. Nur einen bescheidenen Wunsch fügte Lothar de Maizière hinzu: »Wir und Ihr, Hüben und Drüben, Wessis und Ossis und ähnliche Vokabeln sollten bald aus dem Sprachgebrauch verschwinden.«

Leicht gesagt, doch schwer getan, denn die Verhältnisse, die sind nicht so. Das musste auch der ostdeutsche Übergabe-Premier erfahren. Sechzehn Jahre nach dem Anschluss sind die Lebensumstände, die politischen und gesellschaftlichen Anschauungen und das Wahlverhalten »hüben und drüben« immer noch unterschiedlich. Selbst im Sprachgebrauch de Maizières haben sich die Vokabeln »Wessis« und »Ossis« fest eingegraben, auch wenn er sie heutzutage in einem Sinn gebraucht, der ihm im damaligen Einheitsjubel nicht in selbigen gekommen wäre. In einem Gespräch mit der *Mitteldeutschen Zeitung* beklagte er ein »nachträgliches DDR-Bewusstsein« und äußerte den Wunsch, »dass nach den Besserwessis nicht die Besserossis kommen sollten«. Noch kurz zuvor, an seinem 65. Geburtstag, hatte er »die innere Einheit der Deutschen« auf einem guten Weg gesehen: »Der Zustand ist besser als die öffentliche Wahrnehmung [...] Gerade für jüngere Menschen ist es kein Thema mehr, wer Ossi oder Wessi ist.«

Da werden sich die jüngeren ostdeutschen Arbeiter aber gefreut haben. Erst unlängst wurde mit der Ausweitung des Arbeitnehmer-Entsendegesetzes für Gebäudereiniger – das sind in Deutschland immerhin 850.000 Beschäftigte – ein unterschiedlicher Mindeststundenlohn eingeführt: 7,87 Euro im Westen und 6,36 Euro im Osten. Es ist unwahrscheinlich, dass diese Differenz für die jungen ostdeutschen Gebäudereiniger »kein Thema« ist, denn auch ihnen dürfte es schwerfallen zu begreifen, dass der Dreck im Westen schmutziger und schmieriger als der im Osten ist. Oder sind etwa im Westen die Ziegelsteine schwerer, das Phenol giftiger, die Spitzbuben gefährlicher, die Kunden im Einzelhandel unfreundlicher, die Schweine größer, die Haare struppiger als im Osten?

Um zu solchen widersinnigen Fragen zu gelangen, genügt es, einen Blick in den von der Hans-Böckler-Stiftung des DGB in diesem Jahr herausgegebenen »Tarifspiegel« der untersten tarifvertraglich vereinbarten Vergütungen zu werfen. Danach beträgt der Mindeststundenlohn eines Maurers im Westen 10,20 und im Osten 8,80 Euro, der eines Chemiearbeiters in Bayern 11,38 und in Ostdeutschland 9,89 Euro. Ein Nachtwächter verdient in Baden-Württemberg 8,23 bis 8,69 und in Thüringen 4,15 bis 4,60 Euro, eine Verkäuferin in Hamburg 9,88 und in Rostock 6,71 Euro, ein Fleischer in Nordrhein-Westfalen 8,87 und in Sachsen 4,50 Euro, eine Friseuse in Hessen 7,99 und in Brandenburg 2,75 bis 3,05 Euro die Stunde. Bei solchen Tarifen kommen im Osten dann doch Fragen auf, was für eine Einheit das wohl sein mag, zumal hier die gezahlten Löhne aufgrund der geringen Tarifbindung vielerorts noch unter dem von der Böckler-Stiftung genannten Niveau liegen. Die Ökonomen drücken das vornehm so aus, dass die Effektivlöhne hinter den Tariflöhnen zurückbleiben.

Einkommensdiskriminierung der Ostdeutschen ist gang und gäbe. Auch die Rentner können davon ein nicht sehr lustiges Lied singen. Pro erworbenen Rentenpunkt erhalten die Bürger von Bayern bis Schleswig-Holstein 26,13 Euro, vom Erzgebirge bis nach Rügen müssen sie sich auch 16 Jahre nach ihrer Heimführung ins deutsche Vaterland mit 22,97 Euro, also mit 87,9 Prozent der Westrente begnügen, wobei man noch bedenken muss, dass in Ostdeutschland die gesetzliche Rente für 99 Prozent der älteren Bürger die einzige Einkommensquelle ist. Forderungen nach einer schnellen Angleichung des Rentenwertes Ost an West wurden von den Regierenden, den schwarz-gelben ebenso wie von den rot-grünen und den

schwarz-roten, mit fadenscheinigen Begründungen zurückge-
wiesen.

So kommt es, dass die Bundesrepublik Deutschland das einzige Land in Europa ist, in dem die Löhne nicht nach der
Arbeits- und die Renten nicht nach der Lebensleistung, sondern nach dem Wohnort, West oder Ost, berechnet werden.
Das ist einer, wenn auch nicht der einzige Grund dafür, dass
sich die große Mehrheit der Bürger östlich von Elbe und Werra
noch immer als »Bürger 2. Klasse«, als Ossis fühlen. Das unterscheidet sie vom letzten DDR-Ministerpräsidenten und auch
von dessen Cousin Thomas de Maizière, dem Sohn des früheren Bundeswehrgeneralinspekteurs Ulrich de Maizière. Als
Chef des Bundeskanzleramtes bezieht er ein ordentliches Salär,
und auch um seine Altersbezüge muss er sich keine Sorgen
machen. Und so fällt es ihm nicht schwer, auf die Frage der *Berliner Morgenpost*, ob er ein Wessi, ein Ossi oder ein Wossi ist,
den Wunsch seines Cousins Lothar, diese Worte aus dem
Sprachgebrauch zu streichen, missachtend, zu erwidern: »Ein
Wessi werde ich nie mehr werden, ein Ossi aber auch nicht.«

Wie es scheint, müssen wir, unabhängig davon, ob uns die
Vokabeln »Wessi« und »Ossi« gefallen oder nicht, noch längere
Zeit mit ihnen leben – spätestens bis 2040, dem Jahr, in dem
nach Berechnungen der Bundesregierung der ostdeutsche Rentenwert die Höhe des westdeutschen erreicht hat, oder gar bis
2061, wenn nach einer jüngsten Prognose des renommierten
ifo-Institutes das ostdeutsche Pro-Kopf-Einkommen nur noch
zehn Prozent unter dem westdeutschen liegen soll.

Schöne Aussichten.

Oktober 2006

Fürstliche Beutezüge

»Wohl eines der bedeutendsten deutschen und europäischen Fürstenhäuser überhaupt stellen die Wettiner dar. Ihre geschichtliche Entwicklung vom Mittelalter bis in die Gegenwart ist für die Identitätsfindung nach mehreren Generationen brauner und roter Diktatur von weitreichendem Stellenwert. Gleichzeitig besitzt das Haus Wettin auch für die gegenwärtig aktuellen Probleme große Möglichkeiten für Initiativen insofern, als aus seiner Geschichte wichtige Lehren und durchaus nachahmenswerte Beispiele für die Gegenwart gezogen werden können.«

Diese schwer bemühte Eloge auf das Fürstengeschlecht, das 829 Jahre lang in Sachsen und in anderen Landen herrschte, stammt nicht etwa, wie man annehmen könnte, vom schwarz-konservativen Historiker Arnulf Bahring, sondern von »Seiner Königlichen Hoheit Dr. Albert Prinz von Sachsen, Herzog zu Sachsen und Ihrer Königlichen Hoheit Elmira Prinzessin von Sachsen, Herzogin zu Sachsen« höchstselbst und ist als Leitspruch ihrer hochherrschaftlichen Homepage vorangestellt.

Gegenwärtig ist der Prinz, Enkel des letzten Sachsenkönigs Friedrich August III., der 1918 alles andere als freiwillig auf seinen Thron verzichtete und seinen rebellischen Landeskindern verkündete: »Machd doch eiern Drägg alleene«, in Sachsen Tagesgespräch. Er und seine Sippe fordern die Rückgabe von mindestens 1.600, womöglich 3.000 Kunstwerken aus der Staatlichen Porzellansammlung im Dresdner Zwinger, da sie ihnen zwischen 1945 und 1949 in der Sowjet-Zone zu Unrecht genommen worden seien. Dabei hatten sie bereits 1999 vom Freistaat Sachsen auf der Grundlage des vom Bundestag fünf Jahre zuvor verabschiedeten sogenannten Entschädigungs- und Ausgleichsleistungsgesetzes, nach dem der in Ostdeutschland enteignete Adel seine beweglichen Güter zurückerhält, 18.000 Kunstgegenstände wiedererlangt. 12.000 davon verkauften die Blaublütigen großzügigerweise an den Freistaat für zwölf Millionen Euro und vom Rest machten sie große Teile im Londoner Auktionshaus Christie's zu barer Münze. Auf den Geschmack gekommen, wollen sie nun die Ausplünderung der Dresdner Kunstschätze fortsetzen. Dem Vernehmen nach steht auf ihrer Forderungsliste auch die schlanke chinesische Deckelvase mit einem üppigen blauen Muster, die berühmte »Dragonervase«. August der Starke hatte sie einst (1717) vom Preußenkönig Friedrich Wilhelm I. für 600 sächsische Landeskinder in Dragonermontur – 43 Taler pro Soldat – gekauft.

Die neuen Rückgabeforderungen der Wettiner, die ausgerechnet mit moralischen Argumenten begründet werden, führten Ende des Vorjahres zu einer erregten Debatte im Dresdner Landtag, in der von der sächsischen Gemütlichkeit wenig zu spüren war. Während die Grünen schwarzhumorig vorschlugen, die gefährdeten Kulturgüter am besten durch eine Wiedereinführung der konstitutionellen Monarchie für das Land zu retten, wandte sich die Linksfraktion energisch gegen die Absicht, die Museen »nach Gutdünken eines Fürstengeschlechtes auszuräumen, das vor mittlerweile 88 Jahren vom sächsischen Volk völlig zu Recht verjagt wurde«. »Gier ist geil«, kommentierte die Fraktion.

Solche Einschätzungen fügen den Wettinern neues Unrecht zu. Schließlich handelt es sich gerade beim Königsenkel Prinz Albert um einen verdiensvollen Teilnehmer an der friedlichen Revolution, der laut der Welt »in den Revolutionswirren des Herbstes 1989 als einer der ersten Westdeutschen nach Dresden zurückgekehrt war und auf Montagsdemonstrationen gesprochen hatte«, um sich dort, wie der Prinz später selbst kundgab, »zukunftsweisend für die europäisch-christlich-abendländische Kultur (zu) äußern«.

Unvergessen sind auch die Verdienste seiner kunstsinnigen Vorfahren, die der sächsische Ministerpräsident Prof. Georg Milbradt im September 2006 auf Schloss Pilnitz anlässlich der freistaatlichen Festveranstaltung »200 Jahre Königreich Sachsen« in die Worte kleidete: »Forschergeist und das Streben nach hohen kulturellen Werten der sächsischen Kurfürsten von damals bilden heute das Fundament eines modernen und zukunftsorientierten Freistaates. Wir erkennen an, dass die Jahrhunderte lange monarchische Herrschaft in Sachsen segensreich für unser Land war und in mancherlei Hinsicht bis heute nachwirkt.«

Tatsächlich, segensreich für sich und die Prunksucht ihrer Dynastie haben die Wettiner jahrhundertelang das Volk ausgepreßt und geplündert. 1989/90 traten sie zu neuen Beutezügen an und waren bei weitem nicht die einzigen, die sich ostwärts auf den Weg machten. Dem Ruf der Freiheit folgten, um nur einige zu nennen, Wilhelm Karl Prinz von Preußen, der Fürst zu Solms-Lich, Baron Ostmann von der Leihe , die Grafen von Arnim und von Sayn-Wittgenstein, Franz Ludwig Graf von Stauffenberg. Graf von Finkenstein, Freiherr von Massenbach, Fürst zu Öttingen-Spielberg, Welfen-Prinz Ernst August.

Diese Restauration überwunden geglaubter gesellschaftlicher Verhältnisse erinnert an das, was der junge Heinrich Heine in den Zeiten der Restauration nach dem Wiener Kongreß schrieb: »Der Adel (steht) auf Kriegsfuß gegen die Völker und kämpfte öffentlich oder geheim gegen das Prinzip der Freiheit und Gleichheit«, um an anderer Stelle hinzuzufügen: »Die Konterrevolution brach aus [...] und die Vergangenheit mit ihren traditionellen Interessen (erhielt) wieder Anerkenntnis sogar Entschädigung«.

Der Unterschied zu Heines Zeit besteht unter anderem darin, dass die Restauration heutzutage »Friedliche Revolution« genannt wird.

Januar 2007

Riesenchance Rückbau Ost

Zu Beginn der 90er Jahre war in der Bundesrepublik, besonders im neuangeschlossenen Ostteil, ein Zeichen weit verbreitet. Es zeigte einen steil nach oben gerichteten dicken Pfeil in Schwarz-Rot-Gold, der zugleich den Anstrich zu einem großen fettgedruckten »A« bildete, das für das zukunftsfreudige Wort »Aufschwung« stand. Es schmückte Briefbögen, Plakate, Schautafeln, von der Regierung bezahlte Annoncen und ganze Zeitungsseiten und verkündete den in Angriff genommenen »Aufschwung«, den in Ostdeutschland natürlich, eben den »Aufbau Ost«.

Dieser war nach dem Zusammenbruch der DDR-Wirtschaft infolge der überstürzten Währungsreform und des beginnenden Wütens der »Treuhand« dringend nötig, wenn die Verheißung des »Kanzlers der Einheit« von den »blühenden Landschaften« doch noch Realität werden sollte. Siezehn Jahre danach breiten sich an vielen Orten im Osten, wo einst Industriebetriebe und die Wohnblöcke der darin Beschäftigten standen, wilder Flieder und Holunderbüsche, Brennesseln und Ackerschachtelhalm aus. Und wohin das Auge schaut, fängt es in diesem frühen Frühjahr zu blühen an – der Ackergoldstern und das Waldwindröschen zieren den Boden. Duftende blaue Veilchen verbreiten ihren Wohlgeruch, und an den Mauern verfallener ehemaliger volkseigener Betriebe leuchtet das erste Zimbelkraut. Die Landschaft blüht, nur der »Aufbau Ost« ist zum »Rückbau Ost« geworden. Seit 1990 sind mehr als anderthalb Millionen Bürger, vor allem die jungen, gut ausgebildeten, auf der Suche nach Arbeit in Richtung Westen gezogen. Eine weitere Million wohnt zwar (noch) im Osten, arbeitet aber schon im Westen. Ganze Landstriche, wie in Vorpommern, der Uckermark, der Prignitz, der Altmark, der Oberlausitz und im Mansfelder Land, veröden und verwandeln sich ins Altersheim Deutschlands.

Ein Grund zum Wehklagen ist das nicht. Im Gegenteil: »Wir sollten das als Riesenchance und nicht als Problem begreifen«, meint zumindest Joachim Ragnitz, Experte für den Strukturwandel am Institut für Wirtschaftsforschung in Halle. Nach seiner Meinung braucht Deutschland solche »blühende Landschaften« als »ökologische Ausgleichsgebiete für den Klimawandel«. Kleine Dörfer würden über kurz oder lang von der Landkarte verschwinden. Gewissermaßen: retour à la nature!

Und Rainer Klingholz, Direktor des Berlin-Instituts für Bevölkerung und Entwicklung, bemerkt: »Die Menschen stimmen selbst seit der Wende mit den Füßen ab, wo die Zukunft solcher Landstriche liegt – in der Renaturierung.« Rund ein Drittel der ehemaligen DDR könne getrost der Schöpfung zurückgegeben werden.

Der Dritte im wirtschaftswissenschaftlichen Bunde, Thomas Straubhaar, Chef des Hamburger Weltwirtschaftsinstitutes, tritt dafür ein, den Prozess der Entvölkerung nicht zu stoppen, sondern noch zu beschleunigen. Außerdem biete die Zweidrittelmehrheit der Großen Koalition die Gelegenheit, den Anspruch auf die »Einheitlichkeit der Lebensverhältnisse« aus dem Grundgesetz zu streichen.

Zu Wort kommen die genannten drei Verödungsexperten in einer der jüngsten Ausgaben der Hamburger Illustrierten *Stern*, die ihren Bericht mit den Schlagzeilen versah: »Lasst die Wölfe rein. Die Menschen gehen, die Natur erobert sich große Teile Ostdeutschlands zurück. Das ist nicht schlimm. Es hilft der Umwelt und spart Steuergelder.«

Das Magazin, das, einmal abgesehen von der Veröffentlichung einer weltberühmten Tagebuchfälschung, vorgibt, stets der Wahrheit auf den Grund zu gehen, verschweigt nicht, wem solche wundersame Entwicklung zu verdanken ist: der SED und dem Sozialismus. Bewiesen wird das unter anderem am Beispiel der Stadt Weißwasser, die »ein Kunstprodukt der Planwirtschaft« war. Zu DDR-Zeiten lebten da 39.000 Menschen, sie arbeiteten im Bergbau und in der Glasherstellung. Nach dem Zusammenbruch der Industrie packte die Hälfte von ihnen die Koffer.

Als weiteres Beispiel dient das Städtchen Artern. Die Lage am Fuße des Kyffhäusergebirges schildern die Sternschreiber so: »Im Sozialismus war die Region künstlich proletarisiert worden – wie so viele Gebiete der ehemaligen DDR. Die SED erschuf eine ökonomische Scheinwelt, siedelte Industriearbeitsplätze an, weil es politisch opportun war. Ob ein Standort rentabel war, galt als zweitrangig. Viele Bürger Arterns schafften in der Kyffhäuserhütte, einer Landmaschinenfabrik, der Zuckerfabrik, den volkseigenen Möbel-, Schuh- und Knopfherstellern sowie in der kollektivierten Landwirtschaft.« In der BRD aber ist es nicht mehr politisch opportun, Arbeitsplätze zu schaffen und für Vollbeschäftigung zu sorgen. »Die Scheinwelt ging unter, und die Werktätigen blieben zurück. Nun ist jeder Zweite ohne Job.«

In der realen Welt des Kapitalismus arbeiten die Fachleute in den ostdeutschen Ministerien, wie der *Stern* zu berichten weiß, ungeachtet politischer Sonntagsreden bereits an Plänen für den weiteren »Rückbau Ost«.

Umstritten ist noch die Frage, wie ein einprägsames propagandistisches Zeichen dafür aussehen soll. Vielleicht ein großes fettes »R« auf schwarz-rot-goldenem Hintergrund als Doppelsymbol für die erfolgreiche »Rückeroberung Ost« und eben für den hoffnungsstiftenden »Rückbau Ost« = Renaturierung. Man könnte es auch Verwilderung nennen. »Lasst die Wölfe rein!«

April 2007

Frauen und Männer in Not

Im Osten geht sie aus, im Westen kommt sie nieder: die holde Weiblichkeit. Auf der Suche nach Arbeit und Lebensglück verlassen immer mehr junge Frauen die »blühenden Landschaften« in Richtung Westen. Laut einer Studie des Berliner Institutes für Bevölkerung und Entwicklung mit dem alarmierenden Titel »Not am Mann« (exakter wäre: »Frauen und Männer in Not«) hat die Abwanderung junger Frauen aus den »neuen Bundesländern« besorgniserregende Ausmaße angenommen.

Unter den Ostdeutschen, die seit 1990 ihre alte Heimat verlassen haben, ist der Anteil junger qualifizierter Frauen besonders hoch. In den entlegenen wirtschaftsschwachen Regionen ist dadurch ein Männerüberschuss von 25 und mehr Prozent entstanden. Das Frauendefizit ist europaweit ohne Beispiel. Es übertrifft selbst das in den Polarkreisregionen im Norden Schwedens und Finnlands, die seit langem unter der Landflucht von Frauen im gebärfähigen Alter leiden.

In Ostdeutschland fehlen aufgrund der Frauenabwanderung schon jetzt 100.000 Kinder. Der demografische Abwärtstrend wird sich fortsetzen. Die zurückgebliebenen partnerlosen jungen Männer haben häufig keine Ausbildung, keinen Arbeitsplatz. Nach Darstellung des Berliner Instituts bilden sie eine »Unterschicht«, die von gesellschaftlichen Bereichen ausgeschlossen und besonders anfällig für »rechtsradikales Gedankengut«, das heißt für neonazistische Gewaltpropaganda, ist.

Nicht gerade dieses politische Gefahrenpotenzial, aber die sich abzeichnende demografische Katastrophe treibt dem einst so aalglatten Wolfgang Tiefensee die Sorgenfalten ins Gesicht. Schließlich ist er nicht nur Verkehrsminister, sondern auch Ostbeauftragter der Merkel-Regierung und als solcher zuständig für die wenigen Leuchttürme und die vielen schwarzen Löcher im deindustrialisierten Anschlussgebiet. In seiner Not entwickelte er einen sensationellen Plan. Er beabsichtigt, in den kommenden zwei Jahren vier Millionen Euro für ein Modell-

projekt in zwei dünn besiedelten Regionen im Osten bereitstel-
len. Dort sollen unter anderem mobile ärztliche Versorgung,
Mehrgenerationenhäuser und rollende Bibliotheken gefördert
werden. Ungerechterweise erntete er für dieses bahnbrechende
Unterfangen außer Kritik nur Hohn und Spott. Zu offensichtlich schien den Kritikern, dass die jungen Frauen im Osten, die
an Abwanderung denken, vor allem Zukunftsperspektiven und
sichere Arbeitsplätze brauchen. Das sieht auch der Ministerpräsident von Sachsen-Anhalt, Wolfgang Böhmer, so. Allerdings
meint er, dass das Elend der zurückgebliebenen ostdeutschen
jungen Männer an ihrem schlechten Bildungsniveau liege: »Die
Jungen haben die gleichen Chancen wie Mädchen. Sie müssen
sich nur auf den Hosenboden setzen und den Ernst der Situation begreifen.« Aber was geschieht, wenn die Jungen fleißig
und gebildet wie die Mädchen sind – suchen sie dann ihre
Chancen auch im Westen? Hier weist der ehemalige Chefarzt
einen Ausweg. Er erinnert sich, wie im alten Rom durch den
Raub der Sabinerinnen dem Frauenmangel abgeholfen wurde,
und meint: »Wir werden unseren jungen Männern sagen müssen: Qualifiziert euch, damit ihr eine Perspektive habt, und
sucht euch dort Frauen, wo es welche gibt.« Gemeinsam sollten
sie dann ins schöne Anhaltinische zurückkehren.

Damit die Ostflüchtlinge, vor allem die Frauen, wirklich in
die gebeutelte Heimat zurückfinden, hat das Land schon vielerlei versucht und erfunden, zum Beispiel die zauberhaften »Hei-
matschachteln«. Sie werden an 18- bis 30-jährige Einwohner
Magdeburgs verschickt, die das Bundesland verlassen haben,
und enthalten unter anderem Proben regionaler Produkte, wie
Magdeburger Knäckebrot und Pralinen, Gutscheine für Bars,
ein Zeitungsabonnement und einen »Heimat-Magneten« für
den Kühlschrank im Westen. Der Inhalt soll die Sehnsucht
nach der Heimat wecken.

Auf dem Festakt zum 850-jährigen Gründungsjubiläum der
Mark Brandenburg redete der Bischof der Evangelischen Kirche Berlin-Brandenburg-Schlesische Oberlausitz, Wolfgang
Huber, Vorsitzender des Rates der Evangelischen Kirche
Deutschlands, den Ostdeutschen ins Gewissen: »Die flotten
und pfiffigen Landestöchter sehnen sich nach einer Charmeof-
fensive der […] Männer. Die müssen aufwachen, sonst sind die

hübschen Mädchen weg.« Die Kirche sei gern bereit, den jungen Männern hilfreich zur Seite zu springen.

Nun ist das Ei des Kolumbus gefunden. Welche jungen Ostdeutschen, Frauen oder Männer, Beschäftigte oder Arbeitslose, könnten schon dem Angebot einer »Traumhochzeit« widerstehen? Möglicherweise würde Bischof Huber den feierlichen Trauakt selbst vollziehen und die jungen Paare könnten obendrein als Belohnung eine extrafeine »Heimatschachtel« und persönliche Einladungen zu dem unlängst von der Eppelmann-Aufarbeitungsstiftung angekündigten »Geschichtsfeuerwerk« zum 20. Jahrestag der friedlichen Revolution in der DDR erhalten. Gerade die jungen Frauen könnten dann vielleicht erfahren, von welchen Lasten und Leiden sie diese Revolution befreit hat: von zahllosen Maßnahmen zur Durchsetzung der gesetzlich garantierten Gleichberechtigung, unentgeltlichem Besuch aller staatlichen Bildungseinrichtungen, Stipendien für alle unabhängig vom Einkommen der Eltern, dem Recht auf einen sicheren Arbeitsplatz, gleichem Lohn für gleiche Arbeit, umfassenden Fördermaßnahmen in der Ausbildung und im Beruf, bezahltem monatlichen Haushaltstag, kostenloser Abgabe von Verhütungsmitteln, uneingeschränkter Legalisierung von Schwangerschaftsabbrüchen ohne Zwangsberatung bei Kostenübernahme durch die Sozialversicherung, staatlicher finanzieller Unterstützung für junge Eheleute und kinderreiche Familien, vorbildlicher Betreuung von Schwangeren, staatlicher Mütterberatung, Babyjahr bei voller Lohnfortzahlung, beispielhafter, nahezu kostenloser Betreuung des Nachwuchses in Kinderkrippen und -gärten, vorbildlicher gesundheitlicher Betreuung der Kinder und Jugendlichen von obligatorischen Schutzimpfungen bis zu wiederkehrenden prophylaktischen Untersuchungen auf allgemein- und zahnmedizinischem Gebiet und schließlich vom Renteneintritt mit 60 Jahren. Von alledem sind Frauen in der heutigen Bundesrepublik glücklicherweise frei.

Wenn das kein Grund ist, im Jubiläumsjahr 2009 die friedliche Revolution und die »Wiedervereinigung« am dann auf dem Berliner Schlossplatz errichteten »Denkmal für Freiheit und Einheit« zu preisen, was dann?

Juni 2007

Deutsche Aktenverwalter

Dank supermoderner Technik und großzügiger Finanzierung durch den demokratischen Rechtsstaat in Gestalt der Gauck-Birthler-Behörde ist es dem Fraunhofer-Institut für Produktionsanlagen und Konstruktionstechnik in Berlin gelungen, nach zehnjähriger Forschung ein Computerprogramm zu entwickeln, mit dessen Hilfe in 16.000 Säcken gelagerte 600 Millionen Schnipsel von Hand zerissener Stasi-Dokumente automatisch rekonstruiert werden können. Wenn das Werk in fünf Jahren vollbracht sein wird, wird die Welt voll Staunen und Bewunderung auf Deutschland blicken und die einmalige Leistung bei der Wiederherstellung verloren geglaubter Akten würdigen.

Zugleich baut die deutsche Bundesrepublik jetzt erfolgreich ihren Spitzenplatz bei der Vernichtung von Akten aus. In Sachsen soll ein parlamentarischer Untersuchungsausschuss das ruchbar gewordene Netzwerk von Justiz, Politik und organisierter Kriminalität aufklären. Von einem Filz von Immobilienschiebern, Zuhältern, Kinderschändern, Politikern, Richtern, Staatsanwälten und mafiösen Strukturen ist die Rede, so dass selbst der sächsische Innenminister Albrecht Buttolo (CDU) auf einer Sondersitzung des Landtages zur Korruptions- und Justizaffäre mahnte und warnte: »Das perfide Netzwerk wird voraussichtlich zurückschlagen, weil wir es zerstören wollen.« In Dresden hat der Skandal politische Erdstöße ausgelöst, die mittlerweile auch in Berlin, vor allem in den Amtsstuben des Kanzleramtschefs Thomas de Maizière und des Verkehrsministers Wolfgang Tiefensee, zu spüren sind. De Maizière hatte in der fraglichen Zeit als sächsischer Innenminister Verfassungsschutz-Erkenntnisse verschwiegen, und Tiefensee war damals Oberbürgermeister von Leipzig, einem der Zentren der ausufernden Kriminalität.

Nun soll der Skandal untersucht werden und siehe da: Ein großer Teil der »Ermittlungs-, Verfahrens- oder sonstigen

Behördenvorgangsakten« oder Kopien ist zufällig im April vernichtet worden. Laut Buttolo soll es sich um »menschliches Versagen durch Fehlinterpretationen« gehandelt haben. Oberstaatsanwalt Avenarius ließ wissen, eine Wiederherstellung vernichteter Originalakten sei »nur in Einzelfällen möglich«. Was für ein Zufall, was für ein Dilemma!

Von ähnlichem Missgeschick ist die Bundeswehr betroffen. Das Verteidigungsministerium hat gegenüber dem Verteidigungsausschuss des Bundestages eingestanden, dass Geheimdienstinformationen über Auslandseinsätze der Bundeswehr aus den Jahren 1999 bis 2003 nicht mehr vorliegen. Es handelt sich um die beim Zentrum für Nachrichtenwesen der Bundeswehr (ZNBw) in der beschaulichen Gemeinde Grafschaft-Gelsdorf in Rheinland-Pfalz gesammelten Berichte deutscher und ausländischer Geheimdienste und Militärattachés zur Lagebeurteilung in Einsatzländern wie Jugoslawien und Afghanistan, die für den Bundestags-Untersuchungsausschuss zum Fall Murat Kurnaz von Bedeutung sein könnten. Auch hier war der Zufall im Spiel. »Der Datensicherungsroboter erlitt nach der Archivierung der Daten einen technischen Defekt und musste Ende 2004 durch ein Austauschgerät ersetzt werden«, erklärte der Staatssekretär im Verteidigungsministerium, Peter Wichert, gegenüber den Parlamentariern. Ein Teil der Bandkassetten sei nicht mehr lesbar gewesen. »Entsprechend der gültigen Vorschriften im Umgang mit Verschlusssachen wurden die nicht mehr lesbaren Kassetten am 4. Juli 2005 vernichtet.« Leider sei der Versuch gescheitert, die Daten wieder zugänglich zu machen.

Aktenverluste, Aktenvernichtung haben in der wohlgeordneten Bundesrepublik eine schöne Tradition. Wer erinnert sich nicht gern an den Sonderausschuss des Bundestages zur Untersuchung der massiven Vernichtung und Manipulation amtlicher Daten im Kanzleramt des Kohl-Kabinetts kurz vor der Übergabe der Regierungsgeschäfte an Schröder und Fischer. Selbst die sonst so CDU-fixierte FDP stellte damals in ihrem Abschlussbericht fest: »In vielen der vom Ausschuss zu untersuchenden Komplexe (Panzerlieferungen nach Saudi-Arabien, Leuna/Minol, Verkauf der Eisenbahnerwohnungen) konnte durch die Aktenentnahme des Bundeskanzleramtes die Entwicklung der Vorkommnisse nicht mehr vollständig rekonstruiert werden.«

Den Aktenvernichtern im Kanzleramt, in Sachsens Behörden und anderswo böse Absichten zu unterstellen, wäre ungerecht, ja infam. In ihrem Arbeitseifer konnten sie lediglich der Versuchung nicht widerstehen, die in ihren Büros herumstehenden Dokumenten-Schreddermaschinen von Zeit zu Zeit zu füttern. Aus eigenem Erleben kann ich dieses Bedürfnis nicht teilen, aber zumindest nachempfinden. Nachdem mich die Wirren der »Friedlichen Revolution« Anfang 1991 als Mitarbeiter in die kleine Bundestagsgruppe der PDS/Linke Liste nach Bonn verschlagen hatten, fragten mich viele Freunde und Bekannte nach meinen ersten Eindrücken. Die waren noch oberflächlich, unsortiert. Eigenartigerweise fiel mir als erstes ein Reißwolf ein: ein mehr als ein Meter hohes Ungetüm, das im engen Eingangsbereich unseres Büros in einem ehemaligen Kindergarten in der Bühringstraße stand. Gierig riss es sein Maul auf und verschlang auf Knopfdruck selbst dicke Aktenbündel. Solch hocheffektiven Papierzerstörer waren überall in den Gebäuden des Bundestages und der Regierung zu finden. Erich Mielke wäre glücklich gewesen, wenn er nur einige derartige transportable Apparate gehabt hätte. Wie jämmerlich klein war dagegen der Reißwolf in seinem Büro. 1990 nach der Erstürmung der Zentrale des Bösen in der Berliner Normannenstraße war er ein wichtiges Beweisstück für die Ruchlosigkeit des MfS-Chefs, auf das die Kameras aller Fernsehstationen zuschwenkten, um genüsslich darauf zu verharren. Welch dunkle Abgründe taten sich auf bei diesem Anblick.

Ein Glück, dass Mielke und seine Tschekisten nicht über die modernen hoch-leistungsfähigen Geräte der Firma »Reißwolf« verfügten. MfS-Aktenverwahrerin Birthler müsste auf die Wiederherstellung wertvollster, nur manuell vernichteter Akten für alle Zeiten verzichten, dem Frauenhofer Institut gingen so schon rare Arbeitsplätze und Millionenzuschüsse verloren, und manch verdienter krimineller Netzwerker hätte in den vergangenen Jahren nicht durch immer neue Enthüllungen über nichtswürdige Stasi-IM von den eigenen, aktenkundig gewordenen Taten ablenken können.

Juli 2007

Bayerns Bildungswunder

Das Land der Bayern, über dessen weiten Gauen laut der Landeshymne Gottes Segenshand waltet, gibt der Welt immer wieder Rätsel auf: Ist der berühmteste Bayern-König, Ludwig II., der Märchenkönig, durch Selbstmord oder durch ein Attentat dahingeschieden, war er wirklich wahnsinnig, oder wurde er Opfer einer Verschwörung? Warum bereitete ausgerechnet der bayerische Ministerpräsident Franz Josef Strauß dem DDR-Staatsratsvorsitzenden Erich Honecker bei dessen Besuch in der Bundesrepublik 1987 den prächtigsten Empfang, indem er – unter anderem – alle Straßen vom Flughafen bis zu seiner Staatskanzlei mit unzähligen Staatsflaggen der DDR schmücken ließ? Weshalb haben Erwin Huber und Günther Beckstein den so überaus erfolgreichen Ministerpräsidenten Edmund Stoiber politisch gemeuchelt und ihn als EU-Aktenvernichter nach Brüssel verbannt? Warum zogen die Münchner Narren gerade am diesjährigen Holocaust-Gedenktag zu Tausenden fröhlich und ausgelassen durch die bayerische Metropole München?

Nahezu zeitgleich ist jetzt ein neues Rätsel hinzugekommen: Warum sind Bayerns Schüler über die Geschichte der DDR besser informiert als Gleichaltrige in Ostdeutschland, und weshalb ist ihr Vorsprung sogar dermaßen groß, dass bayerische Hauptschüler über einen größeren Kenntnisstand verfügen als die Gymnasiasten in Brandenburg?

Das ist nämlich das Ergebnis der vierten Teilstudie einer Untersuchung des SED-Forschungsverbunds der Freien Universität in (West-)Berlin unter der Leitung des DDR-Diktatur-Spezialisten Klaus Schroeder. »Von allen Schülern wissen die bayerischen am meisten und sehen die DDR am kritischsten«, sagt der Studienmacher. Eine große Mehrheit von ihnen, 72 Prozent, hätten keinen Zweifel daran, dass der SED-Staat eine Diktatur war. Im Gegensatz dazu idealisierten die brandenburgischen Schüler die soziale Seite der DDR und zögerten gleichzeitig, sie als Diktatur zu bezeichnen. Weniger als die Hälfte von ihnen hätten in der Umfrage angekreuzt, dass das SED-Regime eine Diktatur gewesen sei. Rund ein Viertel habe dagegen die DDR »ausdrücklich für keine Diktatur« gehalten. Fazit der Studie: Bayerns Hauptschüler sind über das SED-Regime besser informiert als Gymnasiasten aus Brandenburg.

Nun rätselt ganz Deutschland, worin die Ursachen für diesen neuerlichen grandiosen Sieg Bayerns zu suchen sind. Ist er der Höhe der Berge zu verdanken, die bei guter Fernsicht den besten Überblick in Deutschland ermöglichen? Hat der Umstand, dass die Erhebung von der Münchner Landeszentrale für Politische Bildung finanziert wurde, zum Triumph beigetragen? Ist es das Kruzifix in den bayrischen Klassenzimmern, das den Schülern besondere geistige Kräfte verleiht? Oder ist es das altbewährte dreistufige Schulsystem selbst, das durch intensive Beschäftigung mit der Geschichte die bayerischen Pennäler so überlegen macht? Letzteres meint zumindest der Parlamentarische Geschäftsführer der CSU-Landesgruppe im Deutschen Bundestag, Hartmut Koschyk, der unmittelbar nach der Siegesmeldung mit Blick auf andere Bundesländer forderte: »Die Geschichte der deutschen Teilung und der SED-Diktatur dürfen keine Tabu-Themen in der Schule sein, sondern müssen zentraler Inhalt des Geschichtsunterrichts in ganz Deutschland sein. Bayern geht hier mit bestem Beispiel voran.«

Freilich finden sich einige Wermutstropfen im CSU-Freudenbecher. Auch in Bayern gibt es nicht wenige Schüler, die der DDR Positives abgewinnen. Der untergegangene Staat punktet unter anderem durch niedrige Mieten, eine intensivere Sportförderung und den sicheren Job. Wie ihre Altersgenossen in Brandenburg wünschen sich auch in Bayern viele Schüler eine Arbeitsplatzgarantie und eine »umfassende staatliche Planung und Lenkung der Wirtschaft«. Rund 40 Prozent der Haupt- und Realschüler bejahten dies ausdrücklich.

Schroeder führt die »Sehnsucht nach dem sozial starken Staat« auf »eigene Zukunftsängste« zurück. Noch schlimmer sind hier die Ergebnisse in Brandenburg: Mehr als 70 Prozent finden es »gut, dass in der DDR jeder einen Arbeitsplatz hatte, auch wenn der Staat die Löhne bestimmte«. Forscher Schroeder, den die Ergebnisse der Umfrage nach eigenem Bekenntnis

»vom Hocker gehauen« haben, kennt die Gründe für diese ideologischen Missstände: »Es fehlt den Schülern das Gegenbild«, sagt er. In der Schule würden die Brandenburger Schüler kaum etwas über die DDR lernen. Ihr Bild entstehe aus Gesprächen mit den Eltern, manchmal aus Filmen. Vor allem die Eltern und Verwandten zeichneten aber ein Bild von der DDR, das ihre soziale Seite überbetone und ihren Diktaturcharakter komplett ausblende. Kurzum: »Die Erwachsenen basteln sich da eine DDR zusammen, die es nie gegeben hat.« Die Schüler würden offensichtlich mit den Erzählungen ihrer Eltern allein gelassen, die die DDR verklären und romantisieren. Für Jugendliche seien Erzählungen und Einschätzungen der Eltern und Verwandten oft die einzige Informationsquelle über die DDR.

Dieser Zustand ist selbstredend untragbar und guter Rat teuer. Aber auch der kommt aus München. Der jubelnde CSU-Geschäftsführer Koschyk gibt ihn: »Generationen, die nach dem Mauerfall aufgewachsen sind, müssen sich kritisch mit der deutschen Teilung auseinandersetzen können. Das funktioniert nur durch Wissensvermittlung in der Schule.« Da hat er nur allzu recht. Das bayerische Beispiel zeigt es. Die Erfahrungen ostdeutscher Eltern und Großeltern, ihr Leben in der DDR dürfen keine Rolle spielen. Traut ihnen nicht! Möglicherweise waren sie in der SED, in der FDJ, in den Blockparteien, in der Gesellschaft für Sport und Technik (GST), in der Gesellschaft für Deutsch-Sowjetische Freundschaft (DSF) oder gar bei der Stasi. Darum gilt es, echte Profis zu befragen, zum Beispiel solche, die ihre schwere Aufklärungsarbeit in der »Stiftung zur Aufarbeitung der DDR-Diktatur«, in der »Gedenkstätte Hohenschönhausen« oder bei der »Bundesbeauftragten für die Unterlagen des Staatssicherheitsdienstes der DDR« leisten. Diese Experten aus dem Westen haben starke Verbündete an ihrer Seite, darunter auch den Erzliberalen Guido Westerwelle, der kürzlich freimütig eingestand: »Wenn [...] der bekannte Schauspieler Peter Sodann öffentlich hofft, dass das ›DDR-Experiment‹ bald in Deutschland wieder eine Chance bekommt, schüttelt es mich. Ich sehe darin eine erschreckende Verharmlosung. Ich finde die Romantisierung der DDR von einigen Intellektuellen zum Kotzen.«

Von gelebten Leben in der DDR, ganz zu schweigen von ihrer »Romantisierung«, sind die bayerischen Lehrer und die von ihnen benutzten exzellenten Lehrbücher glücklicherweise weit entfernt. Um so näher sind wir damit allerdings der Lösung des neuen bayerischen Rätsels. Wenn den Schülerinnen und Schülern möglichst nichts anderes als ordnungsgemäß freistaatlich zubereitetes Wissen serviert wird und wenn sie es ohne Erfahrungszutaten und ohne relativierende Diskussion schlucken müssen, dann werden die Hauptschüler in München und Augsburg selbstverständlich besser als die Gymnasiasten in Brandenburg imstande sein, auf vorfabrizierte Fragen vorfabrizierte Antworten zu geben – vor allem über die DDR-Diktatur. Brav.

Februar 2008

Feindliches Vermögen

Den unverfänglichen Titel »Richtlinien für Übergangsmaßnahmen im Bereich der Düngemittel« trägt ein bundesdeutsches Dokument, in dem die Entwicklung der ostdeutschen Kaliindustrie untersucht wird. Die Autoren warnen vor »Überkapazitäten für Gesamtdeutschland«, die sich nach der Wiedervereinigung »ergeben würden«.

Auf den ersten Blick mag man vermuten, dass es sich um ein Papier der 1990 gegründeten Treuhandanstalt zur Privatisierung der volkseigenen Betriebe der DDR handelt. Doch weit gefehlt. Die Richtlinien sind 34 Jahre älter. Sie wurden am 17. Oktober 1956 vom Plenum des »Forschungsbeirates für Fragen der Wiedervereinigung Deutschlands beim Bundesminister für gesamtdeutsche Fragen« verabschiedet. Bestätigt wurden die »Richtlinien« von Dr. Friedrich Ernst, einem Mann mit ruhmreicher Vergangenheit. 1935 hatte der Führer und Reichskanzler Adolf Hitler ihn zum Reichskommissar für das deutsche Kreditwesen und 1939 zum Reichskommissar für die Verwaltung des »feindlichen Vermögens« ernannt, womit das bewegliche und unbewegliche Vermögen der von Nazideutschland überfallenen und okkupierten europäischen Staaten gemeint war. Aufgrund seiner reichen Erfahrungen und Verdienste wurde er sechs Jahre nach der Kapitulation des Dritten Reiches von Bundeskanzler Adenauer persönlich beauftragt, die Vorbereitungen für die Wiedervereinigung Deutschlands in die Hand zu nehmen. Nach wenigen Monaten folgte die Gründung des Forschungsbeirats, und der Spezialist für »feindliches Vermögen«, Friedrich Ernst, wurde zu seinem Präsidenten berufen. Unter seiner Leitung erarbeitete der Beirat eifrig und hingebungsvoll Konzepte für die Einverleibung der DDR.

Bis ins letzte Detail plante man die Restauration des Kapitalismus im Osten Deutschlands: den Währungsumtausch, die Einführung der Marktwirtschaft nach bundesdeutschem Muster, die Einsetzung von Treuhändern sowie einer »Oberen

Behörde« zur Privatisierung der volkseigenen Betriebe, die Auflösung der Landwirtschaftlichen Produktionsgenossenschaften (LPG), den Aufbau einer Arbeitslosenversicherung, die Beseitigung der Polikliniken und vieles mehr. In Hunderten von Empfehlungen und Richtlinien wurden Konzeptionen zu einzelnen Wirtschaftsbereichen entwickelt, darunter eben auch zum »Bereich der Düngemittel«.

Viele Jahre gingen ins Land, bis sich die Voraussage des Ernst-Nachfolgers Johann Baptist Gradl erfüllte: »Wenn es einmal zu realer Wiedervereinigung kommt, finden sich die Problematik und eine Skala praktikabler Verfahrensweisen aufbereitet vor.« 1990, nach dem Sieg der »Friedlichen Revolution« und dem Untergang der DDR, war es endlich soweit: Die vom Forschungsbeirat entwickelten Konzepte konnten umgesetzt werden, darunter auch die Richtlinie für den »Bereich der Düngemittel«.

In der DDR war der Abbau von Kalisalz, des wichtigsten Düngemittels, weit entwickelt. In drei Betrieben in Sachsen-Anhalt und Thüringen mit zehn Werken wurden 1989 insgesamt 3,5 Millionen Tonnen Kalidüngemittel produziert. Die benachbarte Kali+Salz AG Kassel, die auf jährlich 2,1 Millionen Tonnen kam, sah durch die ostdeutschen Betriebe ihre beherrschende Marktstellung gefährdet und fürchtete um ihre Profite. Doch die vom Forschungsbeirat vorgesehene »Oberste Behörde«, die inzwischen den vertrauenerweckenden Tarnnamen »Treuhandanstalt« erhalten hatte, wusste um die profitbedrohende Gefahr der »Überkapazitäten«. Sie betrachtete die volkseigenen ostdeutschen Kaliwerke im Sinne des Ex-Reichskommissars als »feindliches Vermögen«, verfügte die Schließung von acht von ihnen und übergab die restlichen zwei mit einer zusätzlichen Mitgift von 1,3 Milliarden DM der Kali+Salz AG. Der Deal erhielt den schönen Namen »Kali-Fusion West-Ost«.

Rund 23.000 Bergleute verloren ihren Arbeitsplatz.

Geschlossen wurden auch die Kali-Schächte im nordthüringischen Roßleben und im Eichsfelder Bischofferode. Während die Bergarbeiter in Roßleben nur schwachen Widerstand leisteten, kämpften die Kumpel von Bischofferode mit Demonstrationen, Streiks und wochenlangem Hungerstreik erbittert gegen die Stillegung ihres Werkes. Vergeblich. Die Schächte wurden geschlossen und aufgefüllt. Die »Überkapazitäten« wurden verhindert, die Profitgier siegte, denn »natürlich hatte K+S«, wie der zuständige Treuhand-Vorstand Klaus Schucht gegenüber dem Spiegel bestätigte, »ein Interesse, die Gruben im Osten auszuschalten«.

Doch siehe da, fünfzehn Jahre später hat sich die Lage verändert. In Roßleben wächst die Hoffnung, dass das Bergwerk wieder aufgemacht wird. Die Gesellschaft zur Verwahrung und Verwertung von stillgelegten Bergwerksbetrieben (GVV) hat die Kaligrube zum Verkauf ausgeschrieben, und inzwischen haben sich Interessenten gemeldet: aus Luxemburg, Frankreich, Kanada und Deutschland, darunter, welch Wunder, die seinerzeit von den »Überkapazitäten« so gefährdete Kali+Salz AG aus Kassel. Bei näherer Betrachtung ist das Wunder ein völlig logischer Schritt des real existierenden Kapitalismus. Der Preis für Düngemittel, besonders für Kali, klettert unaufhörlich. Allein in den zurückliegenden fünf Jahren stieg er für eine Tonne von 120 auf 635 Dollar. Experten sehen die 1.000-Dollar-Grenze nicht mehr weit. Die Gewinnerwartungen steigen rapide.

Wenn der Profit gefährdet ist, werden Werke ausgeplündert und geschleift, Arbeiter in Massen entlassen und Existenzen zerstört. Winkt jedoch neuer Maximalgewinn, dann scheuen Profitjäger weder Mühe noch Kapital. Unter Roßleben liegen rund 200 Millionen Tonnen bester Kali. Da lohnt es schon, die vier mal vier Meter große Betonplatte über dem Mundloch der Grube beiseite zu räumen und den zugeschütteten Schacht mit geschätzten Kosten von einer halben Milliarde Euro wieder abzuteufen. Vielleicht springen die Berliner Aufbauhelfer Ost mit einer schönen Stange Fördergelder der Kali+Salz AG bei. Schließlich handelt es sich ja nicht mehr um »feindliches Vermögen«.

August 2008

3. Kapitel
Krieg dem Palast

Gebäudestürmer

Als die spanischen Könige und Kirchenfürsten im Zuge der Reconquista vor nunmehr acht Jahrhunderten den südlichen Teil der Iberischen Halbinsel von den Mauren zurückeroberten – Cordoba fiel 1236, Sevilla 1244 –, da eigneten sie sich nicht nur das Land und seine Bewohner, sondern auch ihre Bauwerke an. Aus Moscheen machten sie christliche Kirchen. In der berühmten Mezquita in Cordoba ließen sie Säulen abreißen und bauten mitten in die Moschee eine Kathetrale. In Sevilla kündet die Giralda, das in den Glockenturm der drittgrößten Kathetrale der Welt verwandelte Minarett der früheren Moschee, von einer gewissen Toleranz und dem praktischen Sinn der spanischen Könige und des damaligen katholischen Klerus.

Die Reconquistadoren Ostdeutschlands verhalten sich anders. Sie schleifen Bauwerke des wiedereroberten Landes. Wie müssen sie die untergegangene DDR hassen, dass sie selbst vor dem Palast der Republik nicht haltmachen und mit seinem Abriss demonstrieren wollen, wie sie insgesamt mit dem vereinnahmten Staat und seinen Bürgern umgehen. Sie lassen sich offenkundig auch in diesem Fall von dem Geist leiten, der den Sozialdemokraten und späteren Reichspräsidenten Friedrich Ebert 1918 gegenüber Prinz Max von Baden, dem letzten Kanzler des Hohenzollernreiches, ausrufen ließ: »Ich hasse die Revolution wie die Sünde.« Aber vielleicht ist ihr blindwütiges Handeln gegen den unschuldigen Palast auch Ausdruck einer unbewussten und vorerst leider noch unnötigen Angst vor dieser Sünde. Wie dem auch sei: Der Palast wird dem Erdboden gleichgemacht. An seiner Stelle will man eine Wiese anlegen, auf der dereinst ein »Humboldt-Forum« mit den barocken Fassaden des Stadtschlosses der Hohenzollern errichtet werden soll. Laut Bundesbauminister Tiefensee könnte es »um 2018/20« eröffnet werden.

Die Palast-Abreißer haben einen langen Weg zurückgelegt: von der auf Weisung der Kohl-Regierung erfolgten grotesken panikartigen Flucht der DDR-Volkskammer im April 1990 aus dem Palast über die planmäßige Verwandlung des Bauwerkes in einen asbestsanierten Rohbau, der noch immer einen immensen Wert darstellt, bis zum Beschluss des Bundestages über den vollständigen Abriss, über den sich nun viele Hohlköpfe freuen. Nichts konnte die Gebäudestürmer aufhalten. Weder die zahllosen Pro-Palast-Erklärungen namhafter deutscher und ausländischer Architekturhistoriker und weltbekannter Künstler noch das am Vorabend der entscheidenden Bundestagssitzung vom erst vor wenigen Monaten gegründeten Ost-West-»Bündnis für den Palast« rasch noch einmal verbreitete Argument, wonach »der Wiederaufbau des Schlosses [...] mit geschätzten 1,2 Milliarden Euro ungefähr zehnmal so teuer (ist) wie ein Umbau des Palastes der Republik mit neuer Fassade«. Weder die Tatsache, dass allein in der Zeit der Zwischennutzung des verwüsteten Bauwerkes bei Diskussionen, Ausstellungen und Konzerten 650.000 Besucher gezählt wurden, noch der Umstand, dass sich 95 Prozent der Ostdeutschen gegen einen Wiederaufbau des Kaiser-Schlosses und mehr als 60 Prozent gegen den Palast-Abriss aussprachen.

Gelegentlich war zu hören, dass die Mehrheit des Bundestages die Abrissbeschlüsse aus den gleichen engstirnigen ideologischen Gründen fasste, mit denen seinerzeit Ulbricht das Schloss wegsprengen ließ. Der Vergleich hinkt mehrfach. In der DDR wurde nicht das Berliner Schloss, sondern seine Ruine, die der von Berlin ausgegangene Zweite Weltkrieg hinterlassen hatte, gesprengt. In der Bundesrepublik wird ein Gebäude zerstört, das vorher zielstrebig zur Ruine gemacht wurde. Für einen Wiederaufbau des Hohenzollernschlosses hatte die DDR in ihren ersten Jahren kein Geld, sie brauchte jede Mark, um ihren Bürgern Arbeit, Brot und Wohnraum zu sichern. Heute vergräbt die Bundesrepublik das Geld in eine Wiese im Herzen der Hauptstadt, statt die um sich greifende soziale Verelendung zu stoppen. So betrachtet, ist dem Präsidenten der Bundesarchitektenkammer, Arno Sighart, der in diesen Tagen von »einem Armutsbeschluss für die deutsche Baukultur« sprach, im doppelten Sinne zuzustimmen.

Von der geistigen Armut der Palast-Abreißer zeugt die Idee der Berliner SPD-Stadtentwicklungssenatorin Junge-Reyer

(SPD), auf dem Schlossplatz eine Aussichtsplattform zu errichten, von der aus der Abriss in allen seinen Etappen, also das öffentliche Sezieren eines Gebäudeleichnams, bestens verfolgt werden könne.

Den Aussichtspunkt soll ein provisorisches Informationszentrum mit dem Namen »Humboldt-Box« krönen. Die Namenswahl ist gelungen. Alexander von Humboldt nannte die Vernichtung von Monumenten und Bauwerken durch fremde Eroberer »Barbarei und Intoleranz«.

Februar 2006

Mit Fünftelstein in die Ewigkeit

Seit kurzem stehe ich vor einer schweren Entscheidung. Soll ich einen Fünftelstein für 50 Euro, einen Vollstein für 250 Euro oder einen Nabelstein für 1.430 Euro erwerben oder nicht? Falls ich mich zum Kauf entschließe, nehme ich teil an der Erfüllung einer »nationalen Aufgabe«. Verheißen wird mir das im *Berliner Extrablatt,* herausgegeben vom Förderverein Berliner Schloss e. V., das mir ein anonym gebliebener Schlossfan zukommen ließ. Die Fans befinden sich offenbar im Siegesrausch. Davon kündet schon die erste Seite des Blattes, die, geschmückt von einer farbigen Reproduktion des Hohenzollernschlosses und dem Porträt einer strahlenden Angela Merkel, in fetten Lettern mitteilt: »Kein Zweifel mehr an der Realisierung. Durchbruch für das Schloss als Humboldt-Forum. Abbruch des Palastes in vollem Gang. Bundeskanzlerin Merkel für den Aufbau des Schlosses.« Auf 40 Seiten, für die der umtriebige Wilhelm von Boddien inhaltlich verantwortlich zeichnet, genießen die Palastabreißer ihren Triumph und preisen das Schloss als »Gebäude der Demokratie« und »Bürgerschloss«.

Und ich darf daran teilhaben. Dazu muss ich nur einen der feilgebotenen Fünftel-, Voll- oder Nabelsteine kaufen – das ebenfalls angebotene »Engagement von über 1.000.000 Euro« kommt aus finanztechnischen Gründen für mich nicht in Frage –, und schon wird mein Name »im Schloss verewigt«, mein Stein »im Internet nach Eingang der Summe freigeschaltet«, und ich oder meine Freunde können ihn »im Net ›besuchen‹, jederzeit und an jedem Ort der Welt«. Fraglos ist das ein verlockendes Angebot, zumal mir versichert wird: »Jede Zuwendung hilft dem Schlossbau und macht Sie unvergessen für die Nachwelt.« Und wenn ich schon per Steinkauf für die Nachwelt unvergessen werde, dann wird mir gewiss auch die

Jetztwelt mit all ihren prominenten Palastgegnern und Schlossfreunden zu Dank verpflichtet sein. Das Extrablatt lässt sie aufmarschieren: den gewesenen Bundeskanzler Dr. h.c. Gerhard Schröder und den Beinahe-Bundespräsidenten Prof. Dr. Richard Schröder, die Professoren Christoph Stölzl und Joachim C. Fest, die Ex-Vizepräsidentin und den Vizepräsidenten des Bundestages Dr. Antje Vollmer und Wolfgang Thierse sowie den große Freund der Deutschen John Kornblum, ehemaliger US-Botschafter in Berlin. Sie alle kommen zu Wort wie auch das demokratische Urgestein Prof. Rupert Scholz, Vorsitzender des Rechtsausschusses des Bundestages, für den der Wiederaufbau des Berliner Schlosses »eine historische Notwendigkeit« und »Ausdruck eines identitätsstiftenden Geschichtsbewusstseins« ist, und der Schauspieler und Weltenbummler Hardy Krüger, der den Wiedererrichtern der Schlossfassade versichert, dass deren Aufgabe »beeindruckend« ist, und ihnen verspricht, »das eine oder andere Wort mit meinen afrikanischen Göttern (zu) wechseln, weil mir daran liegt, dass Sie Erfolg haben bei diesem Vorhaben, das als fast unmenschlich groß angesehen werden muss«. Nicht vergessen werden neben den Laudatoren für das Schloss auch die Firmen und Organisatoren, die sich für dessen Wiederaufbau engagieren, unter ihnen der Axel-Springer-Verlag, der Bundesverband der Deutschen Industrie, die Commerzbank Stiftung, die Daimler-Chrysler AG, die Deutsche Bank, die Thyssen-Krupp AG und der Wirtschaftsrat der CDU.

Bei so viel Ermunterung und Beistand ist freilich nicht zu erwarten, dass das Extrablatt auch nur eine Stimme gegen den Abriss des Palastes der Republik zitiert, zum Beispiel die von Renzo Piano, dem Star-Architekten, der maßgeblich am Entwurf des Centre Pompidou in Paris beteiligt war und es eine Tragödie nennt, dass ein modernes, mit bester Technik ausgestattetes Haus, dessen Errichtung in den siebziger Jahren eine Milliarde Mark gekostet hat – und, so sei hinzugefügt, selbst nach der absichtlich ruinösen Asbestsanierung für nicht einmal 40 Millionen Euro im alten Glanz hätte erstrahlen können – abgerissen wird. Auf Pianos Frage: »Wie kann man nur so dumm sein?«, gibt es eine einfache Antwort: Hass auf die DDR macht blind, und blinder Hass macht dumm. Wie borniert so manche Verehrer des Schlosses sind, ist auch anderer Stelle des Extrablattes nachzulesen, wenn seine feierliche Eröffnung für den 3. Oktober 2015, den 25. Jahrestag der deutschen Vereinigung, mit einem großem Volksfest ins Auge gefasst wird, weil sie dann als »wichtiges Signal« zum »Schlussstein des Wiedervereinigungsprozesses werden« könnte.

»Hurra!« kann dann das glückliche und einige deutsche Volk jubeln, und seine Patrioten können zur Melodie des »Fehrbelliner Reitermarschs« begeistert den Text »Wir wollen unseren alten Kaiser Wilhelm wieder haben« schmettern.

Nein, wie es aussieht, werde ich auf den Kauf eines Schloss-Steines und damit auf meinen Ruhm für die Nachwelt verzichten. Wozu auch ein persönlicher Erinnerungsstein, wird doch das ganze Schloss ein Denkmal, das kommende Generationen daran erinnern wird, mit welch rückwärtsgewandten Vorstellungen anno 1990 die deutsche Einheit zustande kam.

Mai 2006

Das BND-Schloss

Im südwestlich von München, nicht weit von Starnberg gelegenen Gräfelfing-Lochham probten im Januar 2006 die Frauen, genauer gesagt die örtliche CSU-Frauen-Union, den Aufstand. Im Bürgerhaus hatten sie sich zu ihrem Monatstreffen versammelt, um eine »möglichst breite und öffentlichkeitswirksame Aktion« zu initiieren. Die Ortsvorsitzende Maria Lex-Fischer forderte mit erhobener Stimme: »Wir müssen auf die Straße gehen und mit Kochtöpfen scheppern. Allein mit Unterschriften erreicht man heute nichts mehr.« Auch die Kreisvorsitzende Kerstin Schreyer-Stäblein schlug eine richtige Protestdemonstration vor. Der Schlachtruf der zutiefst empörten Bürgerinnen steht schon fest: »Für die Sache, gegen den Umzug!«

Was ist geschehen? Erheben sich die christlich-sozialen Frauen gegen den Zwangsumzug von ALG-II-Empfängern? Hat die Welle der Solidarität mit den sozial Benachteiligten auch das Gebiet nördlich des Starnberger Sees erreicht, obwohl doch an diesem bildschönen Gewässer und in seiner Umgebung die Zahl der 345-Euro-Bezieher gering und die der Millionäre hoch ist? Natürlich nicht. Die Frauen protestieren gegen den von der Bundesregierung beschlossenen Umzug des Bundesnachrichtendienstes (BND) vom nahe gelegenen Pullach im schönen Isartal nach Berlin – lebhaft, phantasiereich und erbittert. Sie wissen starke Partner an ihrer Seite. Der Vorsitzende der CSU-Landesgruppe im Bundestag, Peter Ramsauer, bezeichnete den Umzug an die Chausseestraße in Berlin-Mitte als »völligen Unsinn« und »rausgeworfenes Geld«.

Der einflussreiche und redegewandte CDU/CSU-Fraktionsvize Wolfgang Bosbach stimmte ihm zu: Die geschätzten Umzugskosten von 1,5 bis 2 Milliarden Euro seien nicht zu vermitteln, der Umzug sei »fachlich nicht erforderlich und finanziell nicht darstellbar«.

Bundeskanzlerin Angelika Merkel dagegen will am Umzugsplan festhalten. Ihr zur Seite steht auch die Mehrheit der

SPD-Recken. Dieter Wiefelsspütz, innenpolitischer Sprecher der SPD-Fraktion, verteidigte den Umzug und bezeichnete die Versuche, ihn zu verhindern, als »reine bayerische Partikularinteressen«. Obwohl Edmund Stoiber, bekannt als glühender Verfechter dieser Interessen, in einem Vieraugengespräch mit der Kanzlerin die Bildung eines Arbeitskreises zur nochmaligen Überprüfung der Umzugspläne durchgesetzt haben soll, erregt der Streit auch weiterhin die Gemüter.

Die Streitenden sind die gleichen, die gemeinsam für den inzwischen begonnenen Abriss des Palastes der Republik und den Wiederaufbau des Berliner Stadtschlosses votiert haben. Allerdings haben sie für den Schlossnachbau, der rund 1,2 Milliarden Euro kosten soll, weder Geld noch einen fertigen Architektenentwurf und auch kein Nutzungskonzept. Für den Umzug des Geheimdienstes ist all das vorhanden, und die Kosten sind für BND- und Schlossbau etwa gleich hoch.

Drängt sich da nicht eine Kompromisslösung auf, die mehrere schwerwiegende Probleme, mit Ausnahme der von bayerischen Partikularinteressen diktierten, auf einen Schlag löst? Das Geld für das BND-Gebäude, das laut dem preisgekrönten Entwurf von Jan Kleihues rund 2.800 Räume mit einer Nutzfläche von etwa 100.000 Quadratmetern haben soll, wird für den Wiederaufbau des Hohenzollernschlosses verwandt, und der Geheimdienst zieht statt auf das Gelände an der Chausseestraße, wo 1992 das »Stadion der Weltjugend« abgerissen wurde, an die Stelle, wo zur Zeit der Palast geschleift wird.

Ein solcher Umzug des BND wäre, wenn der Dienst schon nicht aufgelöst werden soll, äußerst vorteilhaft. Die Kosten für das Schloss und die BND-Zentrale würden durch die Zusammenlegung de facto halbiert, der Geheimdienst würde noch näher an den Sitz der Regierung heranrücken, die Palast-Gegner von Thierse und Boddien bis Junge-Reyer und Pflüger bekämen ihr ersehntes Schloss schneller und preisgünstiger. Außerdem: Die Lage der BND-Zentrale im Herzen der Hauptstadt mit den vielen in- und ausländischen Besuchern lädt gerade dazu ein, wöchentlich mindestens einen »Tag der offenen Tür« zu veranstalten, womit dann an der Stelle des Palastes wenigstens tagweise wieder ein »Haus des Volkes« stehen würde.

Und an den »Tagen der offenen Tür« könnten erfahrene Experten wie Marianne Birthler und Hubertus Knabe den Besuchern, vor allem den nach dem Muster der Bildungsausflüge in die MfS-Gedenkstätten in der Berlinner Normannenstraße und in Berlin-Hohenschönhausen herangekarrten Schulklassen den Unterschied zwischen dem demokratisch kontrollierten BND und der Hauptverwaltung Aufklärung des MfS erläutern und nachweisen, dass ein längst dahingeschiedener Geheimdienst wesentlich gefährlicher als ein aktiver ist. Attraktiv wäre auch die Einrichtung eines BND-Traditionskabinettes, in dem beispielsweise dargestellt werden könnte, wie nach Kriegsende die US-Amerikaner in Pullach eine ehemalige Nazi-Siedlung an die Organisation Gehlen, aus der später der BND hervorging, übergaben und deren Chef Reinhard Gehlen, in Hitlers Generalstab für die »Fremden Heere Ost« zuständig, dort jahrelang im früheren Haus des Leiters der NSDAP-Kanzlei, Martin Bormann, lebte.

Natürlich wird es bei der geheimdienstlichen Nutzung des Schlosses auch Schwierigkeiten geben. Das Projekt von Kleihues sieht vor, dass das BND-Gebäude wie eine Burg von einem 2.50 Meter tiefen Graben umgeben ist. Hier könnte allerdings unter Nutzung der unmittelbar vorbeifließenden Spree relativ leicht Abhilfe geschaffen werden, an einigen Stellen wäre der Burggraben sogar noch tiefer. Umgangen werden müsste auch das schon fixierte Verbot, den Schlossnachbau für kommerzielle Zwecke zu nutzen. Immerhin soll laut bestehender Planung in der Nähe zum BND-Sitz ein BND-Shop eingerichtet werden. Aber bei gutem Willen könnte eine Ausnahmeregelung einen solchen Shop ermöglichen, in dem dann die Tagesbesucher die gleichen Souvenirs, wie sie heute in Pullach tatsächlich feilgeboten werden, erstehen könnten: Kugelschreiber, Golfbälle, T-Shirts und andere Fan-Artikel mit BND-Logo sowie Herren-Unterhosen mit so netten Aufschriften wie »Verschlusssache« und »Amtlich geheimzuhalten«.

Bei der zu erwartenden Nachfrage könnten die Einnahmen die Baukosten im nachhinein noch weiter senken und den um das soziale Wohl besorgten CSU-Frauen von Gräfelfing-Lochham wenigstens etwas Trost spenden.

April 2006

131

Krieg dem Palast,
Friede dem ICC

Hurra, die Berliner atmen auf: Das Internationale Congress Centrum (ICC) ist gerettet. Erhört wurden die Forderungen der CDU, FDP und SPD und das flehentliche Rufen der miteinander verehelichten Architekten Ralf Schüler und Ursulina Schüler-Witte, für die der Abriss des von ihnen entworfenen Gebäudes »eine Tragödie«, »ein Mord« gewesen wäre, »als ob ein naher Verwandter umgebracht werden soll«.

Der »Mord« findet nicht statt.

Nach einem Treffen mit Stadtentwicklungssenatorin Ingeborg Junge-Reyer (SPD) schließt Wirtschaftssenator Harald Wolf (Linke) eine Modernisierung und den Weiterbetrieb des ICC nicht mehr aus. Die SPD-Fraktion zeigte sich über »den Sinneswandel des Wirtschaftssenators« erfreut.

Die Gefahr, dass das chronisch unrentable, asbestverseuchte ICC, das den Charme einer U-Bahn-Station oder der Abfertigungshalle eines Flughafens ausströmt, das Schicksal des Palastes der Republik erleidet, ist gebannt. Auch die Anhänger des Palastes, die sich mehr als zehn Jahre gegen seinen Abriss gewehrt haben, könnten eigentlich zufrieden sein, haben sie doch noch einmal vom rosa-roten Senat bestätigt bekommen, dass West- nicht gleich Ostasbest ist und der Palast der Republik nur deswegen abgerissen wird, weil er zwar ein von Architekten aus aller Welt gepriesenes Bauwerk, aber letztlich doch ein Symbol der DDR im Herzen der Hauptstadt war. Von diesem ist nur noch wenig übriggeblieben, und in Kürze werden es nur noch ein paar Zahnstocher sein, die der gewesene Regierende Bürgermeister Diepgen dank seiner prophetischen Gaben voraussagte.

Wenn auch diese verschwunden sein werden, dann ist endlich Baufreiheit für die Errichtung der Schlossimitation der Hohenzollern geschaffen. Nach ihrer Fertigstellung wird es selbst einigen Palastfreunden schwerfallen, sich dem allgemeinen Jauchzen und Frohlocken zu entziehen. Nur einige klitzekleine Fragen werden sie hin und wieder bewegen:

Wer kam im Mai 1990 auf die glänzende Idee, die Gefährdung der Mitarbeiter und Besucher des Palastes durch Asbest mittels eines Gutachtens der Westberliner Drei-Mann-Firma *ATD Tepasse* feststellen und damit den Vorwand für die panikartige Flucht der Volkskammerabgeordneten und die Schließung des Gebäudes liefern zu lassen? Einer der vielen bundesdeutschen Berater der DDR-Übergaberegierung de Maizière? Oder Schäuble, der Autor des »Einigungsvertrages«? Oder gar der »Kanzler der Einheit« Kohl höchstselbst?

Warum wird das Gutachten, auf das sich der Regierungsbeschluss zur Schließung des Gebäudes stützte, wie ein Staatsgeheimnis behandelt und der Öffentlichkeit bis heute vorenthalten?

Warum wurde der Palast, in dem die Meßwerte der Asbestbelastung zwischen 50 und 80 Fasern pro Kubikmeter betrugen, geschlossen, während die Innenstadt von Berlin, in der 1996 laut Senatsverwaltung für Gesundheit und Soziales »aufgrund der früheren weitreichenden Asbestanwendung [...] mit einer Faseranreicherung von 150 Fasern pro Kubikmeter Außenluft zu rechnen« war, für Bewohner und Besucher geöffnet blieb?

Warum wurden im ICC 1994 besonders kritische asbestbelastete Stellen bei laufendem Betrieb saniert, während der Palast bei der Asbestsanierung nur noch im Schutzanzug betreten werden durfte?

War es Zufall, dass der umtriebige Wilhelm von Boddien sein Projekt zum Abriss des Palastes und zum Wiederaufbau des Schlosses der Hohenzollern, das nun bürgernah »Stadtschloss« genannt wird, gemeinsam mit den Architekten des ICC, Ralf Schüler und Ursulina Schüler-Witte, vorlegte?

Wer entwarf die beeindruckende Salamitaktik, mit der es Palastgegnern und Schlossbefürwortern gelang, ihre Pläne umzusetzen, obwohl sich noch 1993 nach einer Infas-Umfrage 98 Prozent der befragten Ostberliner und 56 Prozent der Westberliner für den Erhalt des Gebäudes aussprachen?

Was führte zu dem Meinungswechsel in der SPD, die unmittelbar vor der Bundestagswahl 1998 in einem Brief an die ehemaligen Mitarbeiter des Palastes den von der CDU und FDP geforderten Abriss des Bauwerkes als »unsinnige Aktion« bezeichnete, die es zu stoppen gelte, und deren späterer Vorsitzende Schröder nach der Wahl, nunmehr Kanzler, erklärte, er möchte das Schloss wiederhaben, weil ihm der Palast zu monströs sei?

Und schließlich: Nicht wenige Ostberliner, die einst zu den 70 Millionen Besuchern des Palastes zählten, meiden den Marx-Engels-Platz, der heute wieder Schlossplatz heißt, da sie den Anblick der traurigen Überreste des Gebäudes nur schwer ertragen können. Sie erinnern sich auch daran, dass noch 1997 die PDS-Vertreter Gregor Gysi und Freke Over auf seinem Dach ein weithin sichtbares Transparent mit der Aufschrift »Stoppt den Palast-Abriss!« entrollten, und fragen sich, ob der von dieser Partei benannte Wirtschaftssenator Harald Wolf, der jetzt eine Modernisierung des ICC ins Auge fasst, alles getan hat, um den Palast-Abriss zu stoppen, oder doch infolge seiner bekannten verhunzten Haltung zur DDR und im Interesse der Bewahrung des »guten Koalitionsklimas« mit den Palast-Abreißern Klaus Wowereit und der Stadtentwicklungs- (um nicht zu sagen: Abwicklungs-)Senatorin Ingeborg Junge-Reyer erbärmlich eingeknickt ist?

Ja, den zerstörten Palast der untergegangenen Republik umgibt noch so manches Geheimnis, gewissermaßen eine späte Folge seiner Herkunft aus einem »Unrechtsstaat«. Beim ICC ist alles klarer: Für sein Fortbestehen entschieden allgemeingültige Normen des Rechtsstaates, bauästhetische Qualität und bundesdeutsche Treu und Redlichkeit.

Januar 2008

Das Flächenmonument

Die mannigfaltigen Gedenkveranstaltungen zum Jahrestag des Mauerfalls sind vorüber. Sie erhöhten die Vorfreude auf die Feierlichkeiten zum Jubiläum 2009. Von Amts wegen hat Aufbau-Ost-Minister Wolfgang Tiefensee (SPD) schon einmal geübt. In seiner Zweitfunktion als Verkehrsminister ob seiner Mauscheleien mit dem privatisierungs- und bonussüchtigen Bahnchef Hartmut Mehdorn arg ramponiert, hat er sich an einem reich gedeckten Frühstückstisch im Berliner Hotel »Maritim« gestärkt und der *Berliner Zeitung* ein Interview »über die Einheit« gewährt, das das Blatt unter der vielversprechenden Überschrift »Inzwischen ist Realismus eingekehrt« veröffentlichte.

Aber wie ist es um den Realismus des früheren skandalumwitterten Leipziger Oberbürgermeisters und jetzigen Bundesministers bestellt? Wäre er nicht das zuständige Regierungsmitglied für Ostdeutschland, das sich im »Frühstücksinterview« als »Koordinator, Ansprechpartner und Initiator [...] für die Anliegen der ostdeutschen Menschen« anpreist, könnte man seine Auslassungen als unbedeutendes mixtum compositum aus Schönfärberei und Wirklichkeitsnähe verbuchen und mit dem Blatt schnellstmöglich entsorgen. Aber eins muss man ihm lassen: Er versprüht manchen unfreiwilligen Witz.

Nun also, der Realist Tiefensee hat das Wort: »Wir haben in Ostdeutschland große Aufbauarbeit vollbracht, auf die jeder einzelne Ostdeutsche stolz sein kann. Im Rückblick wird man einmal sagen, dass die Menschen eine historische Leistung geschafft haben.« Angesichts solch stolzer Gesamtbilanz ist es verständlich, dass die *Berliner Zeitung* das Interview mit einem großen Farbfoto schmückt, das den Aufbau-Minister vor dem Hintergrund der Häuser am Pariser Platz (Berlin-Mitte) mit einem zukunftsgläubigen Siegerlächeln zeigt; dieses Bild stellt alle in dem Blatt vor zwanzig Jahren hin und wieder veröffentlichten Porträts von »Helden der sozialistischen Arbeit« in den Schatten. Tiefensee, der Held unserer Zeit, ist auf die »große

Aufbauarbeit« und die »historische Leistung« so stolz, dass ihn auch einige Kleinigkeiten nicht an der Erfolgsbilanz zweifeln lassen. Freimütig kann er eingestehen: »Es gibt immer noch Defizite bei Wirtschaftskraft, Demografie und Arbeitslosigkeit [...]. Es fehlt der selbst tragende Aufschwung. Außerdem ist die Arbeitslosigkeit noch immer doppelt so hoch wie im Westen, vor allem die Langzeitarbeitslosigkeit. [...] Viele Jüngere ziehen weg, industrielle Forschung und Entwicklung sind deutlich schwächer als in den westlichen Bundesländern. Auch die Finanzsituation der ostdeutschen Bundesländer ist schwach.«

Diese kleinen, völlig nebensächlichen Defizite, die nichts an der ostdeutschen Erfolgsstory ändern, gibt Tiefensee zu, denn er kennt die wahren Schuldigen, und so fordert er die Linkspartei auf, »mal klar die Ursachen (zu) benennen«: »Die SED hat ein schlimmes Erbe hinterlassen: zerstörte Innenstädte, zerstörte Umwelt und Menschen mit einer sehr begrenzten Lebensperspektive. [...] Es war doch alles kaputt – jedes Haus, jede Straße, jedes Krankenhaus, jede Schule.« Wie Recht hat er doch, der Herr Minister! Kein Haus, keine Straße, kein Krankenhaus, keine Schule war in Ordnung, die DDR war ein einziger Trümmerhaufen. Noch heute müssten die Ostdeutschen vor Scham erröten, was sie doch unter der SED-Knute für faule Säcke waren. Aber unter der weisen und liebevollen Führung von Kohl, Schröder und Merkel hat sich das grundlegend geändert. Niemand weiß das besser als der für den unaufhaltsamen Aufstieg zuständige Bundesminister: »Wenn ich 2008 mit 1990 vergleiche, ist die Aufbauleistung immens.«

Und wieder muss dem Ostexperten zugestimmt werden, denn nach der Zerstörung der DDR-Industrie durch die Treuhand erreicht der addierte Wert der Bruttoproduktion der hundert größten ostdeutschen Unternehmen inzwischen dank der »Aufbauleistung« schon fast die Hälfte der Leistungskraft des Daimler-Konzerns. Auch auf anderen Gebieten geht es stürmisch voran, denn nach Angaben des Bundesamtes für Statistik hat sich der Anteil der immer noch neuen Bundesländer an der Bundesrepublik Deutschland von 1989 bis 2007 in Prozenten wie folgt entwickelt: bei der Bevölkerung von 19,2 auf 16,0, bei der Zahl der Erwerbstätigen von 22,7 auf 14,4 und bei den Arbeitslosen von 0 auf 27,3.

Freilich gibt es im Osten immer wieder Uneinsichtige, Ignoranten. Sie behelligen selbst den verdienstvollen Frühstücksgast der *Berliner Zeitung,* der sich bitter beklagt: »Am 9. Oktober 2008 sitze ich auf einem Podium im Gewandhaus zu Leipzig, es geht um die friedliche Revolution. Recht bald schreit es aus dem Publikum: ›Was ’89 war, wissen wir! Beschäftigt euch mit dem, was jetzt ist!‹ So geht es mir häufig.«

Das ist offenkundig einer der Gründe dafür, dass der so gequälte Minister für ein Einheits- und Freiheitsdenkmal in Berlin und Leipzig eintritt, das dem »freudigsten Ereignis« der »deutschen und europäischen Geschichte« gewidmet sein soll. Das Monument in der Bundeshauptstadt soll bekanntlich auf dem ehemaligen Marx-Engels- und heutigen Schlossplatz errichtet werden. Allerdings, so beklagen seine Initiatoren, wird es nicht, wie ursprünglich vorgesehen, zum 20. Jahrestag den Sockel schmücken, auf dem von 1897 bis 1949 ein Pferd und Kaiser Wilhelm I. zu bestaunen waren. Der Grund für die Verspätung ist simpel. Der zentrale Platz der Bundeshauptstadt befindet sich neunzehn Jahre nach der Einheit in Freiheit in einem miserablen Zustand. Das Gebäude des DDR-Außenministeriums ist seit langem dem Erdboden gleichgemacht, und da, wo einst der Palast der Republik stand, ragen aus einer riesigen Abbruchgrube die ins Nichts führenden Türme der Treppenhäuser empor. Abgerundet wird das grausige Bild der riesigen Brache durch die »Temporäre Kunsthalle«, eine blau-weiße 1.000 Quadratmeter große Kiste, die die Berliner ob ihrer Wohlgestalt mit einem IKEA-Verkaufspavillon vergleichen.

Bei diesem Anblick drängt sich ein kostensparender Vorschlag auf: Der Platz wird in seinem gegenwärtigen Zustand belassen und in seiner Gesamtheit zum Großraum-Einheits- und Freiheitsdenkmal erklärt, denn nichts symbolisiert den Umgang mit der befreiten DDR besser als dieses stadtarchitektonische Kunstwerk im Herzen Berlins.

Die offizielle Einweihung kann im Gedenkjahr 2009 vorgenommen werden. Tiefensee darf am Festtag der deutschen Einheit gemeinsam mit Frau Merkel das Band durchschneiden, auf dass das jubelnde Volk das einmalig schöne Flächenmonument in Besitz nimmt.

November 2008

137

3. Kapitel
Helden unserer Zeit

Kandidat der Spitzenklasse

Sollte Horst Köhler, der »Vertreter der absoluten Spitzenklasse«, wie ihn Edmund Stoiber nannte, am 23. Mai 2004 zum Bundespräsidenten gewählt werden, dann wird er vor der Bundesversammlung feierlich schwören, dass er seine Kraft »dem Wohle des deutschen Volkes widmen, seinen Nutzen mehren, Schaden von ihm wenden, das Grundgesetz und die Gesetze des Bundes wahren und verteidigen [...] werde«. Ob und wie er sich an dieses Gelöbnis, dem er laut Grundgesetz die Worte »So wahr mir Gott helfe« hinzufügen darf, halten wird, wird die Zukunft zeigen. Auf die Vergangenheit bezogen könnte er diesen Eid nicht leisten, denn er hat – gemeinsam mit anderen – dem deutschen Volk beträchtlichen Schaden zugefügt.

1990 war er unter Finanzminister Theo Waigel Staatssekretär geworden. In dieser Eigenschaft war er unter anderem für die Rechts- und Fachaufsicht über die Treuhandanstalt (THA) zuständig. Deren nicht für jedermann segensreiches Wirken bei der Privatisierung der volkseigenen Wirtschaft der DDR ist erinnerlich. Sie hat einen sich selbst tragenden Industrie- und Wirtschaftsstandort liquidiert und in ein Entwicklungsgebiet innerhalb der EU verwandelt, siebzehn Millionen Ostdeutsche entschädigungslos und grundgesetzwidrig enteignet, Millionen von Arbeitsplätzen vernichtet, ein großes gesellschaftliches Vermögen, das der zweite THA-Vorsitzende, Detlev Karsten Rohwedder, den tatsächlichen Wert untertreibend, mit 600 Milliarden DM bezifferte, in einen Schuldenberg von 256 Milliarden DM verwandelt, Ostdeutschland weitgehend deindustrialisiert, einen gewaltigen Vermögenstransfer von Ost nach West zugunsten einer kleinen Minderheit ermöglicht und die Staatsfinanzen auf unabsehbare Zeit durch unvermeidliche West-Ost-Transferleistungen enorm belastet. Die Zeitschrift *metall*, Organ der IG Metall, nannte dies »die wohl größte Vernichtung von gesellschaftlichen Reichtum zu Friedenszeiten [...]. Wenn es dafür überhaupt Täter gibt, dann sitzen sie vornehmlich in Bonn.« Dort am Rhein hatte damals noch das Finanzministerium seinen Sitz und Horst Köhler seinen verantwortungsvollen Arbeitsplatz.

Als ich mich Mitte der 90er Jahre intensiv mit der THA beschäftigte ist mir nicht ein Hinweis unter die Augen gekommen, dass der zuständige Finanzstaatssekretär ernsthaft bemüht gewesen wäre, diesen immensen Schaden von den Ost-, aber auch den Westdeutschen abzuwenden. Der radikale Kurs der THA entsprach ihrem politischen Auftrag, dem alles andere, auch ökonomische Vernunft, untergeordnet war. Laut Abschlussbericht des THA-Untersuchungsausschusses des Bundestages hat Staatssekretär Köhler freimütig darauf hingewiesen, dass es sich bei der Treuhandanstalt um eine »politische Veranstaltung« handelte – was allen Beteiligten bewusst gewesen sei.

Wie der heutige Bundespräsident in spe dennoch erklären kann, es könne »ein Vorteil sein, dass ich nicht aus dem politischen Establishment komme«, ist sein Geheimnis. Kein Geheimnis ist es, dass die THA, in deren Vorstand die Crème de la Crème des deutschen Kapitals saß, unter Aufsicht des Finanzministeriums schalten und walten konnte, wie sie wollte. Sie konnte Großbetriebe für eine DM verkaufen und den Käufern Millionen von DM sogenannter Sanierungshilfe hinterherschmeißen, den Liquidatoren Honorare von zehn Millionen DM und mehr zahlen, das eigene Leitungspersonal fürstlich entlohnen. Das und natürlich ihre Gesamttätigkeit gingen ins Geld, für das die Bundesregierung, der Staat und der Steuerzahler aufkommen mussten. Den Freibrief dazu hatte THA-Präsident Rohwedder vom Finanzministerium erhalten, das ihm unter anderem zusicherte, »dass die Bundesrepublik Deutschland die wirtschaftliche Basis der Treuhandanstalt sichern, sie für die gesamte Dauer ihres Bestandes funktionsfähig halten und im Falle finanzieller Schwierigkeiten durch Zuführung liquider Mittel oder in anderer geeigneter Weise in die Lage versetzen wird, fällige Verbindlichkeiten fristgerecht zu erfüllen. Dieses Schreiben kann ihren derzeitigen und künftigen Gläubigern bei Bedarf zur Kenntnis gebracht werden.«

Das Schreiben trägt das Datum vom 9. Oktober 1990, unterzeichnet ist es von Staatssekretär Dr. Horst Köhler.

März 2004

Zweierlei Maß
für Angriffskriege?

Unter dem ohrenbetäubenden Lärm der US-amerikanischen Kriegstrommeln, die zum Blitz- und Endsieg gegen Saddam Hussein rufen, drohen historische Daten der jüngsten Vergangenheit in Vergessenheit zu geraten. Zu ihnen gehört der 24. März 1999, der Tag, an dem die NATO über die Bundesrepublik Jugoslawien herfiel.

Auch wenn das überfallene Land seinem Namen nach und in seiner damaligen Staatsform nicht mehr existiert, gibt es gute Gründe, Jahr für Jahr, und gerade jetzt, an diesem Jahrestag, es ist mittlerweile der vierte, an die schrecklichen Bilder zu erinnern: die pechschwarzen, kilometerhohen Rauchwolken der brennenden Raffinerien in der Nähe Belgrads, die gen Himmel schießenden Flammen eines bombardierten Wolkenkratzers unweit des Zusammenflusses von Donau und Save, die verkohlten und zerfetzten Menschenleiber auf den Straßen von Prizren und Djakovica, in den Wohngebieten von Aleksinac, Pristina und Cupria, auf den Brücken von Novi Sad, Grdelica, Varvarin und vielen anderen Orten. Im Gedächtnis bleibt der im frischen Frühlingsgras liegende, vom Rumpf getrennte Schädel eines Bauern mit den noch offenen Augen; der Blick wirkt verwundert, als könne er gar nicht fassen, was mit Kopf und Körper geschehen war – schlafraubendes Sinnbild der Verbrechen jener, die eine humanitäre Katastrophe herbeibombten, deren Verhinderung ihr angebliches Kriegsziel war.

Die Aggression gegen Jugoslawien war eine Zäsur in der europäischen Geschichte nach dem Zweiten Weltkrieg, sie bereitete auch den Weg zum Krieg gegen das irakische Volk. Die Aggressoren brachen die UN-Charta und die im Rahmen der KSZE/OSZE getroffenen Vereinbarungen, sie missachteten alle Grundnormen des internationalen humanitären Völkerrechts. Ihrem 78-tägigen Bombenkrieg fielen Tausende von

Männern, Frauen und Kindern zum Opfer, große Teile der Infrastruktur und der Wirtschaft des Landes wurden zerstört, die Umwelt auf lange Zeit vergiftet. Die Bundesrepublik Deutschland, die noch beim Anschluss der DDR feierlich gelobt hatte, dass von deutschem Boden niemals wieder Krieg ausgehen sollte, beteiligte sich aktiv an diesem Verbrechen. Dabei war und ist sich der damalige und heutige Kanzler dieses Gelöbnisses und der aus der deutschen Geschichte herrührenden Verpflichtungen wohl bewusst. In ausführlichen Interviews für deutsche Fernsehstationen hat er es gesagt.

Gegenüber der *ARD* erklärte Gerhard Schröder: »Lassen Sie mich zwei Dinge sagen: Einmal, mich macht wirklich ernsthaft besorgt, dass wir in Deutschland eine Diskussion führen, als sei Krieg ein normales Mittel der Politik. Ich will hier sehr deutlich sagen, und ich bin ganz froh darüber, dass ich in Übereinstimmung mit den größten Teilen der deutschen Öffentlichkeit bin: Das darf es nie werden. Krieg ist kein normales Mittel von Politik, sondern wenn Krieg geführt werden muss, ist das das Eingeständnis, dass Politik gescheitert ist, und das will ich nicht. Und das Zweite, ich denke, dass man in Deutschland besonders sensibel ist. [...] Die Deutschen haben Erfahrung mit Kriegen, und das hat sich tief in das kollektive Bewusstsein der Deutschen eingegraben, auch bei denen, die, wie ich, Bombenkriegsnächte nicht mitgemacht haben.«

Im *ZDF* klang der Kanzler nicht weniger nachdenklich: »Man macht sich Illusionen über die Bedeutung unserer Position. Sie ist sehr grundsätzlich angelegt und sehr grundsätzlich begründet, und deswegen denke ich, dass theoretische Erwägungen diese grundsätzliche Position jedenfalls nicht verändern können. Wir haben immer deutlich gemacht, dass wir alles tun wollen, aber auch wirklich alles tun wollen, um einen Krieg zu vermeiden. [...] Die Zustimmung zu dieser Position wächst. [...] Und insoweit, denke ich, sollten wir alle ein Interesse daran haben, auch in unseren öffentlichen Debatten nicht dazu beizutragen, dass Krieg wieder ein, na ja, fast normales Mittel der Politik wird. Das darf es nicht sein. Und ich denke, dass gerade die Deutschen wissen, warum das nicht sein darf, und deswegen auch verstehen, warum wir ganz besonders sensibel sind.«

Beeindruckende Sätze! Doch gesagt wurden sie nicht im März 1999, als die deutschen Tornados in der ersten Staffel der NATO-Luftgeschwader gegen Belgrad flogen – damals sprach der Zitierte vielmehr davon, dass die Deutschen aufgerufen seien, »eine friedliche Lösung im Kosovo auch mit militärischen Mitteln durchzusetzen«. Die zitierten Äußerungen Schröders sind jüngeren Datums, sie stammen vom 29. Januar 2003, als er ein weiteres Mal die begrüßenswerte Entscheidung begründete, dass sich Deutschland nicht an einem Krieg gegen den Irak beteiligen werde.

Auch in der Folgezeit hat der Kanzler diese Antikriegshaltung wiederholt bekräftigt, darunter in der Bundestagsdebatte vom 13. Februar, als er es als »die vornehmste Aufgabe der Politik« bezeichnete, »Kriege zu verhüten«.

Nachdrücklich beschwor er das »Entscheidungsmonopol« des UN-Sicherheitsrates, und ganz im Duktus der Friedensbewegung unterstrich er, dass an die Stelle der Stärke des Rechts nicht das Recht des Stärkeren treten dürfe. Nicht ohne seine – öffentlich bestrittene – Billigung nahmen bekanntlich sein Stellvertreter in der Partei, Parlamentspäsident Wolfgang Thierse, und mehrere Minister seiner Regierung an der Berliner Friedendemonstration vom 15. Februar teil – fast verborgen in der Menge und doch im Zentrum der Medienaufmerksamkeit, so, als wäre die überwältigende Manifestation ihr Werk und Verdienst gewesen.

Ob dieser Haltung ist man schon fast versucht, Schröder und die Seinen zu beglückwünschen, wären da nicht die Überfluggenehmigungen für die amerikanischen und britischen Kriegsflugzeuge, der Aufmarsch der Bundeswehrschutztruppen vor den US-Stützpunkten, die »Fuchs«-Spürpanzer in Kuwait, die »Patriot«-Raketen in der Türkei, die deutschen Offiziere in den »Awacs«-Maschinen, die Bundesmarine am Horn von Afrika und – nicht zu vergessen – die mit Unterschrift besiegelte Anerkennung des Krieges als »letztes Mittel« der Politik, die starke Zweifel an der Dauer und Ernsthaftigkeit der Schröderschen Antikriegshaltung wecken.

Doch unterstellen wir einmal, die diplomatischen Kriegsverhinderungsaktionen Schröders und seine friedliebenden Äußerungen seien ohne Falsch, sondern ganz aufrichtig, der

Kanzler meine also, was er sage. Dann stellen sich zumindest zwei Fragen:

Erstens, warum hat die rot-grüne Regierung 1999 zum Krieg der von den USA geführten NATO gegen Jugoslawien eine völlig andere, scharfmacherische Haltung bezogen, das Recht des Stärkeren an die Stelle der Stärke des Rechts gesetzt und die Aggressionsteilnahme u. a. mit dem Hinweis auf die Lehren der deutschen Geschichte begründet (siehe Außenminister Fischers wahnwitzige Rechtfertigungslüge, es gelte ein neues Auschwitz zu verhindern)?

Zweitens, was hat den Berliner Sinneswandel, wenn es denn ein solcher ist, bewirkt? Waren es die im September 2002 und im Februar 2003 bevorstehenden Wahlen im Bund sowie in Hessen und Niedersachsen? Waren es die von denen der USA abweichenden eigenen strategischen Interessen in den Ölregionen vom Persischen Golf bis zum Kaspischen Meer und bis nach Zentralasien? Oder war es gar die durchaus berechtigte Furcht, Deutschland könne endgültig zum unterwürfigen Vasallen der USA in der von Bush senior und junior angestrebten neuen Weltordnung werden?

Tatsache ist, dass sich die Haltung der deutschen Außenpolitik zum Krieg gegen den Irak wesentlich von der zur Aggression gegen Jugoslawien unterscheidet. Sollte sie unverstellt und dauerhaft sein, sollte sie sich tatsächlich, wie der Kanzler nun verkündet, aus »der Erfahrung mit Kriegen« speisen, die »sich tief in das kollektive Bewusstsein der Deutschen eingegraben« hat, dann ist es an der Zeit, auch die deutsche Position zum Krieg gegen Jugoslawien zumindest im nachhinein zu revidieren. Es gibt keine gerechten Angriffskriege, hier darf man nicht mit zweierlei Maß messen.

Niemand kann die Erschlagenen von Belgrad und Pancevo, von Aleksinac und Varvarin, von Nis und Korisa wieder zum Leben erwecken, aber zumindest ihren Hinterbliebenen und dem zu Unrecht dämonisierten serbischen Volk muss Gerechtigkeit widerfahren. Was zu geschehen hat, haben Friedensnetzwerke und -organisationen – um nur zwei zu nennen: das Europäische Friedensforum und die Berliner Friedenskoordination – wiederholt formuliert: Zahlung von Kriegsreparationen und Schadensersatz an die Kriegsopfer, Bestrafung der NATO-

Verantwortlichen für den Aggressionskrieg, Auflösung des unter Bruch der UN-Charta installierten Haager Straftribunals der Angreifer gegen die Angegriffenen und damit auch die sofortige Einstellung des schändlichen Prozesses gegen den ehemaligen jugoslawischen Präsidenten Slobodan Milosevic.

Ich bin nicht so lebensfremd anzunehmen, dass die Bundesregierung den vierten Jahrestag zum Anlass nimmt, ihre Haltung zum Überfall auf Jugoslawien zu korrigieren und gemeinsam mit ihren Mittätern dem Verlangen nach Wiedergutmachung nachzukommen. Der skandalöse Schriftsatz, mit dem die Anwälte der Bundesregierung die Klage von Überlebenden und Hinterbliebenen der Terrorangriffe auf das Städtchen Varvarin am Pfingstsonntagmorgen 1999 mit fadenscheinigen Argumenten zurückweisen, bestätigt das nur ein weiteres Mal. Aber die Forderungen bleiben bestehen und werden erhoben werden, solange sie nicht erfüllt sind, immer und immer wieder, nicht nur zu Jahrestagen.

März 2003

145

Krenz wird nicht zum Schabowski

Pastor Gauck, um den es recht still geworden war, hat sich wieder einmal gemeldet. Zum 14. Jahrestag des Falls der Mauer sprach er sich strikt gegen eine vorzeitige Haftentlassung des ehemaligen DDR-Staatsratsvorsitzenden und SED-Generalsekretärs Egon Krenz aus. Der frühere Bundesbeauftragte für die Unterlagen des Ministeriums für Staatssicherheit reagierte damit auf den Beschluss des Berliner Landgerichts, den Antrag des in der Haftanstalt Berlin-Plötzensee einsitzenden Egon Krenz auf Befreiung von der Haft abzulehnen. Das Gesetz sieht diese Möglichkeit ausdrücklich vor, und die Leitung der Justizvollzugsanstalt hatte den Antrag befürwortet.

Für das Gericht aber wog schwerer, dass der Missetäter keine Reue für seine Untaten zeigte.

Wie die Richter bewies auch Gauck, obwohl gelernter Theologe, wenig Nächstenliebe. Offenbar rechnet er das Ex-Staatsoberhaupt partout nicht zu seinen »Nächsten«. Dann hätte er aber wenigstens die biblische Weisung »Liebet eure Feinde« beherzigen können. Doch Gauck ist zwar möglicherweise bibelfest. Bibeltreu aber ist er nicht. Sein 1989 nach innigen Kontakten mit dem MfS urplötzlich entfesselter Hass ist grenzenlos. In einer vielgelobten Rede zum zehnten Jahrestag des Mauerfalls durfte er ihm vor erlauchtem Publikum Ausdruck verleihen und die DDR mit dem Hitlerregime gleichsetzen. Der Auftritt als Vertreter der Ossis im Schauspielhaus am Berliner Gendarmenmarkt war ein Höhepunkt seiner Karriere. Er genoß ihn in der Gesellschaft von Schröder und Bush senior. Anwesend war auch Gorbatschow, der einst in der Befehlskette des Warschauer Vertrages bei der Verteidigung der Westgrenze der sozialistischen Staatengemeinschaft weit vor Krenz und ganz oben stand, den »wahren Heldenmut« der Grenzsoldaten beim »Schutz des ersten sozialistischen Staates auf deutschem

Boden« würdigte und Egon Krenz heftig schalt, als dieser am 9. November 1989 in eigener Entscheidung den Einsatz von Gewalt untersagte.

Mit dieser Anweisung hat Krenz ein Blutbad an der gemauerten Staatsgrenze verhindert und sich um Deutschland und um den Frieden in Europa verdient gemacht. Das Vaterland indes hat ihm das historische Verdienst nicht gedankt. Als sich am Vorabend des zehnjährigen Jubiläums vor dem Schöneberger Rathaus die Ex-Präsidenten Bush und Gorbatschow feiern ließen, bestätigte 200 Kilometer südlich der Leipziger Bundesgerichtshof das erstinstanzliche Urteil, mit dem der Ex-Staatsratsvorsitzende wegen »Totschlags von vier Flüchtlingen an der innerdeutschen Grenze« zu einer Freiheitsstrafe von sechseinhalb Jahren verurteilt worden war. Am 13. Januar 2000 trat er die Haft an, er befindet sich im offenen Vollzug, mehrere Gesuche um vorzeitige Entlassung wurden abgelehnt.

Eine der Lieblingsbegründungen für die Ablehnung besteht in der Behauptung, dass es der Bevölkerung, speziell dem »rechtstreuen Bürger« nicht zuzumuten sei, Krenz auf freien Fuß zu setzen. Überzeugend klingt das nicht, wenn man bedenkt, was dem »rechtstreuen Bürger« in der Bundesrepublik Deutschland in der Gegenwart, von der Globke-Vergangenheit ganz zu schweigen, alles zugemutet wird: Steuerbetrüger und Geldschieber als Parteiehrenvorsitzende, Antisemiten als Bundestagsabgeordnete, ein offenkundiger Lügner als Ministerpräsident eines Landes, Sozialräuber als Kanzler und Minister. Zugemutet wird dem Bürger auch ein Oberstaatsanwalt namens Bernhard Jahntz, der in den 80er Jahren mit den Ermittlungen gegen die Richter, Staatsanwälte und Henker des faschistischen »Volksgerichtshofes«, auf deren Konto 5.243 Todesurteile kamen, beauftragt war und kein einziges Urteil erwirkte, als Ankläger im Prozess gegen Krenz dagegen elf Jahre Haft forderte.

Auch das Berliner Landgericht legt ganz unterschiedliche Zumutsbarkeitskriterien an. Anderenfalls hätte es nicht nahezu zur gleichen Zeit, zu der es schon einmal eine weitere Inhaftierung des Ex-Staatsratsvorsitzenden verfügte, einen Schwerkriminellen, laut Krenz einen »Knastkollegen« in Plötzensee, auf Bewährung aus der Haft entlassen, der danach eine Berliner

Bank überfiel, einen Bus kaperte und Geiseln nahm. Nein, um Rücksichtnahme auf des Volkes Meinung geht es den politischen Strafverfolgern nicht. Den wahren Grund für ihre Haltung hat Krenz vor einiger Zeit richtig benannt: »Zur Abrechnung mit der DDR gehört die Verunglimpfung: Ein Staat, an dessen Spitze ›Totschläger‹ gestanden haben sollen, muss zwangsläufig kriminell gewesen sein. Jemand, der seine politische Vergangenheit nicht auf den Müllhaufen wirft, scheint als ›Beweis‹ für solchen Unsinn besonders geeignet zu sein. Ich beklage mich nicht, und ich wundere mich nicht einmal darüber. Die BRD-Oberen verzeihen nie, dass es mit der DDR einen deutschen Staat gegeben hat, auf den sie 40 Jahre lang keinen Zugriff hatten.«

Zu den »BRD-Oberen« gehört auch der Regierende Bürgermeister des Landes Berlin, er ist befugt, die Freilassung von Krenz zu veranlassen. Der frühere, Diepgen, hat es offen abgelehnt. Der amtierende, Wowereit, Koalitionspartner der PDS, verhält sich in der Sache nicht anders.

Apropos PDS: Was ist eigentlich aus dem Beschluss des Geraer Parteitages vom Oktober 2002 geworden, der »an die PDS-Fraktion im Berliner Abgeordnetenhaus und an die PDS-Senatoren im Berliner Senat die Aufforderung (richtete), sich für die unverzügliche Freilassung von Egon Krenz einzusetzen«?

Darüber hört man wenig und von einer Wirkung schon gar nichts.

So bleibt denn der ehemals höchste Repräsentant der DDR ein politischer Gefangener. Wie lange noch? Wenn es nach Gauck ginge, dann bis zum letzten Tag seiner Freiheitsstrafe. Den Grund für seine neuerliche Ablehnung hat der Ex-MfS-Aktenverweser so formuliert: »Wenn Egon Krenz noch immer kein Gefühl für seine Schuld hat, dann muss er im Gefängnis dafür büßen.«

So hätten es der gewesene Großinquisitor und Seinesgleichen gern: der Gefangene auf den Knien und im Büßergewand. Doch diesen Gefallen wird Krenz ihnen nicht tun. Zum Schabowski wird er nicht.

November 2003

Die Kommunisten sind schuld

Nun endlich wissen wir, wer schuld ist an der deutschen Misere, an der Massenarbeitslosigkeit, an Hartz IV und der Abschaffung der Arbeitslosenhilfe, getarnt als Arbeitslosengeld 2, an der Agenda 2010 und am schändlichsten Sozialabbau in der Geschichte der Bundesrepublik. Die ökonomische Wunderwaffe des Kanzlers, Wolfgang Clement, hat es uns verraten. Wie schon so oft im vergangenen Jahrhundert sind es auch dieses Mal die Kommunisten beziehungsweise ihre Hinterlassenschaften. Die Montagsdemonstrationen scharf verurteilend, erklärte der Superminister wortwörtlich: »Womit wir in Deutschland als empfindlichstes Übel zu tun haben, gehört zur Hinterlassenschaft der Kommunisten: eine marode Staatswirtschaft, deren Zusammenbruch geradewegs in die Arbeitslosigkeit führte.«

Allzu neu ist diese Beweisführung nicht. Sie erinnert frappant an Äußerungen Kohls, Blüms und Waigels zu Beginn der 90er Jahre zur Begründung der Massenarbeitslosigkeit im Osten Deutschlands, wobei sie die Millionen Arbeitslosen im Westen des Vater- und Mutterlandes sicherheitshalber ignorierten. Warum sollte, so meint Clement offenkundig, was sich damals als Argumentationsmuster bewährte, nicht auch heutzutage, am Vorabend des 15. Jahrestages der »Friedlichen Revolution« in der DDR, als Erklärung dienen? Ihm fällt nichts Besseres ein, und so muss die »Hinterlassenschaft der Kommunisten« erneut als Ursache allen Übels herhalten.

Wenn wir so dank Clement, einem hervorragenden Vertreter des Kapitalismus in seiner neoliberalen Ausprägung, schon in der Vergangenheit und bei »Hinterlassenschaften« angelangt sind, wächst die Versuchung zu fragen, was denn der Kapitalismus 1945 den Antifaschisten, Sozialisten und Kommunisten im Osten Deutschlands »hinterlassen« hatte? Wir widerstehen ihr, denn das schreckliche Erbe ist bekannt. Und was haben

»die Kommunisten« 1989 tatsächlich hinterlassen? Laut Otto Graf Lambsdorff, einem der Vorgänger des jetzigen Wirtschaftsministers, haben vierzig Jahre Misswirtschaft der SED dem Osten Deutschlands mehr Schaden zugefügt als der Zweite Weltkrieg. Ganz so weit mag Wolfgang Clement nicht gehen, aber das Lied vom Zusammenbruch der »maroden Staatswirtschaft« singt er ebenso gern wie der Graf.

Dabei stellt er sich dümmer, als er ist. Er weiß sehr wohl, dass der Zusammenbruch der ostdeutschen Wirtschaft nicht das Werk der Kommunisten, sondern das Ergebnis der überstürzten Einführung der DM und der zerstörerischen Tätigkeit der Treuhandanstalt war. Mit der Währungsunion wurden die Industriebetriebe der DDR schlagartig und ungeschützt der Konkurrenz des bundesdeutschen und des Weltmarktes ausgeliefert. Für ihren Export in das kapitalistische Ausland, zu dem bis dahin auch die BRD gehörte, erlöste die DDR-Industrie von einem Tag zum anderen bei gleichbleibenden Kosten nur noch weniger als ein Viertel: statt wie nach dem bis dahin bestehenden internen Verrechnungskurs 4,40 Mark der DDR nur noch eine DM. Um sich die Auswirkungen auch nur annähernd zu vergegenwärtigen, genügt es, sich daran zu erinnern, mit welchem Wehgeschrei beispielsweise die Chefs von Daimler und BMW die Aufwertung des Euro gegenüber dem Dollar um fünf bis zehn Prozent begleiteten. Was aber würde geschehen, wenn der Euro von einem Tag zum anderen um mehr als 400 Prozent aufgewertet würde?

Für Karl-Otto Pöhl, den damaligen Bundesbankpräsidenten, war die Währungsunion »eine Roßkur, die keine Wirtschaft aushält«. Und tatsächlich: Die auf den Export orientierte Industrie der DDR kollabierte. Den Rest besorgte die Treuhand. Sie erwies sich nicht nur als ein Instrument der entschädigungslosen Enteignung der Bürgerinnen und Bürger der DDR und einer gigantischen Eigentumsumschichtung von Ost nach West, sie war zugleich eine seelenlose Einrichtung zu einer weltweit bis dahin nicht registrierten Vernichtung von Arbeitsplätzen. Von 1989 bis 1991 schrumpfte die ostdeutsche Industrieproduktion auf ein Drittel, drei von ehemals vier Arbeitsplätzen in Industrie und Bergbau wurden vernichtet. Sollte Minister Clement in diesen Fragen wider Erwarten Wissenslücken haben, dann könnte er sich jederzeit Rat holen, etwa bei Horst Köhler, dem heutigen Bundespräsidenten, der zur Zeit des Zusammenbruchs der DDR-Wirtschaft als Staatssekretär in Theo Waigels Finanzministerium verantwortungsvolle Aufgaben bei der Vorbereitung der Währungsunion und bei der Beaufsichtigung der Treuhand zu lösen hatte. Wenn dieser wollte, könnte er gewiss schöne Beispiele nennen, wie hart um die Beseitigung der ostdeutschen Industrie gerungen wurde, unter anderem durch die segensreiche Arbeit der Liquidatoren. Falls das Staatsoberhaupt sich zu derartiger Auskunft nicht bereit erklären sollte, könnte sich der Wirtschaftsminister gleich die Bundestagsdrucksache 12/8404 vorlegen lassen, die den »Bericht des Sekretariates des 2. Untersuchungsausschusses ›Treuhandanstalt‹ nach Artikel 44 des Grundgesetzes« enthält. Hier fände er ziemlich exakte, wenn auch unvollständige Angaben zur Art und Weise der Liquidation von 3.244 DDR-Betrieben im Zeitraum von Juni 1991 bis Februar 1994. Allein dadurch wurden Hunderttausende von Arbeitern und Angestellten in die Arbeitslosigkeit gestoßen.

Diejenigen, die im Auftrag der Treuhandanstalt das Geschäft der Beseitigung der ostdeutschen Industrie besorgten, eben die Liquidatoren, wurden fürstlich entlohnt. Im Durchschnitt erhielten sie Honorare von 1.551.576 DM, die zehn höchstbezahlten, die sogenannten Top-Liquidatoren, kassierten bis Februar 1994 zusammen 121.728.998 DM, was einen Durchschnitt von 12,1 Millionen Mark ergibt.

Die von der Treuhand bestellten Liquidatoren lebten gewissermaßen schon nach dem Grundprinzip des Kommunismus: »Jeder nach seinen Leistungen, jedem nach seinen Bedürfnissen«, zumindest was den zweiten Teil dieser Maxime betraf. Diesen Akt von vorgezogenem Kommunismus hatte der Sozialdemokrat Wolfgang Clement natürlich nicht im Auge, als er die Verantwortung für das »empfindlichste Übel« in Deutschland auf die »Hinterlassenschaft der Kommunisten« schob.

Wie überzeugend seine Argumentation allerdings wirkt, ist in den letzten Wochen, vor allem montags, auf den Straßen und Plätzen in ostdeutschen und mittlerweile auch in westdeutschen Städten zu beobachten.

April 2004

Große und kleine Übeltaten

Ein Herr F. wurde schwerer Schandtaten überführt und blieb trotzdem ein höchst angesehener Mann. Seinem Ansehen schadete es nicht, als er log, dass sich die Balken bogen. Aber als er anfing, sich einmal der Wahrheit zu nähern, kam er in Verruf.

Denn auf dem Berliner Narrenschiff ist alles möglich, um so mehr, wenn die ersten schäumenden Wogen des heranziehenden Wahlkampfes über das Deck schlagen. Schwarze und Gelbe, insgeheim selbst einige Rosa-Rote und Grüne sowie meinungsbildende Presseorgane von *Bild* bis *Spiegel* fordern mehr oder weniger offen den Rücktritt des bislang »beliebtesten deutschen Politikers« Joseph Fischer. Sie alle sind sich einig: Mit der Praxis der Visa-Vergabe in Kiew und anderswo hat der Außenminister seine Pflichten verletzt und Unheil über Deutschland gebracht. Fischer selbst hat Fehler eingeräumt und die politische Verantwortung übernommen. Eine Demission jedoch lehnt er, unterstützt vom Kanzler, ab. Warum sollte er auch zurücktreten? Der Obergrüne hat doch schon für wesentlich schwerere Vergehen Verantwortung zu tragen. Was sind schließlich die Versäumnisse bei der Kontrolle der Visa-Vergabe im Vergleich zur aktiven Mithilfe bei der Vorbereitung und Durchführung eines Angriffskrieges?

Doch damals, Ende der 1990er Jahre, verlangte außer einigen Linken und Friedensbewegten niemand Fischers Rücktritt, für den es mehr als genug Gründe gegeben hätte: Als Erfinder des »serbischen Faschismus« und der neuen Auschwitz-Lüge gehörte Fischer zu jenen Politikern, die vehement eine militärische Intervention der NATO in den jugoslawischen Bürgerkrieg forderten und die Kriegspropaganda in Deutschland zu seit dem Zweiten Weltkrieg nicht gekannten Höhen oder Tiefen führten.

Schon 1995, als in seiner Partei eine heftige Debatte um deutsche Bundeswehreinsätze in Bosnien geführt wurde, sprach er in einem zehnseitigen Brief an seine grünen Parteifreunde vom »Wiederauftauchen eines blutigen völkischen Faschismus« in Jugoslawien und forderte eine Intervention in Bosnien. Wörtlich schrieb er: »Ich habe die Position der Interventionspflicht bei Völkermord – es ist für mich der unveräußerliche Kern des Antifaschismus und seines Vermächtnisses des ›Nie wieder Auschwitz‹ – schon immer vertreten.« Fischer ist nicht der Geburtshelfer, er ist der leibliche Vater der neuen Auschwitz-Lüge und des zum Krieg verpflichtenden Antifaschismus, mit denen später der NATO-Krieg gegen Jugoslawien legitimiert werden sollte.

Nachdem er Außenminister geworden war, bediente er sich immer wieder dieser selbstgemachten Legitimation. Er machte die »serbische Sonderpolizei« zur »SS von Herrn Milosevic« und die Albaner zu unter Schock stehenden Leuten, »weil sie denken, sie sind plötzlich im Film ›Schindlers Liste‹ aufgewacht«. Mehr noch: »Es war ein wirklicher Schock, dass Milosevic bereit war, zu handeln wie Stalin und Hitler.« Deshalb war der »Faschismus« des jugoslawischen Präsidenten für den deutschen Außenminister auch kein gewöhnlicher Faschismus: »Was Milosevic treibt, ist eine völkische Politik, es ist eine rohe, barbarische Form des Faschismus.« Damit befand sich Fischer in schönster Übereinstimmung mit seinem fürs Militärische und für Greuelmeldungen zuständigen Kabinettskollegen Rudolf Scharping. Dieser hatte Wochen vor Kriegsbeginn mit einer Gruppe von Bundeswehrsoldaten die Gedenkstätte Auschwitz besucht und dort erklärt: Um ein neues Auschwitz zu verhindern, »ist die Bundeswehr in Bosnien« und wird »wohl auch in das Kosovo gehen«.

Als die deutschen Tornados am Abend des 24. März 1999 in den Himmel über Jugoslawien eindrangen, um den NATO-Kampfflugzeugen freies Schussfeld zu schaffen, wurde die neue Auschwitz-Lüge zur Rechfertigung dieses Gewaltaktes gebraucht.

Peter Gingold, Holocaust-Überlebender und Bundessprecher der Antifaschisten, stellte dazu fest: »Mit ›Nie wieder Auschwitz‹ führte Deutschland seit dem 24. März Krieg. Auschwitz, Holocaust! Welch ungeheuerliche Verharmlosung, Banalisierung dieses in der Weltgeschichte einmaligen entsetzlichsten Verbrechens gegen die Menschheit! [...] Dies mit dem

Bürgerkrieg im Kosovo, wie grausam er auch sein mag, gleichzusetzen! Eine neue Art der Auschwitzlüge!«

Niemals hat sich der deutsche Außenminister dafür entschuldigt, dass er den Holocaust so schamlos relativiert und verharmlost hat. Niemand von den Schwarzen und Gelben hat deshalb jemals seinen Rücktritt verlangt.

Ebensowenig wurde der deutsche Außenminister für die »Rambouillet-Lüge« zur Rechenschaft gezogen; mit der er wesentlich dazu beigetragen hat, Deutschland in den Krieg zu manövrieren. Im Schloss Rambouillet bei Paris, in dem der Kosovo-Konflikt angeblich friedlich beigelegt werden sollte, wurde Jugoslawien im Februar/März 1999 unter Kriegsandrohung vor das unannehmbare Ultimatum gestellt, einer militärischen Okkupation seines gesamten Territoriums und einer späteren Abtrennung der südserbischen Provinz Kosovo und Metohien zuzustimmen. Als zuständiger Minister pries Fischer den Abkommensentwurf der NATO als »Friedensplan«, seinen wahren Inhalt, enthalten im Annex B, Ziffer 8, hielt er jedoch auch vor der deutschen Öffentlichkeit geheim, täuschte sie also.

Selbst später, auf einem Sonderparteitag der Grünen Anfang Mai 1999, beteuerte er wortreich, er habe den jugoslawischen Präsidenten Milosevic persönlich förmlich angefleht, den »Friedensplan« von Rambouillet zu akzeptieren. In Wirklichkeit hatte er ihn aufgefordert, eine bedingungslose Kapitulation zu unterzeichnen. Die Ablehnung, die zum Vorwand für den NATO-Überfall wurde, war vorprogrammiert.

Niemals hat sich Fischer dafür entschuldigt, dass er die Öffentlichkeit hintergangen und geholfen hat, den Zünder für den Krieg scharf zu machen? Niemand von denen, die heute wie Edmund Stoiber erklären, durch die Visa-Praxis seien »die Sicherheitsinteressen unseres Landes massiv beeinträchtigt worden«, hat damals den Rücktritt des Außenministers gefordert.

Leichtfertig Einreisevisa ausstellen zu lassen, ist in der Bundesrepublik Deutschland offenkundig ein größeres Übel als Auschwitz zu banalisieren und einen Angriffskrieg vorzubereiten und zu rechtfertigen.

März 2005

Wolf und der Oktoberklub

»Man macht sich lächerlich, spannt man sein Ziel zu weit.« Westerwelles 18-Prozent-Spaßpartei hat bewiesen, dass dieser Spruch von Molière noch heute gilt. Doch was würde der Begründer der klassischen französischen Komödie wohl zu jemandem sagen, der das einst schon erreichte Ziel aufgibt und das neue kürzer spannt?

Ist eine Partei vorstellbar, die in stolzem Tone ankündigt, bei bevorstehenden Wahlen ein Drittel weniger Stimmen als bei den vorangegangenen erhalten zu wollen? Eine Partei, die darum kämpft, statt wie zuletzt nahezu 370.000 nur noch etwa 260.000 Wähler für sich zu gewinnen? Eine solche Partei kann es nicht geben, sollte man meinen. Aber es gibt sie. Im Berliner Roten Rathaus regiert sie gemeinsam mit den Sozialdemokraten: die Partei des Demokratischen Sozialismus (PDS). Ihr stellvertretender Landesvorsitzender Klaus Lederer erklärte in einem Interview der *jungen Welt*, bei der Wahl zum Berliner Abgeordnetenhaus 2006 wolle die Partei 15 bis 18 Prozent der Stimmen erreichen. Welch hehres Kampfziel! Im Jahre 2001 stimmten 366.292 Berliner und damit 22,6 Prozent der Wähler für die demokratischen Sozialisten. Jetzt dümpelt die Partei in den Umfragen bei elf bis zwölf Prozent potentieller Wähler, von denen viele, darunter vor allem ältere parteitreue Genossen und Sympathisanten, nur mit argen Bauchschmerzen ihr Kreuz an der entsprechenden Stelle machen würden.

Die Ursachen für diesen jähen Absturz der PDS in der Hauptstadt sind bekannt. Es ist nicht allein ihre Beteiligung an der rosa-roten Regierung, sondern ihr tagtägliches Verhalten: ihre Servilität, ihr Anbiedern an die SPD des Herrn Regierenden Wowereit.

Das begann mit dem unsäglichen Koalitionsvertrag, dessen geschichtsverfälschende Präambel die Verantwortung für das Leid der Menschen im Kalten Krieg »ausschließlich bei den Machthabern in Ost-Berlin und Moskau» sieht und dessen

Kern darin besteht, die von der früheren Berliner CDU- und SPD-Politik angehäuften immensen Schulden durch rigorosen Sparkurs und Sozialabbau zu verringern. Nach dreieinhalb Jahren rosa-roter Senatstätigkeit können die Einwohner Berlins, vor allem die sogenannten Unterschichten – ein Begriff, der sich in Deutschland wieder eingebürgert hat – ein Lied davon singen, wie statt des Schuldenberges die sozialen Leistungen abgebaut wurden.

Diese Senatspolitik wird auch nicht dadurch besser, dass die PDS-Senatoren einige soziale Grausamkeiten abgeschwächt haben. Sie verkünden zum Beispiel nicht ohne Stolz, dass aufgrund der energischen Haltung der Sozialsenatorin Knake-Werner (PDS) weniger ALG-II-Empfänger zwangsumziehen müssten, als es Finanzsenator Sarrazin (SPD) vorgesehen habe. Da werden die vielen Tausende, die trotzdem zum Umzug gezwungen werden, laut jubeln. Ebenso die Berliner, die sich das dank der PDS wieder eingeführte, aber teurer gewordene 32-Euro-Sozialticket für die öffentlichen Verkehrsmittel nicht leisten können und nun hoffen dürfen, eines der gebrauchten Fahrräder abzubekommen, die die Diakonie mit ihrer Aktion »Rad statt ratlos« zur Verfügung stellt. Vielleicht wird dieser Jubelgesang dann von den kostenlos auftretenden Berliner Symphonikern musikalisch unterstützt, denen der PDS-Parteitag Anfang 2004 noch andächtig lauschte und denen der Senat jetzt alle Zuwendungen strich, obwohl, wir erinnern uns gut, der Spitzenkandidat der PDS vor der Wahl versprochen hatte, bei Bildung und Kultur noch was draufzulegen.

Doch hier wie in anderen Bereichen hat sich die Berliner PDS-Spitze der SPD gebeugt, um ja nicht die Koalition zu gefährden. Mit diesem Scheinargument hat sie sich nun auch entgegen dem Versprechen im Wahlkampf für das Europäische Parlament 2004 und dem eindeutigen Beschluss des Potsdamer PDS-Parteitages im gleichen Jahr geweigert, den Koalitionspartner im Senat wenigstens zur Stimmenthaltung bei der Abstimmung über die EU-Verfassung im Bundesrat zu zwingen, wie es die Koalitionsvereinbarung für den Fall unterschiedlicher Auffassungen vorsieht. Die Sprecherin der Kommunistischen Plattform der PDS, Ellen Brombacher, hat dieses Verhalten zu Recht als »Wahlbetrug« charakterisiert. Wirtschaftssenator Harald Wolf (PDS) schert das wenig, er bleibt bei seiner merkwürdigen Begründung: Es gehe nicht um »Sag mir, wo du stehst«, sondern auch darum, »welchen Weg du gehst«. Ein schönes Lied, nur Wolf singt es falsch und unvollständig. Auf dem Weg, auf dem er und seine Getreuen gehen, erleidet die gesamte Partei schweren Schaden.

Aus tausend guten Gründen hat die PDS Hartz IV als »Armut per Gesetz« verurteilt. Aber Wolf, Landesvorsitzender Liebich und andere fühlen sich in der Regierungsverantwortung berufen, das Armutsgesetz, Sozialraub und miserabel bezahlte Zwangsarbeit durchzusetzen. Dieses Verhalten hat es den anderen Parteien erleichtert, ja geradezu erlaubt, ihre asoziale Politik zu betreiben.

Dass es die Gruppe um Wolf und Liebich ist, deren Verhalten die PDS in die beklagenswerte Glaubwürdigkeitskrise geführt hat, spricht sich herum. Unbeantwortet ist bisher allerdings die Frage, welcher Teufel diese Leute reitet, eine solche selbstzerstörerische Politik zu betreiben.

Manche Kritiker billigen den PDS-Koalitionären redliche Motive zu. Eine Partei, die fast ein Viertel der Wählerstimmen gewonnen habe, könne sich nun einmal der Regierungsverantwortung nicht entziehen, und in Koalitionen müsse man schließlich auch Kröten schlucken. Die berühmten Sachzwänge! Die stellvertretende PDS-Vorsitzende Dagmar Enkelmann hat vor einiger Zeit auf die Frage, wie die PDS mit den sogenannten Sachzwängen umgeht, zutreffend die Notwendigkeit betont, »dass wir auf allen politischen Ebenen als sozialistische Partei erkennbar bleiben«. Doch ist die Berliner PDS unter ihrer jetzigen Führung noch als sozialistische Partei erkennbar?

Andere sehen die Ursache für den Wolf-Liebich-Kurs in der Abgehobenheit von der Parteibasis, im Bestreben, um jeden Preis einflussreiche Ämter auszuüben. Macht korrumpiere, und die Sucht, sich politische Pfründe zu sichern, vernebele den Verstand. Aber kann man so dumm sein, mit einer wählerabstoßenden Politik ständig an dem Ast zu sägen, auf dem man sitzt?

Besorgte Anhänger der Partei argwöhnen, in die Berliner PDS-Führung könnten V-Leute eingedrungen sein und einzelne Mitglieder vom Verfassungsschutz gesteuert werden.

Nach herrschender Meinung sind die Linken allemal eine größere Gefahr als die Rechten. Nach wie vor überwacht das Verfassungsschutzamt die PDS; da liegt die Vermutung nahe, dass es sie auch mit V-Leuten unterwandert – nicht anders als die NPD, wie durch den gescheiterten Verbotsantrag ans Licht kam. Aber mit konspirativen Hilfsdiensten wären schwerlich die Grobheiten zu vereinbaren, mit denen sich zum Beispiel der ursprünglich von den Grünen kommende Wirtschaftssenator nicht nur beim antisozialen »Sparen« hervorgetan, sondern auch bei der systematischen Entstellung der DDR-Geschichte aufgewartet hat.

Erinnert sei nur an seine Rede in der Gedenkstätte Plötzensee am Jahrestag des gescheiterten Attentats auf Hitler vom 20.Juli 1944, in der er sich nicht entblödete, eine Kontinuität zwischen dem Widerstand gegen den Hitlerfaschismus, dem 17. Juni 1953 und dem November 1989, dem Ende der DDR, herzustellen.

Vielleicht verhält es sich einfach so, dass Wolf und die Seinen innerlich der SPD immer näher gerückt sind und ihren Frieden mit dem Kapitalismus geschlossen haben. Doch warum wechseln sie dann nicht gleich zur SPD, die vigilanten und biegsamen Genossen beste Chancen bietet?

Nein, die Frage nach den Ursachen der Berliner PDS-Politik bleibt vorerst unbeantwortet. Worin sie auch bestehen mögen, mit dem gegenwärtigen Kurs wird die Partei bei der kommenden Wahl zum Abgeordnetenhaus weit nach unten rutschen – erst recht, wenn sich Wolf wieder als Spitzenkandidat bewerben sollte. Auf dem dann fälligen Landeswahlparteitag werden die Berliner Symphoniker schwerlich aufspielen. Für sie könnten die Altgedienten des »Oktoberklubs« in die Bresche springen und dem Wirtschaftssenator das Lied vorsingen, das er in seiner Argumentation für die faktische Zustimmung zur EU-Verfassung verkürzt benutzte. Das aber lautet so: »Sag mir, wo du stehst und welchen Weg du gehst! Wir haben ein Recht darauf, dich zu erkennen, auch nickende Masken nützen uns nicht. Ich will beim richtigen Namen dich nennen, und darum zeig mir dein wahres Gesicht!«

Mai 2005

Manna für
DDR-Aufarbeiter

Lange Zeit wanderten die Deutschen durch die Wüste sinkender Steuereinnahmen, doch plötzlich kündigten die Steuerpropheten für die kommenden zwei Jahre an, dass viele zusätzliche Milliarden Euro wie Manna vom Himmel auf das arme und mit anderthalb Billionen arg verschuldete Land fallen werden. Kaum hatte sich die wundersame Botschaft mit Windeseile verbreitet, da hob unter Regierenden wie Opponierenden ein heftiger Streit darüber an, in wessen Fleischtöpfe der Reichtum zu verteilen sei. An alles Mögliche dachten sie: an die Bundeswehreinsätze im Ausland (Beck), die Schuldenkasse (Steinbrück), die Krankenversicherungen (Merkel), die Arbeitslosenversicherung (Stoiber), die Rücknahme der Mehrwertsteuererhöhung (Opposition von Lafontaine bis Westerwelle). An die Bedürftigsten dachten sie nicht: eine notleidende Berufsgruppe, deren Tätigkeit, die Aufarbeitung der SED-Diktatur, von herausragender nationaler und gesellschaftlicher Bedeutung ist. Ihre finanzielle Lage ist prekär, und die Ursachen liegen offen zu Tage. Kein Geringerer als Hubertus Knabe, der nimmermüde Streiter gegen Kommunismus, für Freiheit und Menschenrechte, hat sie präzise und einprägsam benannt: »Mit dem wachsenden zeitlichen Abstand zur Friedlichen Revolution im Herbst 1989 hat sich das Bild der SED-Diktatur zunehmend verklärt [...], dass die [...] Vereine, Gedenkorte und Institutionen der nostalgischen Verklärung der DDR nicht ausreichend entgegenwirken können, findet seine Ursache vor allem in deren unzureichender finanzieller Unterstützung.«

Der Leiter der Gedenkstätte Hohenschönhausen steht mit seiner Klage nicht allein, mit ihm klagen: Joachim Gauck, Vorsitzender der Vereinigung »Gegen Vergessen – Für Demokratie e. V.«, Rainer Eckert, Direktor des Zeitgeschichtlichen Forums Leipzig, Rainer Eppelmann, Vorsitzender des Vorstands der

Stiftung zur Aufarbeitung der SED-Diktatur, Hunderte von Opferverbänden, Bürgerkomitees und viele andere. Ihre Klage scheint mehr als berechtigt, denn, »wir haben«, so der eben erwähnte Rainer Eckert, »was die DDR angeht, inzwischen einen hervorragenden Forschungsstand. Es handelt sich um die besterforschten Gebiete der deutschen Nationalgeschichte. Das Problem ist, es fehlen konkrete Forschungen zu einzelnen Orten, zu einzelnen Haftanstalten, zu einzelnen Lagern, zu einzelnen Gebäuden der SED und Ähnliches. Hier muss nachgelegt werden.« Der Mann hat Recht, es muss »nachgelegt«, in das System der Aufarbeitung der SED-Diktatur muss mehr Geld eingespeist werden.

Es ist ein Unding, dass in einer Zeit, in der den ALG-2-Empfängern das Geld hinterhergeworfen wird, die Bundesbeauftragte für die Unterlagen des Staatssicherheitsdienstes der DDR für ihre 2.205 Beschäftigten jährlich nur über einen Etat von 101,74 Millionen Euro verfügt.

Dringend beschleunigt werden muss die Rekonstruktion der sogenannten vorvernichteten Akten der sammelwütigen Mitarbeiter des Ministeriums für Staatssicherheit (MfS). Von 1995 bis 2005 konnten per Hand ganze 322 Sackvoll Papierschnitzel zusammengefügt werden. Die restlichen 16.278 Säcke bedürfen dringend der Bearbeitung, aber für das vom Fraunhofer-Institut entwickelte Rekonstruktionsverfahren sind nur lächerliche 57,3 Millionen Euro veranschlagt worden. Mit der doppelten Summe könnte der Schnitzelsalat wesentlich schneller ab- beziehungsweise aufgearbeitet werden, und wir alle würden endlich die ganze Wahrheit über die DDR erfahren.

Untragbar ist auch der Zustand, dass die Stasi-Unterlagenverwalterin Marianne Birthler nur über Außenstellen in Berlin, Chemnitz, Dresden, Erfurt, Frankfurt/O, Gera, Halle, Leipzig, Magdeburg, Neubrandenburg, Potsdam, Rostock, Schwerin und Suhl verfügt. Mit dem Einsatz von wenigen Millionen Euro könnten in allen Kreisstädten Birthler-Filialen eingerichtet werden, damit alle tatsächlich Ausgeforschten Einblick in ihre Unterlagen bekommen und immer mehr Menschen die betrübliche Nachricht erhalten, dass das MfS hinterhältigerweise über sie gar keine Akten angelegt hatte.

Unerträglich ist der Zustand, dass die verdienstvolle Stiftung zur Aufarbeitung der SED-Diktatur unter der Leitung des Revolutionshelden Eppelmann nur einen Jahresetat von vier Millionen Euro hat und aus dem »Vermögen der SED« 2005 lediglich ein Kapital von 55 Millionen Euro zugewiesen bekam, so, als ob sie nicht mindestens das Drei- oder Vierfache verdient hätte, um den Opferverbänden mit Rat und Tat zur Seite zu stehen.

Ein Skandal sondergleichen ist es auch, dass an der ehemaligen Grenze zwischen dem untergegangenen und dem übriggebliebenen deutschen Staat nicht mehr als vierzig geförderte Grenzmuseen bestehen. Auch hier könnte, ja müsste »nachgelegt« werden. Ist es nicht ein Hohn, dass für das Mauergedenkkonzept in Berlin bloss 38 Millionen Euro veranschlagt werden? Noch skandalöser allerdings ist es, dass Hubertus Knabe sein segensreiches Werk in Hohenschönhausen mit gerade einmal zwölf Mitarbeitern verrichten und jetzt schon drei Euro Eintritt verlangen muss. Dabei hat er nur allzu recht, wenn er feststellt: »Wenn man in der Gesellschaft wirklich etwas erreichen will, gerade bei Schulen und der nachwachsenden Generation, muss der Gedenkort sozusagen an der Haustür liegen.« Vielleicht nicht an jeder Haustür, aber mindestens in jedem Ort mit über 1.000 Einwohnern. Mit 50 bis 100 Millionen Euro dürfte hier schon allerhand zu machen sein.

Bedenkt man, wie die Abgeordneten des Bundestages aus demokratischer Verantwortung bisher die Mittel für die DDR-Aufarbeitungbranche bewilligten, dann dürfte kein Zweifel bestehen, dass sie, wenn ein entsprechender Regierungsentwurf vorläge, auch bereit sein würden, zusätzliche Steuermittel dafür zur Verfügung zu stellen und die Arbeitslosen, die von Hartz I bis IV Betroffenen und die Jahr für Jahr ärmer werdenden Rentner mit strengen Ermahnungen abzuspeisen. Sollten allerdings die Verantwortlichen der Gedenkstätten für die Opfer des Nazi-Regimes aufmucken, deren Koordinator Thomas Lutz das »dramatische Bild hinsichtlich der Finanzierung der täglichen Arbeit« und deren »Existenznöte« beklagt, dann genügt es, sie, und letztmals sei er zitiert, an die Worte des Hubertus Knabe zu erinnern, der sich im Ausschuss für Kultur und Medien des Bundestages dafür aussprach, alles dafür zu tun, über die »beiden Diktaturen« in Deutschland aufzuklären – und zwar so: »Man kann die Opfer nicht gegeneinander aufrechnen, sondern man muss sie selbstverständlich addieren. Daraus ergibt sich das ganze Grauen dieser Zeit.«

Bekanntlich fielen der Naziherrschaft durch Massenrepressalien, Eroberungskrieg und industrielle Menschenvernichtung 60 Millionen Frauen, Männer und Kinder zum Opfer. Der Mann, der den Hitler-Faschismus so bagatellisiert – ohne dass sich in dem Ausschuss auch nur eine Stimme des Protestes erhob –, darf weiter auf Staatskosten eine Einrichtung leiten, in der jährlich etwa 150.000 Menschen, vor allem herbeigekarrte Schüler und Studenten, »aufgeklärt« werden.

Zu Knabes Gästen gehörte auch Bundespräsident Horst Köhler. Er mahnte: »Wir dürfen die Erinnerung an das SED-Unrechtsregime nicht verblassen lassen.«

Der Bundestag muss mehr, viel mehr Geld dafür geben.

Dezember 2006

Der vergessliche Minister

Wolfgang Tiefensee, unser Bundesminister für Verkehr, Bau und Stadtentwicklung, zugleich Regierungsbeauftragter für die immer noch »neuen Bundesländer«, besuchte die Hans-und-Hilde-Coppi-Oberschule im Ostberliner Stadtbezirk Lichtenberg. Darüber freuten sich die Schüler, denn sie erwarteten tatkräftige Unterstützung gegen Pläne, ihre traditionsreiche Schule wegen zurückgehender Schülerzahl zu schließen. Doch daran zeigte der hohe Gast wenig Interesse, sein Thema war: Die Stasi und die DDR. Hier versteht sich der Held der »Friedlichen Revolution« von 1989, der er sich in Leipzig anschloss, nachdem sie gelaufen war, als Spezialist. So wusste er den in der Aula Versammelten zu berichten: »Die DDR war eine Alltagsdiktatur, sie wirkte nicht nur in den Zuchthäusern und bei der Bespitzelung, sondern reichte bis in das Familienleben.« Zur Illustration berichtete er, dass er aus einer Familie stammt, die gegen das DDR-System war, und dass ihm deshalb kein Studium erlaubt wurde. Als Schüler habe er oft geheult, weil er mit seiner Meinung allein gestanden habe.

Schlimm.

Die Jugendlichen lauschten andächtig, und der Minister, ganz in die Erinnerung an seine traurige Kindheit versunken, vergaß zu erläutern, wie er es bei derartiger Drangsalierung geschafft hatte, in der DDR nach erfolgreichem Studium Diplom-Ingenieur für Elektrotechnik zu werden. Entglitten war seinem Gedächtnis anscheinend auch, dass der aus der gleichen kujonierten Familie stammende Eberhard Tiefensee, gegenwärtig Dekan der Katholisch-Theologischen Fakultät an der Universität Erfurt, von 1973 bis 1979 an dieser Universität Philosophie und Theologie studieren und 1986, noch in tiefsten DDR-Zeiten, zum Dr. theol. promovieren konnte. Da er zeitweilig seelsorgerisch tätig war, wird es ihm gewiss möglich sein, seinem Bruder Wolfgang die kleine Gedächtnislücke als lässliche Sünde zu vergeben.

Angesichts der geschilderten Diskriminierung seiner Familie in der »Alltagsdiktatur DDR« vergaß der Ersatzgeschichtslehrer Tiefensee es verständlicherweise, auch nur mit einem Wort darauf einzugehen, dass in der freien Alltagsdemokratie BRD laut den Pisa-Untersuchungen immer stärker die soziale Herkunft über den Bildungsweg eines Kindes entscheidet. Selbst bei gleichem Wissensstand und Lernvermögen hat ein 15-jähriger Schüler aus wohlhabenden Elternhaus eine viermal größere Chance, ein Gymnasium zu besuchen und das Abitur als Voraussetzung für ein Studium zu erlangen, als ein Gleichaltriger aus einer sozial benachteiligten Familie. Die Gewerkschaft Erziehung und Wissenschaft nennt das »einen Schandfleck des deutschen Schulsystems«.

Aber der Minister suchte andere »Schandflecke«. Er blieb beim Thema, würdigte den Protest der Schüler gegen die Schulschließung als »Zivilcourage« und betonte: »Das wäre in der DDR unmöglich gewesen.«

In diesem Punkt ist ihm leider zuzustimmen. Wo der Minister Recht hat, hat er Recht. Allerdings vergaß er hier zu erwähnen, dass in der DDR schwerlich eine Schule wegen zunehmenden Schülermangels hätte geschlossen werden müssen. Es gab vergleichsweise viele Kinder und damit viele Schüler. Auf dem Gebiet der DDR wurden 1988 222.000 Kinder geboren. Sechs Jahre später war die Zahl auf 79.000 zurückgegangen. Statistisch wurden pro Frau gerade noch 0,77 Kinder geboren. Mit dieser Geburtenrate lag Ostdeutschland auf dem vorletzten Platz in der Welt – aber immerhin noch vor dem Vatikan.

Unter solchen Verhältnissen können die Schuldirektoren und Lehrer noch so sehr auf lernbegierige Schüler hoffen – die Klassenzimmer füllen sich nicht einmal zur Hälfte. In Leipzig, wo Wolfgang Tiefensee vor seinem Regierungsamt erfolgreicher, aber skandalumwitterter Oberbürgermeister war, hat sich die Zahl der Grundschüler zwischen 1994 und 2002 von 20.000 auf 9.400 verringert.

Auf solche nebensächliche Entwicklungen ging der Gastlehrer nicht ein, sie hätten möglicherweise das schaurig schwarze Bild von der tristen diktatorischen DDR ein wenig aufhellen und das strahlende der BRD trüben können.

Als eine ihrer vielen Aktionen für die Rettung ihrer Schule haben die Schüler im Eingangsbereich einen Spruch des polnischen Satirikers Stanislav Jerzy Lec angebracht: »Die Verfassung eines Staates soll so sein, dass sie die Verfassung des Bürgers nicht ruiniert.«

Ob der Multi-Minister und Ostbeauftragte diesen Satz gelesen hat, ist nicht überliefert. Aber wenige Tage nach seinem Schulbesuch äußerte er sich in einem Interview der *Berliner Zeitung* optimistisch zum »Aufholprozeß im Osten«: »Wenn es uns gelingt, das Geld richtig einzusetzen, dann werden wir gut 30 Jahre nach der friedlichen Revolution, also 2020, mindestens in einigen Wachstumsregionen eine stabile Wirtschaft haben.«

Das dürfte auch für die Schüler der Coppi-Schule sehr tröstlich sein.

Februar 2007

Richard Schröder –
der Tausendsassa

Eine Lüge ist die bewusste Irreführung eines anderen.
Das Verwerfliche daran ist, dass wir ihm damit die Freiheit
nehmen, sich zum Gegebenen zu verhalten.
Richard Schröder

Vor einigen Wochen hat Richard Schröder einen leider zu wenig beachteten Vortrag gehalten. Auf dem evangelischen Kirchentag in Mecklenburg-Vorpommern sprach der DDR- und Anschlussexperte sowie Lehrstuhlinhaber für Theologie und Philosophie an der Berliner Humboldt-Universität, Prof. Dr. h.c. Dr. theol. habil Richard Schröder, der zugleich Verfassungsrichter in Brandenburg, Mitglied des Nationalen Ethikrates und der Grundwertekommission der SPD sowie Präsident des Senats der Deutschen Nationalstiftung Weimar und Vorsitzender des Fördervereins Berliner Schloss ist, zu seinem Lieblingsthema: dem Stand der deutschen Einheit.

Wie stets zeichneten sich seine Darlegungen durch eine schlichte volkstümliche Sprache und eine unnachahmliche tabubrechende Originalität aus. Eingangs bekannte er, der Wahrheit verpflichtet, freimütig: »Die Vereinigung brachte nicht das erwartete Wirtschaftswunder, sondern den Zusammenbruch der DDR-Wirtschaft mit einer extrem hohen Arbeitslosigkeit. Dazu kamen die zermürbenden Auseinandersetzungen um Eigentumsfragen.«

Doch als geübter Prediger, manche verunglimpfen ihn als Demagogen, garnierte er diese traurige Realität mit frohen Botschaften, um am Schluss der andächtig lauschenden Gemeinde zu verkünden: »Es wäre manches einfacher, wenn wir aus Anlass der deutschen Einigung gemeinsam sagen könnten: ›Nun danket alle Gott‹.«

An Argumenten, Fakten und Halbwahrheiten, die, Gott sei's geklagt, auch halbe Lügen sind, um diese Danksagung an den Herrn da droben zu begründen, mangelte es ihm nicht. Am beeindruckendsten waren die, die die Lage in Ostdeutschland mit der in anderen Teilen der Welt verglichen. So konstatierte er mit Genugtuung, dass Ostdeutschland »von allen ehemaligen sozialistischen Ländern [...] den höchsten Lebensstandard und die beste Infrastruktur hat«. Das ist tatsächlich ein überzeugender Beweis erreichten Fortschrittes, denn die DDR war im RGW, wie allgemein bekannt, das ärmste und unterentwickelste Land. Freilich noch schlagender waren der Vergleich mit den Entwicklungsländern und das Argument, dass Europa, »Ostdeutschland inbegriffen«, anderswo beneidet wird und die meisten Menschen dieser Welt sofort »ihre Probleme gegen unsere eintauschen« würden und deshalb viele versuchten, unter Lebensgefahr hierher zu kommen. Wer wollte dem widersprechen?

Freilich unterlaufen dem geübten Agitator hin und wieder, aber eben sehr häufig, Irrtümer und die schon erwähnten kleinen Halbwahrheiten. Da er ganz offensichtlich noch nie etwas vom »Forschungsbeirat für Fragen der Wiedervereinigung Deutschlands beim Bundesminister für gesamtdeutsche Fragen«, dessen erster Präsident Hitlers Reichskommissar für die Verwaltung des »feindlichen Vermögens« war, und dessen Nachfolgeeinrichtungen gehört hat, bestritt er energisch, dass in westdeutschen Ministerien »Pläne für die deutsche Einheit und das Ende der SED-Diktatur« erarbeitet wurden. Den Vorwurf, dass die Treuhand das Volksvermögen der DDR vernichtet hat, bezeichnete er als »eine Legende«, die er am Beispiel seines eigenen Wartburgs, der angeblich doppelt so viel wie ein Golf verbraucht habe und von ihm deshalb verschrottet wurde, widerlegte. So fiel es ihm leicht, die »phantastischen Berechnungen des DDR-Wirtschaftsvermögens auf 1.200 Milliarden Ostmark« »blosse Zahlenspielereien« zu nennen und zu behaupten, dass die DDR-Wirtschaft »nur 30 Prozent der westdeutschen Arbeitsproduktivität« erreicht habe, so als ob die tatsächlich erzielten 60 Prozent nicht schon traurig genug gewesen seien.

Vielleicht ist es die Ökumene, die Ökonomie jedenfalls ist seine Sache nicht. Das bewies er schon drei Jahre vor seinem

Auftritt in Schwerin. Im Berliner Roten Rathaus hielt er bei einer Matinee der Stiftung Aufarbeitung und des Deutschlandfunks ein Referat zum Thema »Nachdenken über die Gegenwart eines untergegangenen Staates«. Darin vollbrachte er beim »Nachdenken« das Kunststück, die Ökonomie der DDR ausschließlich mit Witzen abzuhandeln. Originaltext Schröder: »Wir kommen zur Wirtschaft. Kommt einer ins Kaufhaus und fragt: ›Haben Sie Teppiche?‹ – ›Nein, keine Teppiche gibt‹s eine Etage höher, hier gibt‹s keine Schuhe.‹ Oder: ›Keine Bretter für die Laube, keine Nägel, keine Schraube, für den Hintern kein Papier, aber ‘n Sputnik haben wir.‹ […] Frage an den Sender Jerewan: ›Gibt es im Kommunismus noch Geld?‹ Antwort: ›Nur.‹ Ostgeld war ein Bezugsschein ohne Einlösungsgarantie.«

Wie es ihm gelang, mit diesem Geld seinen Wartburg einzulösen, verriet er nicht.

Noch besser kennt sich das Multitalent mit dem hohen ökonomischen Sachverstand in historischen Fragen aus, vor allem wenn sie Ostdeutschland betreffen. Und so stellte er überaus originell fest: »In der DDR war auch die DDR-Geschichte weithin geheim« und: »Erst nach dem Ende der DDR erfuhren viele DDR-Bürger: Die selbsterlebte DDR war nicht die ganze DDR.«

Diese und andere Weisheiten sind in Kürze einem breiten Publikum zugänglich. Wie Schröder auf dem Kirchentag ankündigte, wird er seine dort dargelegten Erkenntnisse in einem Buch publizieren. Das neue Kleinod in seinem Œuvre wird den Titel »Die wichtigsten Irrtümer über die deutsche Vereinigung« tragen. Hoffentlich hat er nicht verabsäumt, seine eigenen aufzunehmen. Sie sind zu schön, um vergessen zu werden. Am 21. Mai 1990 erklärte er in der Debatte über die Währungsunion vor der Volkskammer namens der SPD-Ost: »Wir rechnen nicht mit Dauerarbeitslosigkeit, sondern mit einer Arbeitslosigkeit der verlängerten Arbeitsplatzsuche.«

Und am 13. September 1990 gab er am gleichen Ort in der Diskussion über den »Einigungsvertrag« zum Besten: »Die Regelung in der Eigentumsfrage ist fair und gerecht.«

Ja, unser Richard – ein rechter Tausendsassa.

August 2007

Nachdenken
über einen Vordenker

Es stimmt nachdenklich: Deutschlands bekanntester »Vordenker«, Andrè Brie, ist wieder einmal heftiger Kritik von links ausgesetzt. Im *Neuen Deutschland* haben sich zahlreiche Leser erbost zu seinem jüngsten *Spiegel*-Interview über »den Populismus seiner Partei und den Rückfall in bolschewistische Machtpolitik« zu Wort gemeldet. Scharf kritisieren sie seine »populistischen Statements«, »seine Abneigung gegen Sozialisten, Kommunisten und gegen Marx« sowie sein »modernes Flagellantentum« und vor allem »seinen Frontalangriff gegen den mit 87,9 Prozent gewählten Vorsitzenden der Linkspartei«. Erzürnt äußern sie Unverständnis, dass »Brie gerade nach unserer hoffnungsvollen Vereinigung ausgerechnet zur Attacke gegen Lafontaine aufruft«, und meinen, dass Brie sich dadurch »profilieren möchte«. Wie ungerecht!

Es ist an der Zeit, die haltlosen Angriffe zurückzuweisen und den verdienstvollen Europa-Abgeordneten zu verteidigen. Hat der Vordenker doch nur das geäußert, was solche bewährten Arbeiterführer wie Beck, Struck, Müntefering und Heil seit langem über die Linkspartei und ihren Ko-Vorsitzenden aus dem Saarland verbreiten. Was ist denn schon dabei, wenn er Oskar Lafontaine davor warnt, »die gesamte Linkspartei in eine radikale Feindschaft zur SPD (zu) führen, nur weil er selbst diesen Bruch schwer verarbeiten kann«? Brie zeigt doch Verständnis dafür, dass der frühere SPD-Vorsitzende »nach seinem Bruch mit der SPD psychologisch in einer schwierigen Situation« ist, und meint es doch nur gut, wenn er anerkennt, dass das eine »dramatische Zäsur war, die schwer zu verarbeiten ist«. Faktisch empfiehlt er ihm, einen Psychiater aufzusuchen. Wie fürsorglich.

Und ist es etwa falsch, wenn er die Linkspartei verurteilt, weil sie »das Schwarz-Weiß-Denken des George Bush« kritisiert und es selbst praktiziert? Und hat er nicht Recht, die Kritiker in der Dresdner Parteiorganisation am Totalverkauf der kommunalen Wohnungen als Anhänger der »reinen Lehre« zu brandmarken und ihr Vorgehen als »uralte bolschewistische Machtpolitik« zu geißeln? Warum sollte man an seinem Verlangen, »auf die SPD zu(zu)gehen […] übrigens schon mit Blick auf 2009«, Anstoß nehmen? Bekanntlich ist die von dieser Partei initiierte und durchgesetzte »Agenda 2010« die entscheidende Rettungstat für die Bewahrung des Sozialstaates.

Besonders deplaciert und ungerecht ist die Kritik an Bries Forderung nach einer gegen Lafontaine gerichteten »Opposition in der Partei, etwa ostdeutscher Landesvorsitzenden und deren Basis«. Schließlich war »Veränderung beginnt mit Opposition« lange Zeit eine Losung der Vorgängerpartei PDS. Und zu verändern gibt es nicht wenig an den Ansichten des Saarländers. Man lese nur noch einmal dessen Rede auf dem Vereinigungsparteitag, wo er sich nicht scheute, »für den Generalstreik, für den politischen Streik als Mittel demokratischer Auseinandersetzungen« einzutreten, die »Systemfrage« aufzuwerfen, das Wort des französischen Sozialisten Jean Jaurès »Der Kapitalismus trägt den Krieg in sich wie die Wolke den Regen« zu zitieren und »Bush, Blair und viele andere, die völkerrechtwidrige Kriege zu verantworten haben«, als »Terroristen« zu beschimpfen. Er forderte gar, dem Treiben des »Raubtierkapitalismus, des Finanzkapitalismus« ein Ende zu bereiten, und gab, welche Dreistigkeit, die Losung »Freiheit durch Sozialismus« aus.

All das muss gestandene Vertreter der Moderne wie André Brie und seine Kampfgefährten in Berliner Theoriehochburgen und den Führungszirkeln einiger Landesverbände der Linkspartei doch zwangsläufig in Rage bringen. Sollen solche Losungen und solch eine Wortwahl etwa ihre schwer gewonnenen Erkenntnisse über »die Zivilisationsgewinne moderner bürgerlicher Gesellschaften« und die »zivilisationsgeschichtlich vorwärtsweisenden Potenziale einer marktwirtschaftlichen Moderne« ersetzen? »Eine moderne Linke« braucht schließlich, wie Brie dem *Spiegel* erläuterte, »ein eigenes, erneuertes sozialistisches Profil statt platter Rufe nach Systemüberwindung«.

Bei den heftigen Angriffen auf Brie wird einfach vergessen, wie geistsprühend er schon manche Denkverbote aufgebrochen und sich um die Linkspartei verdient gemacht hat. Erinnert sei nur daran, mit welchem politischem und theoretischem Weitblick er schon 1995 das Banner der Totalismus-Theorie hisste und in ihrem Sinne das nationalsozialistische System mit der DDR verglich: »Die DDR war nicht verbrecherischer als der Nationalsozialismus, ganz und gar nicht. Aber totalitärer waren Sowjetkommunismus und DDR im Anspruch, alles unterzuordnen unter einen gestaltenden gesellschaftlichen Willen.«

Das festzustellen, erforderte Mut, an dem es bisher selbst den gut besoldeten Mitarbeitern in den staatlich finanzierten DDR-Aufarbeitungseinrichtungen gebricht.

Mutig war er auch, als er 2005 gemeinsam mit zwei anderen Abgeordneten der Linkspartei einer antikubanischen Resolution des Europaparlamentes zustimmte und die einstimmig angenommene Gegenerklärung des PDS-Parteivorstandes als »unfassbar und abenteuerlich« bezeichnete.

Wie wahr!

Einem Vordenker zu widersprechen, ist »unfassbar und abenteuerlich«.

Es ist einfach ungehörig. So etwas tut man nicht.

August 2007

Zwei Freunde
im Schloss Bellevue

Kürzlich, in einer Stunde der Vorfreude auf das vom Oberauf-
arbeiter der »SED-Diktatur« Rainer Eppelmann angekündigte
große »Geschichtsfeuerwerk« anlässlich des herannahenden 20.
Jahrestages der »Friedlichen Revolution«, habe ich wieder einmal eine Mitte 1994 veröffentlichte, aber wenig bekannte Kri-
minalkomödie, den »Bericht des Sekretariates des Untersuchungsausschusses ›Treuhandanstalt‹ nach Artikel 44 des
Grundgesetzes«, durchgeblättert. Ich stieß auf wunderbare
Geschichten.

Die Feststellungen zu den Liquidatoren, also zu jenen, die
vom 1. Juli 1990 bis zum Mai 1994 3.495 ehemalige DDR-
Betriebe »abwickelten« und mit einem minimalen Kostenaufwand von rund 25 Milliarden DM 2,6 Millionen Arbeitsplätze
vernichteten, ließen mein Herz höher schlagen. Auch dieses
Mal konnte ich mich nicht entscheiden, welche davon den
nachhaltigsten Eindruck hinterlassen.

Ist es der anrührende Bericht darüber, wie der Chefabwick-
ler der Treuhandanstalt (THA), der ehemalige *Bild*-Redakteur
Ludwig M. Tränkner, den 28jährigen Sparkassen-Betriebswirt
Zinsmeister mit der Liquidation von 76 ostdeutschen Betrieben betraute und dem armen Schlucker ein Honorar von mehr
als 10,5 Millionen DM verschaffte?

Oder sind es die Angaben über den Liquidator, der für seine
mühevolle Arbeit rund 25 Millionen DM einstrich und dessen
Namen im Bericht taktvoll geschwärzt ist?

Nicht übel ist auch der Abschnitt »Rechts- und Fachaufsicht« über die Treuhand, die dem Finanzministerium unter
Theo Waigel anvertraut war.

Als ich darin auf den Namen »Dr. Haller«, Staatssekretär in
diesem Ministerium, stieß, wurde ich stutzig. Haller? So heißt
doch auch der jetzige Chef des Bundespräsidialamtes. Sollte er

etwa ein Verwandter des damaligen Finanzstaatssekretärs und Treuhandkontrolleurs sein? Eine kurze Recherche ergab: Ein Verwandter ist er nicht – er ist es höchstselbst. Nun war mein Interesse an seinen Ausführungen vor der THA-Untersuchungsausschuss geweckt, und ich las den betreffenden Abschnitt des Berichtes, der hier aus Platzgründen zwar gekürzt, aber keineswegs sinnentstellt wiedergeben wird, mit gebührender Aufmerksamkeit:

»Der Untersuchungsausschuss hat sich entsprechend seines Auftrags mit der Frage befasst, in welcher Weise die Bundesregierung ihre Rechts- und Fachaufsicht für den Bereich Abwicklung wahrgenommen hat. [...]

Staatssekretär Dr. Haller konnte [...] keine präzisen Angaben über Tatsachen aus dem Bereich Abwicklung machen. So antwortete er auf die Frage, wie hoch die Gesamtzahl der von der Abwicklung, also Liquidation und Gesamtvollstreckung, betroffenen Unternehmen sei:

›[...] mir ist die Zahl jetzt nicht erinnerlich, aber ich denke es sind sicherlich über 100 oder mehrere 100. [...] Ich habe jetzt keine Zahl präzise in Erinnerung.‹

Auf den Vorhalt, dass insgesamt knapp 3.300 Unternehmen von der Abwicklung betroffen sind, erklärte Herr Dr. Haller:

›[...] ich nehme alles, was mir zur Information vorgelegt wird, zur Kenntnis. Nur bitte ich um Verständnis dafür, dass die Fülle dessen, was mir zur Kenntnis vorgelegt wird, so umfangreich ist in meiner Funktion, dass ich mich häufig an spezifische Einzelheiten wie etwa diese hier nicht zu erinnern vermag. Ich bitte dafür nochmals um Verständnis.‹

Auf die Frage, ob nach seiner Einschätzung im Rahmen der Liquidation bisher Erlöse oder Defizite erwirtschaftet worden seien, erklärte Dr. Haller:

›Das kann ich Ihnen nicht beantworten. [...] Ich interessiere mich selbstverständlich für die Zahlen, nur kann ich Ihnen da jetzt nicht auf Anhieb sagen, ob der Gesamtkomplex Liquidation per saldo Geld kostet oder die Treuhandanstalt finanziell belastet oder finanziell positiv für die Treuhandanstalt zu Buche schlägt. Ich vermute, dass dieser Komplex die Treuhandanstalt finanziell belastet.‹ Auf den Vorhalt, dass nach den bisherigen Erkenntnissen mit einem

Defizit in zweistelliger Milliardenhöhe zu rechnen sei, erklärte Herr Dr. Haller:

›[…] Mir ist im Prinzip bekannt, welche – sagen wir mal von den Wirtschaftsplänen her – Defizite die Treuhandanstalt insgesamt macht und wie sich das jeweils darstellt über die Jahre hinweg. Ich bitte Sie zu verstehen, dass mir Einzelbereiche jetzt mit präzisen Zahlen nicht in Erinnerung sind. Ich meine, das heißt nicht, dass ich mich nicht dafür interessiere. Das heißt aber, dass mir präzise Zahlen zu einzelnen Komplexen hier jedenfalls nicht vorliegen.[…]‹

Auf die Nachfrage, mit welchen konkreten Problembereichen er befasst gewesen sei, führte Herr Dr. Haller aus:

›[…] ich bitte an dieser Stelle um Nachsicht. Ich bin kein Jurist, so dass ich nicht wie Sie und andere in der Lage bin, die genauen Feinheiten der Abwicklung an dieser Stelle präzise zu beschreiben[…].‹

Auf die Frage, ob es Vorgaben oder Richtlinien zur Abwicklung von Treuhandunternehmen gegeben habe, antwortete Herr Dr. Haller:

›Ich vermute, es gibt Vorgaben. Es gibt sicher Vorgaben zur Abwicklung der Treuhandunternehmen, nur: Sie sind nicht in meiner Zeit entwickelt worden […].‹

Herr Dr. Haller erklärte weiter, dass er die Richtlinie vom 22. Oktober 1991 ›zur Abwicklung von Betrieben, bei denen Sanierungsfähigkeit nicht gegeben ist‹, nicht kenne.«

Soweit also die Ausführungen des Staatssekretärs, damals im Finanzministerium und heute im Bundespräsidialamt.

Noch heute nennt der Präsident seinen Amtschef einen »wirklich engen Freund«. Kennengelernt haben sie sich 1982 in der Bundeshauptstadt Bonn. Als Horst Köhler vom Redenschreiber des Finanzministers Gerhard Stoltenberg zu dessen Bürochef avancierte, holte er sich den Volkswirt Gert Haller in seinen Stab. Von nun an stiegen beide gemeinsam die Karriereleiter hinauf, wobei der Horst dem Gert immer einen Schritt voraus war. Zehn Jahre rackerten sie sich im Finanzministerium für das Wohl des Volkes ab, und als Köhler 1993 – inzwischen war er unter Waigel Staatssekretär geworden – ausschied, wurde Haller sein Nachfolger, eben auch in Sachen Rechts-und Fachaufsicht über die Treuhandanstalt, die der heutige Bundespräsident sehr zutreffend als eine »politische Veranstaltung« bezeichnete – was allen Beteiligten bewusst gewesen sei.

1995 folgte Haller seinem Freund in die Finanzwirtschaft. Während Köhler zum Sparkassen- und Giroverband wechselte und später Direktor der Osteuropabank in London und Chef des Internationalen Währungsfonds in Washington wurde, ging er zur Bausparkasse Wüstenrot, die er in den Finanzkonzern »Wüstenrot & Württembergische AG« mit einer Bilanzsumme von 55 Milliarden Euro umwandelte.

Für diese Leistung wurde er vom baden-württembergischen Ministerpräsidenten Oettinger mit der Staufermedaille in Gold geehrt. 2005 gab er den Vorstandsvorsitz der W&W AG ab und folgte wieder einmal dem Ruf Köhlers, mit einer menschlich anrührenden Geste, indem er auf seinen Gehaltsanspruch von 10.353 Euro im Monat verzichtete. Bescheiden erklärte er: »Ich arbeite ohne Gehalt, weil ich es mir leisten kann und leisten will, dem Staat auf diese Weise zu dienen.«

Nun lebt er von einem symbolischen Gehalt von einem Euro und seiner Firmenpension als Ex-Wüstenrot-Chef, deren Höhe allerdings nicht bekannt ist. Als Staatssekretär mit Kabinettsrang nimmt er an den Sitzungen der Bundesregierung teil und kann so seinen Chef stets auf dem laufenden halten.

Schön, dass es in Deutschland noch echte Bescheidenheit und wahre Freundschaft gibt. Im Schloss »Bellevue« sind sie zu Hause.

Februar 2008

Wer zieht Steinmeier zur Rechenschaft?

Als der bundesdeutsche Außenminister Frank-Walter Steinmeier im Bundestag mitteilte, dass das Merkel-Kabinett beschlossen hatte, Kosovo als »unabhängigen Staat« – er bezeichnete das NATO- und EU-Protektorat tatsächlich als »unabhängig« – anzuerkennen, erging er sich in wohltönenden Phrasen wie: »Neun Jahre insgesamt haben wir uns um eine einvernehmliche Lösung bemüht«, »Jetzt ist unsere Verantwortung gefordert«, »Es gilt, das Beste daraus zu machen. Das Beste heißt: einen demokratischen Rechtsstaat zu schaffen, europäische Werte im Kosovo […] durchzusetzen«, »Ich habe der Führung der Kosovo-Albaner ausgerichtet und ich sage auch den Verantwortlichen in Serbien: Lassen Sie uns in diesen Tagen und in der kommenden Zeit die Gespenster der Vergangenheit ruhen«, »Jetzt müssen wir ehrlich sein. Es gibt Situationen, in denen man anerkennen muss: Es geht nicht weiter«, »Wir werden uns deshalb in Zukunft nicht nur mit Tausenden von Bundeswehrsoldaten im Kosovo engagieren, sondern uns mit Polizisten, Richtern, Staatsanwälten und Regierungsberatern auch zu einem beträchtlichen Teil an der zivilen EU-Mission beteiligen müssen« und so weiter.

Mit keiner Silbe erwähnte er die jahrzehntelange Unterstützung der albanischen Separatisten, die deutsche Teilnahme am barbarischen Aggressionskrieg gegen Jugoslawien, die Beteiligung der Bundeswehr an der Okkupation des südserbischen Gebietes, die Mitschuld an der Vertreibung der Serben und an der Zerstörung welthistorischen Kulturgutes. Kein Wort verlor er über die grobe Verletzung der UN-Charta, die Missachtung der UN-Resolution 1244, die die territoriale Zugehörigkeit Kosovos zur Republik Serbien garantierte, und über die ständige Erpressung der Republik Serbien, der nunmehr fünfzehn Prozent ihres Staatsterritoriums geraubt wurden.

Gerade dieses Verschweigen machte seine Anerkennungsrede zu einem großen Schwindel. Zugleich wirft derartiger Umgang mit der Wahrheit ein bezeichnendes Licht auf die deutsche Außenpolitik.

Knapp vierzehn Tage später überraschte Gunter Pleuger, 1999 bis 2002 Staatssekretär im Auswärtigen Amt und 2002 bis 2006 ständiger Vertreter der BRD bei den Vereinten Nationen in New York, mit bemerkenswerten Eingeständnissen. In der *Berliner Zeitung* erinnerte er an die Sitzung des Weltsicherheitsrates vom 5. Februar 2003, auf der der damalige US-Außenminister Colin Powell in der berüchtigten Dia-Show seine Lügen über die Massenvernichtungswaffen im Irak vortrug, mit der er die Aggression gegen das Land propagandistisch vorbereitete. Damals habe die Bundesregierung, so Pleuger, gewusst, »dass so ziemlich alles, was er vortrug, falsch war«.

Noch deutlicher: »Wir wussten aus eigenen Quellen schon vorher, dass die gegebenen Informationen falsch waren.« Und was hat damals Powells Amtskollege Joseph Fischer, der die Sitzung als »Chairman« leitete und den kleinen braunen Hammer schwang, dazu geäußert? Nichts!

Er hat mit keinem Wort widersprochen, und so konnten die USA wenig später mit ihrer »Koalition der Willigen« das Zweistromland überfallen. Deutschland wollte den Krieg nicht ernsthaft verhindern, es wollte sich nur nicht offen selbst daran beteiligen, denn vor den Bundestagswahlen im September 2002 hatten sich Kanzler Schröder, sein Außenminister und ihre Parteien unzweideutig gegen den sich abzeichnenden Irak-Krieg positioniert. Nichts war populärer, denn als Friedenskanzler und -parteien in die Wahlschlacht zu ziehen. Diese Politik trug Früchte. Die rot-grüne Koalition wurde, wenn auch knapp, wiedergewählt.

Ganz anders war es vier Jahre zuvor gewesen. Als die NATO-Entscheidung zum Überfall auf Jugoslawien fiel, waren die Wahlen vorüber. Schröders und Fischers Regierung saß fest im Sattel. Friedensgesäusel war nicht nötig. Es galt, die Kriegsvorbereitungen voranzutreiben. Amerikanische Lügen waren hochwillkommen. So auch, als der komplotterfahrene US-Botschafter Walker am 16. Januar 1999 der Weltpresse im Dorf Racak in einem Graben 45 aufgehäufte tote Kosovo-Albaner präsentierte und die Inszenierung im Widerspruch zu allen Tatsachen als ein Massaker an unbewaffneten Zivilisten ausgab. Die bundesdeutsche Regierung stimmte in den Lügenchor ein und trug aktiv dazu bei, die Hysterie um das angebliche grausame Verbrechen der Serben gegen die Menschlichkeit zu schüren. Mehr noch: Kriegsminister Scharping und Fischer übertrafen mit ihren antiserbischen Völkermord-, Vertreibungs-, KZ- und Hufeisenplan-Lügen sowie der neuen Auschwitz-Lüge selbst ihre US-amerikanischen Verbündeten. So wurde der Boden bereitet, auf dem sich Deutschland erstmals seit 1945 wieder an einem Krieg beteiligte. Die letzten Weichen dazu wurden mit dem Ultimatum von Rambouillet gestellt, woran, nebenbei bemerkt, der jetzt so offenherzige Herr Pleuger als einer der deutschen Verhandlungsführer und Serben-Erpresser mitwirkte.

Derjenige aber, der zu jener Zeit als Kanzleramtschef die Fäden für die Vorbereitung der deutschen Teilnahme an der Aggression gegen Jugoslawien und an der Abspaltung Kosovos zog, stellte sich jetzt vor den Bundestag und behauptete, die BRD habe sich neun Jahre um eine einvernehmliche Lösung bemüht. Allerdings konnte er es sich, Triumphgefühle nur mühsam unterdrückend, nicht ganz verkneifen zu erklären, dass er in der Abspaltung Kosovos »den Schlusspunkt aus dem – teilweise gewaltsamen – Zerfall des ehemaligen Jugoslawiens« sehe. Warum auch nicht? Schließlich führt von der deutschen Politik der Einmischung in die innerjugoslawische Krise Ende der 80er Jahre und der von Genscher 1991 durchgesetzten verhängnisvollen eiligen Anerkennung Sloweniens und Kroatiens eine gerade Linie zu der von Steinmeier betriebenen und nun anerkannten völkerrechtswidrigen Abtrennung Kosovos. Und als sich die serbische Bevölkerungsmehrheit in Kosovska Mitrovica, im Nordteil des geraubten Gebietes, gegen ihre gewaltsame Eingliederung in den albanischen Herrschaftsbereich zur Wehr setzte, verurteilte Steinmeier das auf das Schärfste und forderte, die Verantwortlichen zur Rechenschaft zu ziehen.

Wer aber zieht ihn zur Rechenschaft?

April 2008

Der Menschenrechtskämpfer

»Der größte Menschenrechtskämpfer im Land ist Günter Nooke, weltweit bekannt« weiß man im Berliner Stadtbezirk Pankow. Kein Wunder, hier ist Nookes Wahlkreis, in dem er nach vorangegangener glänzender Karriere als Vorsitzender der Berliner CDU-Landesgruppe im Bundestag 2005 allerdings nur 15,3 Prozent der Stimmen gewann. Das hat ihn und seine Freunde zwar geärgert, aber resigniert haben sie nicht. Nooke wurde »Beauftragter für Menschenrechtspolitik und Humanitäre Hilfe der Bundesregierung im Auswärtigen Amt«. In dieser Funktion kann sich der wandlungsfähige ehemalige Streiter des Demokratischen Aufbruchs, der Gruppe Demokratie Jetzt, des Bündnis 90 und des BürgerBündnis, der 1996 zur CDU konvertierte, so richtig ins Zeug legen und seine hohen menschlichen und politischen Qualitäten unter Beweis stellen – wie im Kampf um Freiheit und Menschenrechte in Tibet. Hier geht er voran und zeigt den Seinen, den Chinesen und dem Internationalen Olympischen Komitee (IOC), wo es lang geht.

Wie kaum ein anderer schuftet er, um seine Erkenntnisse und Vorschläge über die Medien – von *ARD* bis *Stern*, *Berliner Zeitung* und *SUPERillu* – zu verbreiten. Seine Botschaften sind klar: Künftig sollten die Olympischen Spiele nicht mehr in Ländern ausgerichtet werden, die auf »massive Weise« die Menschenrechte verletzen. Das IOC wird aufgefordert, Sportlern während der Spiele in Peking Protestaktionen zu erlauben. Auf die chinesische Führung ist Druck auszuüben, damit Menschenrechtsverletzungen wie in Tibet nicht weitergehen und keine Jubelkulisse aufgebaut werden kann. Die Entscheidung der Kanzlerin, nicht zu den Eröffnungsfeiern in Peking zu fahren, ist richtig: »Weil sie in der DDR aufwuchs, hat sie in solchen Fragen eine hohe Sensibilität. Sie weiß, wie Diktaturen funktionieren, wie Diktatoren ticken.«

Da Nooke selbst ein Spezialist für das Ticken von Diktatoren ist, verdient es auch sein prächtiger Vorschlag für das Verhalten von Sportlern, Funktionären und Gästen während der Spiele, im Wortlaut wiedergegeben zu werden.

Gegenüber dem *Deutschlandfunk* hat er ihn wie folgt geschliffen formuliert: »Ich glaube, dass es gut ist, wenn in vielen Gesprächen, die stattfinden, nicht nur in öffentlichen Stellungnahmen, immer wieder auch Europäer, Deutsche, wir unser Verständnis von Menschenrechten, von Werten wie friedliches Zusammenleben in einer Gesellschaft möglich ist, auch den Vertretern der chinesischen Seite, den ganz normalen Menschen auf der Straße oder den Verantwortlichen sagen. Ich denke, dass es nicht anders geht, als dass wir verbal uns ganz klar und sowohl öffentlich als auch in den vielen Gesprächen, die dann Trainer und der ganze Troß, der mit den Sportlern mitreist, Journalisten, dort führen, dass wir dort klar machen:

Wir sind nicht hergekommen, um zu jubeln, sondern wir nutzen die Eröffnung der Olympischen Spiele, um auch auf das hinzuweisen, was in China passiert.«

Mit anderen Worten: Ziel der Reise zu den Spielen sollte nicht die Freude an sportlichen Leistungen, sondern Aufklärung über die Lage in China sein. In dieser Hinsicht ist Nooke durch und durch Optimist, was er gegenüber der *SUPERillu* in dem prägnanten Satz zusammenfasste: »Massiver internationaler Druck wird in Peking Wirkung zeigen.«

Aber welche Wirkung verspricht sich der Menschenrechtsbeauftragte? Sollen etwa die Verhältnisse wiederhergestellt werden, wie sie unter dem Regime des Dalai Lama bestanden, als in Tibet noch die Leibeigenschaft herrschte und die Besitzer der Leibeigenen und Sklaven das Recht der Entscheidung über deren Leben und Tod, einschließlich der Folter, hatten, die Mönche einer spezifischen Art der Scharia anhingen und Verletzungen der von ihnen gehüteten religiösen Vorschriften grausam bestraften? Wünscht er sich die Zeiten zurück, als nur zwei Prozent der Kinder zur Schule gingen, heute sind es immerhin 81 Prozent, und die durchschnittliche Lebenserwartung 33,5 gegenüber heutigen 67 Jahren betrug?

Dazu äußert sich Nooke nicht.

Überhaupt pflegt der Regierungsbeauftragte, was den Schutz der Menschenrechte anbelangt, von wenigen Ausnahmen abgesehen eine Art Geheimdiplomatie. Öffentlich ist wenig oder gar nichts über sein unermüdliches Eintreten gegen die Kriegsverbrechen der USA in Afghanistan und im Irak, die Vertreibung der Serben aus Kosovo, die Unterdrückung der Kurden in der Türkei, die Drangsalierung der Palästinenser im Gaza-Streifen zu hören. Auch in seinem Heimatland scheint er nur konspirativ gegen die fortgesetzte Diskriminierung der Ostdeutschen als Bürger zweiter Klasse und für die Rehabilitierung und Entschädigung der Opfer der Kommunistenverfolgungen in der alten Bundesrepublik zu kämpfen. Sein Eintreten für die Menschenrechte ist häufig so geheim, dass es aus Sicherheitsgründen gar nicht erst stattfindet.

Ganz selten weicht er von seiner geheimnisumwitterten Menschenrechtsdiplomatie ab. So im Falle Tibets und dankenswerterweise auch des US-Gefangenenlagers in Guantanamo. Hier hat er sich öffentlich zu Wort gemeldet und fünf Jahre nach der Inhaftierung der ersten Gefangenen eine Fixierung der Öffentlichkeit auf das Thema kritisiert: »Als Menschenrechtsbeauftragter der Bundesregierung habe ich ein Interesse daran, dass wir uns in der Öffentlichkeit und in den Medien nicht nur mit Themen befassen, die für uns intellektuell und politisch interessant sind, aber an den Quantitäten vorbeigehen [...] 395 Gefangene sind eben nur 395 Gefangene, die ungerechtfertigt ohne Prozess festgehalten werden.«

Und weil das nach seiner Auffassung im Vergleich zu den Menschenrechtsverletzungen in Kuba oder gar in China offensichtlich nur Lappalien sind, wird Günter Nooke zurecht in Berlin-Pankow als der größte Menschenrechtskämpfer im ganzen Land besungen.

Mai 2008

Supergala für Superpräsidenten

Nach der Wiederaufnahme der Bundesligaspiele und der Sitzungen des Bundestages nach der Sommerpause steht die Bundesrepublik vor einem neuen Großereignis. Die Vorfreude ist riesig. Mitte September wird die *SUPERillu* im Zusammenwirken mit dem *MDR*-Fernsehen und dem Berliner Friedrichstadtpalast die diesjährigen »Goldenen Hennen« vergeben, benannt nach der unvergessenen, als »Henne« bekannten und beliebten Ostberliner Sängerin und Entertainerin Helga Hahnemann. Die Begeisterung ist um so größer, als den Hauptpreis niemand Geringerer als Bundespräsident Horst Köhler erhalten wird. Wofür? Warum? Weil er, wie die *SUPERillu* verkündet, »den Deutschen Orientierung gibt in einer immer unübersichtlicheren Welt, weil er an die Chancen unseres Landes glaubt und darauf drängt, sie beim Schopfe zu packen – und weil ihm das Zusammenwachsen von Ost und West im vereinten Deutschland eine Herzensangelegenheit ist«.

Überhaupt nehmen in der Begründung für die hohe Auszeichnung die Verdienste des Staatsoberhauptes um die »innere Einheit« und um die ostdeutschen Landeskinder einen zentralen Platz ein. *SUPERillu*-Chefredakteur Wolff weiß: »Die Anerkennung, die Horst Köhler den Ostdeutschen für ihre Lebensleistung zollt, gibt vielen Mut und Kraft.«

Theo Waigel (CSU), einst Bundesfinanzminister und damals Chef des zu Ehrenden, stimmt aus vollem Herzen zu: »Seit dem Fall der Mauer hat sich Horst Köhler für die Einheit Deutschlands und die Menschen in Ostdeutschland mit ganzer Kraft eingesetzt. Die deutsche Währungsunion und der Abzug der sowjetischen Truppen sind mit seinem Namen verbunden. Er gibt den Menschen in Ostdeutschland Mut und Zuversicht und mahnt alle Deutschen zu Einsatz und Solidarität.«

Horst Köhler wird die »Goldene Henne« vor rund zweitausend Gästen im Berliner Friedrichstadtpalast höchstpersönlich entgegennehmen und sich damit unter die bisherigen großartigen Henne-Träger einreihen, die sich ebenfalls alle um das Zusammenwachsen von Ost und West, um das Aufblühen der Landschaften in Ostdeutschland verdient gemacht haben, darunter Kurt Biedenkopf, der sächsische Ersatzkönig, Helmut Kohl, der Kanzler der Einheit, Roman Herzog, der Ruck-Präsident, Hans-Dietrich Genscher, der Diplomat der Einheit, Michail Gorbatschow, der DDR-Verkäufer, Angela Merkel, die Aufschwung-Kanzlerin, Lothar Späth, das Stehaufmännchen, und nicht zu vergessen die Helden von 1989, Gyula Horn und Bärbel Bohley.

Danach wird der Bundespräsident sicher eine bewegende Dankesrede halten. Zu bezweifeln ist, dass er darin Oskar Lafontaine zitieren wird, der ihm, im Vergleich mit Gesine Schwan, bescheinigt hat, sich der PDS und der Linken gegenüber korrekt verhalten, deren Parteizentrale besucht und zudem die Weltfinanzmärkte als »Monster« bezeichnete zu haben. Schön wäre es allerdings, wenn der um Ostdeutschland so Verdiente an die euphorischen Worte des Ex-Finanzministers Theo Waigel, als dessen Staatssekretär er einst für die Fachaufsicht der Treuhandanstalt (THA) verantwortlich war, anknüpfen und einige Fragen beantworten würde, zum Beispiel:

Wie hat er sich als Oberaufseher der Treuhandanstalt bemüht, die entschädigungslose Enteignung von siebzehn Millionen Ostdeutschen, die Verschleuderung der volkseigenen DDR-Industrie an westdeutsche Profitjäger, die Liquidierung von 3.495 ehemaligen DDR-Betrieben, die Vernichtung von 2,6 Millionen Arbeitsplätzen, die Verwandlung eines mindestens 600-Milliarden-DM-Volks-vermögens in einen Schuldenberg von 256 Milliarden DM zu verhindern?

Von welchen übergeordneten, edlen Erwägungen, ließ er sich leiten, als er auf einer Sitzung des Treuhandpräsidialausschusses am 21.Januar 1991 im Kölner Hotel Excelsior, wie Michael Jürgs berichtet, verlangte, in der ehemaligen DDR-Industrie müsse »›auch mal gestorben‹ werden, Blut müsse fließen«?

Was hat er gemeint, als er vor dem Treuhand-Untersuchungsausschuss des Bundestages die THA als »eine politische Veranstaltung« bezeichnete? Doch nicht etwa die Restauration des Kapitalismus und die Verwandlung Ostdeutschlands in ein Notstandsgebiet innerhalb der Europäischen Union um jeden Preis?

Die Mehrheit der an der Supergala, am Medienereignis des Jahres, teilnehmenden, bei solchen gesellschaftlichen Höhepunkten nie fehlenden Politiker, Wirtschaftsbosse, Stars und Sternchen aus Film und Fernsehen, kurzum der Crème de la Crème unseres freiheitlichen Sozialstaates würde sich für diese Thematik weniger interessieren. Aber so manche vor dem Bildschirm Sitzende, vor allem ostdeutsche – das festliche Ereignis wird selbstverständlich im *MDR*-Fernsehen life übertragen – würden ganz gern eine Antwort des Freundes und Gönners der Ostdeutschen auf diese Fragen hören. Allerdings ist zu erwarten, dass er die Klippen bravourös umschifft.

Er wird bescheiden bleiben, auch wenn er die Worte der ungefragten Namensgeberin des Preises, Helga Hahnemann: »Ick bin, wat wa alle sind, een kleenet Menschenkind« schwerlich auf sich beziehen wird. Statt dessen wird er in gewohnter Manier an die innere Einheit und an die Solidarität von West und Ost appellieren.

Das wird die Riesenfreude der Organisatoren und Teilnehmer der Festivität nicht trüben. Auch einen »schwarzen Hahn« wird er nicht bekommen. Es bleibt bei der Henne, eine goldene dazu, 3,5 Kilo schwer und 22 Zentimeter hoch.

September 2008

Die Transparenzlerin

»Transparenz« ist eine der Lieblingsforderungen unserer Kanzlerin. Nur selten lässt Angela Merkel eine Gelegenheit aus, sie zu erheben. Auf dem G-8-Gipfel in Toyako (Japan) verlangte sie angesichts der Rekordpreise für Öl und Benzin mehr »Transparenz« auf den Energiemärkten. Energisch fordert sie von großen und kleinen Staaten ein transparenteres Verhalten: vom russischen Präsidenten Medwedjew mehr »Transparenz« im Rechtssystem, da Deutschland hier an einer »dynamischen Entwicklung« interessiert sei, und vom Liechtensteiner Regierungschef Otmar Hasler mehr »Transparenz« im Finanzsektor, um die Steuerhinterziehungen einzudämmen. Ja, die Finanzen. Seit Ausbruch der Krise auf diesem Sektor fordert sie pausenlos mehr »Transparenz« an den Finanzmärkten. Erstmals hatte sie sich mit dem internationalen Finanzkapital angelegt, als sie als Konsequenz aus den beginnenden weltweiten Börsenturbulenzen diese »Transparenz« verlangte, da »wir beispielsweise bei den Hedge Fonds künftig wissen (müssen), wo das Kapital herkommt«.

Aber wo kommt unsere kapitale Kanzlerin selber her, wie durchschaubar ist ihre persönliche Entwicklung bis 1989? Hier, so scheint es, lässt sie zuweilen die sonst so eifrig eingeforderte »Transparenz« vermissen.

Auf ihrer Homepage teilt sie unter der vielversprechenden Überschrift »Mein Werdegang« dazu lediglich mit: »Am 17. Juli 1954 in Hamburg geboren, habe ich den größten Teil meiner Jugend in Templin in Brandenburg verbracht. Zum Studium der Physik (1973-1978) zog ich nach Leipzig. Nachdem ich mein Studium dort abgeschlossen hatte, ging ich nach Berlin an das Zentralinstitut für Physikalische Chemie an der Akademie der Wissenschaften. Dort habe ich als wissenschaftliche Mitarbeiterin vor allem auf dem Gebiet der Quantenchemie geforscht. Mit einer Arbeit zur Berechnung von Geschwindigkeitskonstanten von Reaktionen einfacher

Kohlenwasserstoffe promovierte ich 1986 zur Dr. rer. nat.« Ausführlich ist das nicht.

Die Kargheit ihrer biographischen Selbstauskunft führt immer wieder zu Irritationen und auch zu heftigen Angriffen auf diejenigen, die sich hierzu etwas präziser äußern. Vor einiger Zeit bekam das Oskar Lafontaine zu spüren. In der *ARD*-Talkshow Anne Will sagte er in einem Disput über die »Altkommunisten« in der Partei Die Linke mit dem bayerischen Ex-Ministerpräsidenten Günther Beckstein: »Sie haben eine überzeugte Jungkommunisten zur Kanzlerin gewählt. Ist Ihnen das überhaupt klar? Denn Frau Merkel war FDJ-Funktionärin für Propaganda und Agitation. [...] Und sie durfte in Moskau studieren. Das waren nur Linientreue.«

Ob dieser Bemerkungen geriet nicht nur Beckstein aus dem Häuschen. Die sich als Sprachrohr der Ostdeutschen gerierende *SUPERillu* aus dem Burda-Konzern titelte »Mieses Spiel mit Angela« und warf Lafontaine vor, mit »Unwahrheiten« ein »Zerrbild Merkels« zu zeichnen. Die Kanzlerin habe nie in Moskau studiert, und an der Akademie der Wissenschaften in Berlin habe sie sich nach eigener Auskunft nur »als FDJ-Kulturbeauftragte« engagiert, um »Theaterkarten (zu) besorgen«, Lesungen und Vorträge zu organisieren.

Andere Medien, darunter *Bild* und der *Bayernkurier*, und kanzlertreue Politiker stimmten in den Chor der empörten Protestierer ein und wiesen vor allem die Behauptung, Merkel sei in der FDJ Sekretärin für Agitation und Propaganda gewesen, als »Verleumdung« und »Provokation« zurück.

Auch Frank Plasberg stieß in seiner Sendung *hart aber fair* in das gleiche Horn und beschuldigte den Ko-Vorsitzenden der Linkspartei ob dessen Aussagen über die Kanzlerin nicht sonderlich fair der Demagogie. Dabei berief er sich auf »Frau Baumann, die Büroleiterin von Frau Merkel«, die auf Nachfrage bestätigt habe, dass ihre Chefin »nie in Moskau studiert« habe. Lafontaine blieb bei seiner Darstellung und forderte die Kanzlerin auf, »selbst öffentlich (zu) erklären, dass sie nicht als Auslandstudentin in Moskau war«. Diese aber hüllt sich weiter in Schweigen. Weshalb wohl? Erinnert sie sich vielleicht doch ein wenig genauer an ihr Auslandsstudium und an ihre Mitarbeit in der FDJ, der sie selbst als 25-jährige noch angehörte?

Der Verfasser ihrer ersten Biographie, Gerd Langguth, der ihre Unfähigkeit beklagt, Einblick in das eigene Ich zu geben, geht relativ ausführlich auf die Zeit ein, in der sie die blaue Bluse der Jugendorganisation trug. Ihm hatte sie berichtet, Kulturreferentin gewesen zu sein und sich um die Bereitstellung von Theaterkarten gekümmert zu haben. Andere, die der Biograph ebenfalls befragte, erinnerten sich dagegen, dass sie »Sekretärin für Agitation und Propaganda« war. Auf Unterlagen kann Langguth hier nicht zurückgreifen, denn sie sind wundersamerweise ebenso wie ihre Pflicht-Arbeiten in Marxismus-Leninismus nicht aufzufinden. Dafür weiß Langguth zu berichten, dass die Pfarrerstochter Angela, geborene Kasner, die angeblich nie in der Sowjetunion studierte, bei einem Studentenaustausch in Moskau ihren späteren ersten Mann Ulrich Merkel kennenlernte

Auch andere Verfasser von Biographien der Kanzlerin geben Auskunft. *Wikipedia* vermeldet kurz und knapp: »Angela Merkel war während ihrer Zeit an der Akademie als Kreisleitungsmitglied und Sekretärin für Agitation und Propaganda bei der FDJ tätig – sie selbst spricht in diesem Zusammenhang von ›Kulturarbeit‹, die ihr laut einem Interview mit Günter Gaus aus dem Jahr 1992 ›Spaß gemacht hat‹«. Und laut *FemBio*, der Frauen-Biographieforschung e.V. in Hannover, »war Angela Merkel FDJ-Leitungsmitglied, bis 1984 FDJ-Sekretärin für Agitation und Propaganda«.

Wie es scheint, steht der Vorsitzende der Linkspartei mit seinen biographischen Angaben nicht allein, auch wenn er mit der Behauptung, die Bundeskanzlerin sei eine »Jungkommunistin« gewesen, wohl ein wenig übertrieben hat. Wer aber hat nun Recht? Lafontaine, Langguth, *Wikipedia, FemBio* oder die *SUPERillu?* Am einfachsten wäre es wohl, wenn die Kanzlerin die Angaben zu ihrem »Werdegang« auf ihrer Hompage erweitern und präzisieren würde. Nur Mut, Frau Bundeskanzlerin, ehemalige FDJ-Mitglieder werden Sie wegen Ihrer Agitations- und Propagandaarbeit in Ihrer Jugendorganisation nicht schelten, aber zugeben müssten Sie sie schon. Nicht zuletzt wäre das ein schöner Beitrag, um Ihrer Dauerforderung nach mehr »Transparenz« Glaubwürdigkeit zu verleihen.

November 2008

5. Kapitel
Liebeserklärung an Deutschland

Schluss mit der Kritik
an Schröders Agenda

Alle schlagen auf die Regierung und auf Schröders Agenda ein. Die schwarz-gelbe Opposition, weil ihr der Sozialabbau nicht weit genug geht, während ihre Bundestagsabgeordneten mit lukrativen Nebentätigkeiten nicht selten das Fünf- bis Zehnfache des Abgeordnetengehaltes von 7.009 Euro im Monat hinzuverdienen.

Die wenigen Linken in der SPD und bei den Grünen, die mutig gegen ihre Partei-Oberen aufmüpfen, um dann mehrheitlich zu kuschen.

Die PDS, indem sie die Agenda 2010 anprangert und eine »Agenda sozial« dagegensetzt, zugleich aber in Berlin gemeinsam mit der SPD rigiden Sozialabbau betreibt.

Boulevardzeitungen, die in fetten Schlagzeilen die sozialen Grausamkeiten der Regierung gegen die Armen kundtun und dabei die Jahresbezüge der Top-Manager der 30 DAX-Unternehmen, im vergangenen Jahr durchschnittlich 1,25 Millionen Euro, schamhaft verschweigen.

Das Fernsehen, das in einigen Sendungen die Folgen der Schröderschen Agenda für arme Mitbürger darstellt und einer bekannten Moderatorin für eine einzige Sendung ein Honorar von rund 28.000 Euro zahlt.

Schluss mit der Heuchelei! Es wird Zeit, dass die Agenda 2010 und ihre Bannerträger Schröder, Fischer, Müntefering, Eichel, Scholz auch einmal verteidigt werden. Denn ihre Politik, die bekanntlich alternativlos ist, bringt viel Gutes. Sie stärkt die Grundlagen, auf denen unser freiheitliches Gesellschaftssystem beruht, sie schützt unser demokratisches Staatswesen. Zum Beweis dürfte ein Beispiel genügen: die Umwandlung der bisherigen Arbeitslosenhilfe in das »Arbeitslosengeld II« und seine Absenkung auf das Niveau der Sozialhilfe, im Westen auf 354 und im Osten auf 331 Euro:

Erstens, durch die Einführung des »Arbeitslosengeldes II« wird sich die Zahl der Sozialhilfeempfänger von 2,8 Millionen auf 4,5 Millionen erhöhen. Eingespart werden Milliarden Euro, die dringend benötigt werden. Denn irgendwie muss doch – nach all den Steuerbefreiungen für Unternehmer – dem Bundeskanzler neben seinem Amtsgehalt von 219.657 Euro das Schatteneinkommen von 74.004 Euro, resultierend aus Abgeordnetenpauschale und Diäten, finanziert werden. Oder das gleich hohe Zusatzeinkommen des Finanzministers zu seinem regulären Salär von 164.987 Euro.

Irgendwoher muss auch das Geld kommen, um dem Ex-Oberbundesagenten für Arbeit, Florian Gerster, nach seinem verdienten glanzlosen Abgang 430.000 Euro Abfindung zu zahlen. Und wie sonst könnnte man der Bankgesellschaft Berlin und ihren Tochterbanken unter die Arme greifen, damit sie ihren 2001 wegen Misswirtschaft fristlos gekündigten Vorstandschefs jährlich jeweils 200.000 Euro Pension überweisen können?

Merke: Je mehr Arbeitslose zu Sozialhilfeempfängern werden, desto leichter die finanzielle Versorgung unserer Elite in Politik und Wirtschaft.

Zweitens, die Erhöhung der Zahl der Sozialhilfeempfänger festigt die innere Sicherheit, schützt unseren Staat vor seinen Feinden und stärkt ihn im Kampf gegen den Terrorismus. Die Möglichkeiten, die die Sozialhilfe für das Ausspähen der Bürger und potentieller Terroristen bietet, sind enorm. In ihrer Effizienz übertreffen sie solche herkömmlichen Methoden wie Video-Überwachung oder kleinen und großen Lauschangriff bei weitem. Sozialhilfeempfänger müssen nicht nur detailliert über ihre Einkommens- und Vermögensverhältnisse und die ihrer nahen Verwandtschaft, über Besitz von Bargeld, PKW, Briefmarkensammlungen, Partnerschaftsbeziehungen, Bildungsstand, vorangegangene Arbeitsverhältnisse, Wohnungswechsel, körperliche oder geistige Behinderungen, eventuelle Impfschäden usw. informieren, sondern den (Sozial-)Kundschaftern auch Zugang zu ihren Wohnungen und Einblick in ihre Küchen, Bäder, Toiletten, Kühlschränke, Schlafstätten bis unter die Bettlaken gewähren. Selbstverständlich sind sie auch verpflichtet, jede, auch die kürzeste Abwesenheit unverzüglich und unaufgefordert zu melden. Mit anderen Worten: Ihre Beobachtung ist so umfassend, dass andere staatliche Observierungsdienste davon nur träumen können. Deshalb merke: Je größer die Zahl der Sozialhilfeempfänger, desto sicherer unser Staat.

Drittens, Sozialhilfe dient dem Staat und der Wirtschaft selbst da, wo sie nicht gezahlt wird. Jeder Arbeitnehmer, gleich ob Hilfsarbeiter oder hochqualifizierter Spezialist, weiß jetzt, dass er nicht nur arbeitslos werden, sondern nach kurzer Zeit in die Sozialhilfe abstürzen kann. Diese Drohung schwebt über allen, sie wird Fleiß, Leistungsbereitschaft, Arbeitselan und -disziplin sowie politisches Wohlverhalten in einem bisher nicht gekannten Maße fördern. Die angedrohte Zwangsarbeit zu Niedriglöhnen, manche nennen sie gar eine moderne Form der Sklaverei, wird ein übriges dazu leisten.

Merke: Je mehr Sozialhilfeempfänger, desto besser für den Wirtschaftsstandort Deutschland.

Und *viertens*, die wachsende Zahl der Sozialhilfeempfänger hilft den arg strapazierten Rentenkassen. Denn Arme – und das sind zumeist Sozialhilfeempfänger – sterben bekanntlich früher. Allein ein Blick auf die Bundeshauptstadt bestätigt dies. Im Bezirk Kreuzberg liegt die durchschnittliche Lebenserwartung bei 69,6 Jahren, im Nobelbezirk Zehlendorf leben die Männer durchschnittlich 75 und die Frauen 80 Jahre. Wenn die Kreuzberger Sozialhilfeempfänger schneller, möglichst vor Erreichung des Rentenalters, das Zeitliche segnen, verzichten sie zwangsläufig auf jegliche Rentenansprüche, helfen also dem Staat zu sparen und die Altersbezüge in Zehlendorf und anderswo zu bezahlen.

Merke: Je mehr Sozialhilfeempfänger, desto sicherer die Renten in Deutschland.

Kurzum: Mit der Agenda 2010 befindet sich die Bundesrepublik Deutschland auf einem guten Weg in eine sichere Zukunft.

Februar 2004

Gute Sitten. Ein Lehrstück

Unglaubliches hat sich begeben: Ein Sonderausschuss des Bundestages hat das gesamte Multi-Millionen-Guthaben des Vorstandssprechers der Deutschen Bank, Josef Ackermann, mit der Begründung eingezogen, dass dieser »durch Missbrauch seiner Funktionen, durch Inanspruchnahme von selbstbestätigten Privilegien und durch Handlungen, die einen gröblichen Verstoß gegen die guten Sitten darstellen, sich und anderen persönliche Vorteile zum Nachteil der Gesellschaft verschafft hat«. Klagen gegen diese Enteignung wurden auf allen Gerichtsebenen abgewiesen. Die Gerechtigkeit triumphierte ...

Mir geschah, was bei *Radio Jerewan* zu Lebzeiten der Sowjetunion häufig passierte. Im Prinzip stimmte die Aussage, allerdings handelte es sich nicht um den Chef der Deutschen Bank, Josef Ackermann, sondern um das verstorbene Mitglied des Politbüros des Zentralkomitees der SED, Hermann Axen. Und es war auch kein Sonderausschuss des Bundestages, sondern um einen der letzten, bereits zur Bundesrepublik übergelaufenen Volkskammer der DDR. Und schließlich handelte es sich nicht um ein Millionenvermögen, sondern um 234.873,07 Mark der DDR beziehungsweise 117.436,53 DM.

Mit der eingangs wörtlich wiedergegebenen Begründung wurde am 27. September 1990 im Zuge der Währungsunion das Guthaben des Antifaschisten Hermann Axen, der während der Hitlerdiktatur sein gesamtes Eigentum verloren hatte und durch die Hölle der Konzentrationslager von Auschwitz und Buchenwald gegangen war, eingezogen. Es wurde ihm bis zu seinem Tode nicht zurückgegeben und später auch nicht seiner Witwe und seinen beiden Töchtern.

Fast 235.000 Mark waren in der DDR gewiss kein geringes Sparguthaben. Aber es war tatsächlich alles, was Axen in 45 Jahren Berufsleben in leitenden Ämtern – als Sekretär des FDJ-Zentralrates, als langjähriger Chefredakteur des *Neuen Deutschland*, als Sekretär des ZK der SED und Vorsitzender des

Auswärtigen Ausschusses der Volkskammer – gespart hatte. Es wurde ihm genommen, weil er gegen die »guten Sitten« verstoßen und zu denen gehört habe, die sich ihr Wohlleben – wie Altkanzler Helmut Kohl einmal formulierte, als sein 500.000-DM-Beratervertrag mit Kirch bereits abgeschlossen war – auf dem Rücken des Volkes gesichert hätten.

Die mir eingangs unterlaufene Verwechslung erhellt, was man in der Bundesrepublik unter »guten Sitten« versteht. Der Chef der Deutschen Bank verdient jährlich elf Millionen, die Mitglieder seines Vorstandes je 2,05 Millionen Euro. Postchef Klaus Zumwinkel kassiert in einem Monat 142.000 Euro – weit mehr also, als Axen im ganzen Leben gespart hatte. Klaus Esser, ehemaliger Mannesmann-Chef, erhielt bekanntlich dreißig Millionen Euro Abfindung, wofür er – welch ein Wunder – mit seinen Helfern vor Gericht steht. In diesem Prozess sieht der Vorvorgänger des jetzigen Deutsche-Bank-Chefs und Vorsitzende des Aufsichtsrates bei DaimlerChrysler, Hilmar Kopper, »ein verheerendes Signal«, denn, so erklärte er in aller Öffentlichkeit, diese Abfindung habe »mit Ethik und Moral überhaupt nichts zu tun«.

»Ist es unmoralisch«, so fragt er, »jemand, der Hunderttausenden von Deutschen insgesamt über 130 Milliarden hat zukommen lassen an Vermögenszuwachs, dem am Ende 25 Millionen Euro zu geben, vor Steuern? Ich halte das für hochmoralisch!«

Hochmoralisch? Schon vor mehr als siebzig Jahren hat Kurt Tucholsky zu dieser Moralauffassung festgestellt: »Wenn einer bei der Festsetzung von Arbeit und Lohn mit ›Ehre‹ kommt, mit ›moralischen Rechten‹ und mit ›sittlichen Pflichten‹, dann will er allemal mogeln.« Tucholskys Wortwahl ist zurückhaltend. Er kannte den demokratischen und freiheitlichen Sozialstaat namens Bundesrepublik Deutschland nicht, in dem die verfallende bürgerliche Moral immer neue Tiefpunkte erreicht.

Vor diesem Hintergrund gewinnt der nahezu in Vergessenheit geratene Willkürakt gegen Hermann Axen an Aktualität. Er legt auch die Frage nahe, wie es in der DDR um die Festsetzung von Arbeit und Lohn bestellt war und was von Behauptungen zu halten ist, in dem untergegangenen Staat hätten sich die SED-Bonzen und Nomenklaturkader auf Kosten des

Volkes schamlos bereichert. Unbestritten haben Führungskräfte unterschiedlicher Ebenen in der DDR nicht schlecht verdient. Mitglieder des Politbüros des ZK der SED bezogen ein monatliches Gehalt von rund 4.600 Mark, Horst Sindermann (ebenfalls Politbüro-Mitglied und zugleich Präsident der Volkskammer) sogar 4.800 Mark, Minister 4.500, einschließlich 1.200 bis 1.500 Mark Aufwandsentschädigung, stellvertretende Vorsitzende der Staatlichen Plankommission 3.750 Mark. Der Präsident des Amtes für Erfindungs- und Patentwesen bezog ebenfalls 3.750 Mark, ein weltbekannter Professor für Urologie an der Berliner Humboldt-Universität, Klinikdirektor und Leiter der Forschungsabteilung 4.620 Mark. Der Generaldirektor des Volkseigenen Betriebes Kombinat Schiffbau Rostock, eines Unternehmens, das Ende der 80er Jahre 56.000 Beschäftigte zählte, bei Fischfangschiffen den ersten und bei Stückgutfrachtern den zweiten Platz im Weltschiffbau belegte und dessen Erzeugnisse zu 90 Prozent exportiert wurden, hatte, wie seine Kollegen in den anderen 120 Kombinaten, ein Monatsgehalt zwischen 2.850 und 3.500 Mark.

Ein Hochschulabsolvent in leitender Tätigkeit konnte kaum mehr als das Dreifache eines Facharbeiters verdienen. Die Spanne zwischen niedrigstem und höchstem Einkommen betrug, von wenigen Ausnahmen abgesehen, eins zu sieben. In der Bundesrepublik beträgt sie eins zu mehr als sechshundert, Sozialhilfeempfänger noch nicht einmal mitgerechnet. Letztere erhalten im Monat 354 und in Ostdeutschland 331 Euro. Herr Ackermann verdient das in nicht einmal sechs Minuten, seine Vorstandskollegen müssen dafür allerdings schon dreißig Minuten arbeiten.

Was für ein Staat, was für eine Gesellschaft, die solche Einkommensunterschiede zuläßt. Selbst wenn man die 800.000 Vermögensmillionäre und die 33 Milliardäre außerhalb der Betrachtung lässt, ist schwerlich zu bestreiten, dass die DDR in puncto Gleichheit und sozialer Gerechtigkeit der BRD eine ganze historische Etappe voraus war. Vorwerfen ließe sich ihr allenfalls, dass die Einkommen zuweilen zu stark nivelliert waren.

Im *ARD*-Fernsehen trat unlängst der Bonner Wirtschaftswissenschaftler Michael Adam auf, der ein mögliches Modell für die Senkung der Spitzengehälter der deutschen sogenannten Top-Manager vorschlug. Das hörte sich allen Ernstes so an: »Man kann Folgendes machen: In Deutschland verdient ein Arbeitnehmer im Jahr rund 31.000 Euro vor allen Kosten. [...] Und nun sollte man hingehen und dem Aufsichtsrat die Kompetenz geben, dass er bis zum Hundertfünfzigfachen dieser Kosten eine Vergütung aussprechen kann, und das heißt, dass pro Jahr nicht mehr als 4,8 Millionen Euro gezahlt werden dürfen.«

Wie kühn! Aber auch wenn dieser geradezu revolutionäre Vorschlag verwirklicht würde, brauchten Josef Ackermann, Hilmar Kopper, Klaus Zumwinkel und Kollegen gewiss keine Angst zu haben, dass ihre schwer erarbeiteten Ersparnisse konfisziert werden. Man wird sich doch noch bereichern dürfen. Das gehört zu den »guten Sitten«, die sie an der BRD immer zu schätzen wussten, in der DDR dagegen vermissten.

Eine Politik des sozialen Ausgleichs empfinden die Reichen allemal als unsittlich.

April 2004

Die Friedensarmee

Deutschland steht vor bedeutenden Ereignissen. Während im vorgezogenen Wahlkampf die sogenannten großen Volksparteien aufeinanderschlagen, werden sie in den kommenden Monaten in patriotischer Gemeinsamkeit das 50-jährige Bestehen der Bundeswehr feiern. Höhepunkt wird am 26. Oktober 2005 ein Festakt des dann wahrscheinlich neugewählten Bundestags mit anschließendem Großem Zapfenstreich vor dem Reichstagsgebäude sein. Deutschland, nun freue dich!

Eingeleitet wurden die Festlichkeiten mit einem Gottesdienst im Berliner Dom, den die evangelischen und katholischen Militärbischöfe der Bundeswehr, Peter Krug und Walter Mixa, vor erlauchtem Staats- und Militärpublikum zelebrierten. Das Ritual hat im deutschen Kriegswesen Tradition: »Helm ab zum Gebet!« Mit dem Segen der Kirchenmänner moralisch aufgerüstet, versammelten sich die sorgfältig ausgewählten 750 Gäste im weiträumig abgesperrten barocken Innenhof des Zeughauses der Hohenzollern – deren Schloss leider noch nicht wieder zur Verfügung stand –, um den festlichen Worten des Herrn Bundeskanzler und des Herrn Verteidigungsminister zu lauschen und artig Beifall zu spenden.

Es waren schöne, militärisch knappe Reden, die die Entstehung und ruhmreiche Geschichte der Bundeswehr würdigten und zukünftige globale Aufgaben umrissen. Die Redner beschränkten sich auf das Wichtige. Solche nebensächlichen Details wie die führende Rolle der mehr als hundert Nazi-Generale und -Admirale, die schwerer und schwerster Kriegsverbrechen schuldig waren, beim Aufbau der neuen deutschen Streitkräfte oder die schon jetzt jährlich zwei Milliarden Euro verschlingenden nichtsnutzigen Auslandseinsätze der Bundeswehr zur Verteidigung des Vaterlandes von Bosnien bis zum Hindukusch konnten da keine Erwähnung finden.

Überhaupt hätte ein neutraler Beobachter, so er denn in den glasüberdachten, doppelt und dreifach abgesicherten Schlüterhof gelangt wäre, zuweilen den Eindruck gewinnen können, dass er sich statt auf einem Festakt zu Ehren einer Armee auf einer Manifestation gehobener Kreise der Friedensbewegung befindet. Nachdem bereits die Militärbischöfe im Dom den Friedensdienst der Bundeswehr gepriesen hatten, verkündete Bundesverteidigungsminister Struck das Motto des Jubiläumsjahres, das da lautet: »50 Jahre Bundeswehr – Entschieden für Frieden«, und um jegliche Missverständnisse auszuschließen, konstatierte er: »50 Jahre Bundeswehr bedeuten 50 Jahre erfolgreiche Sicherung des Friedens.« Noch friedenskämpferischer zeigte sich der Hauptfestredner, Bundeskanzler Schröder, der das Wort »Frieden« mehr als dutzendmal in den Mund nahm. Aus seiner Sicht ist die Bundeswehr »eine Erfolgsgeschichte ohne Beispiel«, hat sie sich »seit ihrer Gründung [...] als Friedensarmee hervorragend bewährt«, leistet sie einen »wichtigen Beitrag zur Friedenssicherung« und hat »einen einmaligen historischen Auftrag als Friedensarmee«.

Das abstoßende Wort »Krieg« kam in der Festrede nicht vor. Allerdings wäre es beinahe in den Text hineingerutscht, wenn der Kanzler das Manuskript nicht noch rechtzeitig überflogen und einige missverständliche Absätze gestrichen hätte. Dank einer Indiskretion – nicht des Bundespräsidial- sondern dieses Mal des Bundeskanzleramtes – sind *Ossietzky* die gestrichenen Passagen bekannt geworden. Nach den ehernen Worten zum »historischen Auftrag als Friedensarmee« fielen dem Rotstift des Kanzlers die nachstehenden Sätze zum Opfer: »Mit welcher Entschiedenheit die Bundeswehr diesen Auftrag erfüllte, hat sie im Frühsommer 1999 an der Seite, ja, mit ihren Tornados an der Spitze unserer Alliierten bewiesen, als sie mit ihren kühnen Aktionen gegen das damalige Jugoslawien in Kosovo eine humanitäre Katastrophe verhinderte und die sogenannte ehemalige jugoslawische Volksarmee aus dieser südserbischen Provinz verjagte.

Gegner dieses Vorgehens werfen uns noch heute vor, wir hätten damals unser Grundgesetz verletzt, in dessen Artikel 26 es bekanntlich heißt: ›Handlungen, die geeignet sind und in der Absicht vorgenommen werden, das friedliche Zusammenleben der Völker zu stören, insbesondere die Führung eines Angriffskrieges, sind verfassungswidrig.‹ Diesen Vorwurf, meine sehr verehrten Damen und Herren, weise ich heute wie damals entschieden zurück und bekräftige meine Überzeugung und meine seinerzeitige, inzwischen in die Geschichte einge-gangene Erklärung zum Auftakt der Luftschläge auf Belgrad: ›Wir führen keinen Krieg, aber wir sind aufgerufen, eine friedli-che Lösung im Kosovo auch mit militärischen Mitteln durch-zusetzen.‹

Der 50. Jahrestag unserer stolzen Bundeswehr wäre ein wür-diger Anlass, um die deutschen Soldaten, die so ruhmreich dazu beigetragen haben, weite Teile der jugoslawischen Wirtschaft und Infrastruktur zu zerstören und dabei nicht mehr als einige Tausende Zivilisten zu töten, auszuzeichnen. Leider sind wir aufgrund unverständlicher pazifistischer Stimmungen im Lande nicht in der Lage, unsere Kriegshelden, wahre Vorbilder für unsere Jugend, wie in der Vergangenheit üblich namentlich zu nennen und öffentlich zu ehren. So bleiben sie vorerst stille Helden, deren wir heute still, aber in größter Hochachtung gedenken.«

Soweit der gestrichene Text. Laut und stolz verkündete der Kanzler dafür an anderer Stelle: »Überall dort, wo die Bundes-wehr im Ausland eingesetzt ist, (ist) sie hoch anerkannt. Exakt dieses, dass sie mit den Menschen, um die es dabei geht, auf gleicher Augenhöhe umgeht, ist ihr besonderes Kennzeichen.«

Doch auch hier hielt er es für angebracht, einige Sätze aus dem Manuskript zu entfernen. Diese lauteten:

»Mit welcher Freude und Begeisterung unsere Bundes-wehrsoldaten z. B. in Kosovo begrüßt wurden, davon konnte ich mich kurz nach der siegreichen Friedensmission überzeu-gen, als ich sie in unserem Hauptquartier in Prizren besuchte. Der Empfang durch unsere albanischen Freunde, besonders durch unsere Bodentruppe, die UCK, war überwältigend, und das an diesem historischen Ort, wo deutsche Soldaten schon einmal Lili Marleens ergreifendes Friedenslied ›Vor der Laterne, vor dem großen Tor‹ gesungen haben.

Leider mussten wir nach dem erfolgreichen Einmarsch so wie auch unsere Verbündeten machtlos zusehen, wie mehr als 200.000 Serben, Roma und andere Nichtalbaner vertrieben und ihre kulturellen Einrichtungen, Kirchen und Klöster zer-stört wurden. Ebensowenig waren unsere Offiziere und Soldaten während der antiserbischen Pogrome im Frühjahr 2004 in der Lage, in Prizren, dem Zentrum des deutschen Sektors, zu verhindern, dass acht Kirchen, der Bischofssitz sowie alle Ortsteile, in denen die Serben wohnten, zerstört wurden.

Aber, und das verdient gerade heute hervorgehoben zu werden, vorbildlich haben sie sie sich um ihre eigene Sicherheit gekümmert und ihre Kontrollposten rechtzeitig zurückgezogen, so dass kein einziger deutscher Soldat zu Schaden kam.«

Dass dieser ursprüngliche Redetext dem erlauchten Publikum nicht zu Gehör gebracht wurde, ist bedauerlich, und das um so mehr, da der Ort, an dem die Feierstunde stattfand, auch unter historischem Blickwinkel bestens geeignet ist, den deutschen Soldaten Ruhm und Ehre zu zollen. Immerhin war das Berliner Zeughaus schon einmal, 1875, zu einer »Ruhmeshalle für die preußische Armee« umfunktioniert worden.

Juni 2005

Düsteres Orakel
des Nostradamus

Im Nachlass des 1566 verstorbenen Michel de Nostredame, bekannt als Nostradamus, wurde jüngst ein verloren geglaubter Prosatext aus dem Jahre 1553 aufgefunden, in dem der namhafteste Verfasser von Prophezeiungen für einen nicht näher bestimmten, fast ein halbes Jahrtausend später liegenden Zeitpunkt eine große Krise im Zentrum Europas voraussagte: Hundert Jahre nach zwei Weltkriegen würden in der europäischen Metropole, von der das Blutvergießen ausgegangen war, angesiedelte ehemalige Fremdlinge mit Hilfe äußerer teuflischer Mächte einen eigenen Kleinstaat ausrufen.

In Berliner Regierungskreisen rief der Fund helle Aufregung hervor, weniger wegen des Orakels, mehr ob seiner Auslegung durch eine angesehene Zeitschrift.

Das Blatt deutete die Weissagung wie folgt:

Nach dem zweimaligen großen Blutvergießen, in das Deutschland die Welt gestürzt hatte, siedelten sich in Berlin, vor allem in Kreuzberg und Neukölln, Arbeiter aus dem Ausland an, ihre Familien, Freunde und Bekannte zogen nach. Sie wurden heimisch, und dank hoher Natalität vermehrten sie sich doppelt so schnell wie die Einheimischen, von denen viele wegzogen. Das Zusammenleben gestaltete sich schwierig. Obwohl den Bewohnern der beiden Stadtteile Autonomierechte eingeräumt wurden, verlangten einige extremistische Elemente unter ihnen die völlige staatliche Unabhängigkeit – die ihnen nicht gewährt wurde. Daraufhin begannen sie die verbliebenen deutschen Bewohner zu drangsalieren, ihre Häuser mit Gewalt und Erpressung in Besitz zu nehmen und staatliche Einrichtungen zu boykottieren. Schließlich gründeten sie eine bewaffnete Untergrundbewegung, die sie »Befreiungsarmee« nannten, attackierten Polizeiwachen und verübten zahllose Terroranschläge. Ausländische Mächte stellten ihnen Waffen, Munition und Ausbilder zur Verfügung.

Die Berliner Polizei, unterstützt von Sondereinheiten der Bundeswehr, setzte sich zur Wehr und versuchte, die staatliche Ordnung wiederherzustellen. Als das zu ersten Erfolgen führte, verstärkten die fremden Mächte ihre Einmischung. Sie forderten ultimativ den Abzug aller Sicherheitsorgane und erklärten ihre Absicht, das ganze Bundesgebiet zu okkupieren; im Falle einer Ablehnung drohten sie mit Bombenangriffen. Obwohl Deutschland größtmögliche Kompromissbereitschaft zeigte, attackierten sie es aus der Luft, ermordeten Tausende von friedlichen Bewohnern, verwüsteten große Teile der Infrastruktur und der Industrie. Raketen zerstörten unter anderem den Berliner Funkturm, den Dienstsitz des Verteidigungsministeriums im Bendlerblock, die Rheinbrücken bei Köln, die Automobilwerke in Wolfsburg und das petrochemische Werk in Schwedt.

Die deutsche Republik musste der Übermacht weichen, die Invasoren okkupierten Teile Berlins, verhafteten den Bundeskanzler, brachten ihn in einem Schauprozeß zu Tode, und nach einer Übergangszeit riefen die Führer der sogenannten Befreiungsarmee einseitig die Unabhängigkeit der »Freien Republik Kreuzberg und Neukölln« aus.

Die Aufregung im Hause Steinmeier über diese Auslegung der Nostradamus-Prophezeiung war aus doppeltem Grunde verständlich. Einerseits sahen die Beamten darin ein Horrorszenarium, das geeignet war, dem Ansehen Deutschlands zu schaden. Andererseits erschien ihnen der Bericht als ein Spiegel, in dem jedermann unschwer Parallelen zu eigenen Untaten erkennen musste. Schließlich ist es historische Tatsache, dass die Albaner im vergangenen Jahrhundert in Kosovo zur Bevölkerungsmehrheit wurden, außerordentlich große autonome Rechte genossen, die Serben schrittweise verdrängten und dass nationalistische Extremisten die sogenannte Befreiungsarmee UCK gründeten, die anfangs selbst von den USA als Terrororganisation eingestuft wurde.

Nicht weniger ist es Tatsache, dass es gerade die Bundesrepublik Deutschland war, die die separatistischen Kräfte der Kosovo-Albaner von Anfang an protegierte, der Kosovo-Exilregierung Zuflucht gewährte und die UCK direkt und indirekt unterstützte. Schließlich waren es bundesdeutsche Politiker wie Schröder, Fischer, Scharping und Steinmeier, die immer maßlosere erpresserische Forderungen an Belgrad richteten, entscheidend zur propagandistischen Vorbereitung und Zielplanung der Bombenengriffe beitrugen und mit dreisten Lügen den Aggressionskrieg gegen Serbien rechtfertigten. Tornados der Bundeswehr flogen in den ersten Angriffsstaffeln der NATO-Luftarmada, die Tod und Verderben über das Balkanland brachte und unter anderem den Belgrader Fernsehturm, das Gebäude des Generalstabes, die Donaubrücken bei Novi Sad, die Automobilwerke in Kragujevac und die Chemiewerke in Pancevo am Rande der serbischen Hauptstadt zerstörte.

Nach dem Krieg und der Okkupation Kosovos machten die Aggressoren dem Präsidenten des angegriffenen Landes den Prozess, verweigerten ihm die notwendige medizinische Hilfe und brachten ihn so ums Leben. Unter den Augen hoher bundesdeutscher Offiziere und Beamter wurde die nichtalbanische Bevölkerung aus Kosovo vertrieben, ebenso ließen sie zu, dass unschätzbare serbische Kulturgüter zerstört und ehemals unter sozialistischer Selbstverwaltung stehende Betriebe privatisiert wurden.

2007 schließlich war es Berlin, das in engem Einvernehmen mit Washington die endgültige Abtrennung Kosovos von Serbien forcierte, die albanische Führung in Pristina in ihrer Ablehnung aller Belgrader Kompromissangebote bestärkte und ihr die Anerkennung einer einseitig erklärten Unabhängigkeit des südserbischen Gebietes in Aussicht stellte. So setzt sich der Bruch des Völkerechts fort, reiht sich, ähnlich wie in der Weissagung von Nostradamus, eine internationale Missetat an die andere.

Doch der Chef des Auswärtigen Amtes, Steinmeier, wies kürzlich jegliche Kritik an der Kosovo-Politik der NATO zurück. Zugleich versicherte er, die Entwicklung in der Krisenprovinz stelle »keinen Modellfall für das Völkerrecht« dar.

Ob diese Voraussage stimmt, wird sich zum Beispiel im Baskenland, in Katalonien, auf Korsika und Zypern, in Abchasien, Südossetien und anderswo zeigen.

Wie es im Falle von Kreuzberg und Neukölln in vierzig Jahren aussehen wird, läßt sich auch aus dem Text des Nostradamus nicht mit Sicherheit ablesen. Aber dieser Text und vor allem seine Deutung behagen dem Auswärtigen und den geheimen Ämtern der Bundesrepublik Deutschland in den Zeiten des

»Krieges gegen den Terror« so wenig, dass sie beschlossen, gegen den Autor der Auslegung das komplette Instrumentarium der Überwachung und Datenspeicherung einzusetzen.

Das wiederum veranlasst diesen zu der Erklärung, dass das Dokument des Michel de Nostredame aus dem Jahre 1553 noch nicht gefunden wurde und seine Deutung folglich blosse Spekulation ist – wodurch sich allerdings am Wahrheitsgehalt der geschilderten Verbrechen an Serbien und den Serben nichts ändert.

Januar 2008

Der Feldzug
gegen die Abzocker

Kürzlich – es war der Sonntag, an dem in Berlin der Posten-schacher der Großkoalitionäre von CDU/CSU und SPD in die entscheidende Abendrunde ging, in der Leipziger Nikolaikirche der mittlerweile legendenumwobenen Montagsdemonstration vom 9. Oktober 1989 und des Rufes »Wir sind das Volk« gedacht wurde und Fußballdeutschland das blamable Ab-schneiden der Klinsmann-Truppe am Bosporus beklagte –hatte ich wieder einmal Lion Feuchtwangers Roman »Narrenweisheit oder Tod und Verklärung des Jean-Jacques Rousseau« in die Hand genommen.

Da musste ich auf Rousseaus und Robespierres berühmte Erklärungen zum Verhältnis zwischen Gleichheit und Demo-kratie stoßen, die der Autor zitiert und die im Roman den über-aus vermögenden Generalsteuerpächter Monsieur Robinet, ehemals Nachbar Rousseaus während dessen mehrjährigen Auf-enthaltes im Sommerhaus des Schlossparkes zu Ermenoville, in ständige Furcht versetzten. Vor allem zwei Aussagen waren es, in denen der Steuereintreiber Attacken auf »die Heiligkeit des Eigentums« erblickte: Robespierres »Wir lassen es nicht zu, dass die Privilegien der Adeligen ersetzt werden durch die Privilegien der Reichen. Unsere ganze Freiheit und Gleichheit ist Schwin-del, wenn nicht alle unsere Gesetze und Institutionen dahin zie-len, der ungerechten Verteilung der Güter ein Ende zu machen« und Rousseaus »Wenn in einer Demokratie einige wenige sehr viel mehr besitzen als der Durchschnittsbürger, dann geht der Staat entweder zugrunde, oder er hört auf, eine Demokratie zu sein.«

Die Sätze wurden im 18. Jahrhundert formuliert, in der Periode der Aufklärung vor der Großen Französischen Revolu-tion und auf ihrem Höhepunkt während der Jakobinerdiktatur. Tempi passati, aus und vorbei! Wir leben im 21. Jahrhundert, in keiner Diktatur, und eine Revolution ist vorerst nicht in Sicht. Wie überholt die Erklärungen der beiden Franzosen sind, wurde mir vor Augen geführt, als ich am selben Sonntag in der Wochenendausgabe der *Berliner Zeitung*, mit welchen Problemen Führer der deutschen Sozialdemokratie beschäftigt sind – einer Partei also, die sich einst die Losung der französischen Revolution zu eigen gemacht hatte.

Einer von ihnen, er amtiert noch als Bundeswirtschaftsminister, hat den revolutionären Schlachtruf von 1789 »Liberté! Egalité! Fraternité!« den modernen Zeiten der Globalisierung und des Neoliberalismus angepasst. Aus »Freiheit! Gleichheit! Brüderlichkeit! wurde »Vorrang für die Anständigen! Gegen Missbrauch, ›Abzocke‹ und Selbstbedienung im Sozialstaat!«

So jedenfalls nennt sich das Maßnahmenpaket, das Wolfgang Clement unter dem Beifall der zukünftigen CDU/CSU-Koalitionsschwestern und -brüder im Kampf gegen den Leistungsmissbrauch durch ALG-II-Empfänger geschnürt hat. Die Kampfpackung enthält Hausbesuche und Anrufaktionen zu intensiverer Überwachungs, einen Datenabgleich mit den Finanzämtern und verschärfte Kontrollen der Arbeitsbereitschaft durch Trainingsprogramme mit Anwesenheitspflicht. Außerdem soll gesetzlich unter anderem vorgeschrieben werden, dass junge Arbeitslose nur dann in eine eigene Bleibe – und sei sie noch so bescheiden – ausziehen dürfen, wenn staatliche Behörden ihre Zustimmung erteilt haben. Bei den Hausbesuchen haben die Späher das Recht, die Wohnung bis in den letzten Winkel zu inspizieren und selbst in den Schlafstuben und Betten zu schnüffeln.

Das erwähnte Berliner Blatt weiß zu berichten, dass die unangemeldeten Hausbesucher zur Aufdeckung nicht gemeldeter »Bedarfsgemeinschaften« auch überprüfen müssen, ob getrennt geschlafen wird und ob im Kühlschrank Lebensmittel separat aufbewahrt werden. Schon »wer nur ein Stück Butter im Kühlschrank hat, macht sich in den Augen der Hartz-IV-Inspektoren verdächtig«.

Für diesen Feldzug gegen »›Abzocke‹ und Selbstbedienung« hat der sozialdemokratische Minister selbstverständlich eine einleuchtende Begründung: »Wir wollen keine Gesellschaft sein, in der die Ehrlichen sich als Dumme fühlen.« Die Ehrlichen sollen unbeschwert und in verdienter sozialer Sicherheit leben, denn ehrlich währt am längsten!

Solche Ehrlichen stellt die *Berliner Zeitung* in der gleichen Ausgabe drei Seiten nach dem Bericht über Clements Kampfpaket vor. Unter der Überschrift »Goldener Oktober« berichtet sie, dass über die sogenannten Top-Manager des Essener Energie-Konzerns RWE dieser Tage ein Geldsegen von insgesamt 145 Millionen Euro niedergeht. Wegen des hohen Aktienkurses, erreicht vor allem durch den Abbau von Arbeitsplätzen und durch willkürlich in die Höhe getriebene Strom- und Gaspreise, wurden sogenannte Aktienoptionen werthaltig, die den Managern 2001 zugeteilt worden waren. Wenn sie sie jetzt zu Geld machen, erhält zum Beispiel Finanzvorstand Klaus Sturany 2,636 Millionen Euro, das Vorstandsmitglied Jan Zilius 1,75 Millionen Euro und der Vertriebsmanager Berthold Bonekamp 1,75 Millionen Euro. Dank wohlverdienter Grundgehälter und weiterer schwer erarbeiteter Sonderzahlungen streichen die genannten Führungskräfte in diesem Jahr zusammengerechnet 18,8 Millionen Euro ein.

Berichte darüber, dass diese verdienstvollen Prokuristen des Kapitals in irgendeiner Weise durch den sozialdemokratischen Wirtschaftsminister behelligt worden wären oder dass gar dessen Späher jetzt in ihren Betten herumschnüffelten, sind bisher nicht bekannt geworden. Weshalb auch? Gehören sie doch zu den »Ehrlichen« und »Anständigen«, die »Vorrang« haben. Den Feldzug gegen »Abzocke« und »Selbstbedienung« haben sie über ihre Bevollmächtigten in den Industrie- und Wirtschaftsverbänden seit langem selbst gefordert.

In »Narrenweisheit« ist zu lesen, dass Robespierre vor dem Konvent, nachdem er Rousseaus Warnung vor den Folgen der großen Besitzunterschiede für die Demokratie zitiert hatte, hinzufügte: »Die Menschenrechte müssen ergänzt werden durch einschränkende Bestimmungen über das Eigentum; sonst sind sie nur für die Reichen da, für die Schieber und Börsenwucherer.« Mehr als zwei Jahrhunderte später gelten in der Bundesrepublik Deutschland und in den anderen »westlichen Demokratien« die in den Verfassungen verbrieften Menschenrechte noch immer vor allem für die Reichen und »Börsenwucherer«; für die Arbeitslosen und Armen werden sie außer Kraft gesetzt. Die einen sitzen in der Wolle und können den Hals nicht voll genug kriegen, den anderen wird das Fell über die Ohren gezogen.

Und noch immer lassen die Arbeitenden, die immer schamloser erpresst, und die Arbeitslosen, die immer tiefer gedemütigt werden, in ihrer Mehrheit diese Ungleichheit zu – verunsichert, resignierend und geduldig, weit entfernt davon, gegen die wirklichen Abzocker zu Felde zu ziehen.

Laut Feuchtwanger, noch einmal sei er erwähnt, ist die Geduld – diese Worte legt er in den Mund des von der Konterrevolution verhafteten Oberst Lapalu – »die Tugend der Esel«. Der aufsässige Oberst kam unter die Guillotine.

Heutzutage wird Eselsgeduld als Einsicht in die Zwänge der Marktwirtschaft und Globalisierung gepriesen und mit ALG II belohnt.

Oktober 2005

Deutsche Bedarfsgemeinschaften

Wieder einmal ist das Vaterland, das deutsche, in Gefahr. Hartz IV, genauer gesagt: der Missbrauch dieser sozialpolitischen Spitzenleistung, und hier vor allem der »Bedarfsgemeinschaften«, in denen ein Zweipersonenhaushalt neben einer zulässigen Warmmiete im Monat die horrende Summe von 622 Euro erhält, treibt es in den Bankrott. Wochenlang beherrschte das Thema die Erstaufmachungen der Zeitungen, die Kommentare in Print- und elektronischen Medien, die Talkshows von der provinziellen *klipp und klar* (rbb) bis zu den meinungsbildenden *Berlin-Mitte* (ZDF) und *Sabine Christiansen* (ARD). Die letztgenannte Sendung trug den schönen Titel: »Arm durch Arbeit, reich durch Hartz IV?« Plenum und Ausschüsse des Bundestages traten zu Sondersitzungen zusammen, um mit großer Mehrheit ein Hartz-IV-Fortentwicklungsgesetz zu beschließen, das die Daumenschrauben für Arbeitslose noch fester anzieht. Die Besitzer hochdotierter Arbeitsplätze in Landesregierungen und Parlamenten übertrafen sich in ihren Forderungen nach weiteren Einschränkungen. Günter Oettinger, Roland Koch, Edmund Stoiber, Volker Kauder verlangten kategorisch eine Eindämmung des »weit verbreiteten Missbrauchs« beim Arbeitslosengeld II.

In dieser erlauchten Runde durfte einer der Väter der Arbeitsmarktreformen nicht fehlen: Schröders seinerzeitige Wirtschaftswunderwaffe, Superminister Wolfgang Clement. Als mehrfaches Aufsichtsratsmitglied von Großkonzernen sagte er von sich, er habe »den politischen Schnickschnack« hinter sich. In der erwähnten »Reich-durch-Hartz-IV«-Sendung der ARD gab er bekannt: »Wir haben eine Missbrauchsquote im Bereich der Langzeitarbeitslosigkeit, die zwischen 20 und 25 Prozent liegt.« Kategorisch verlangte er: »Wir müssen dafür sorgen, dass Missbrauch eingedämmt wird«, womit er an seine frühere Forderung, »den Missbrauch von Hartz IV konsequent (zu) bekämpfen« anknüpfte, denn »Sozialbetrug und Schmarotzertum sind ein richtiges Problem«. »20 bis 25 Prozent der Hartz-IV-Empfänger bekommen die Unterstützung zu Unrecht. Das nenne ich parasitäres Verhalten.«

Sein »Widerpart« in der Sendung, CSU-Generalsekretär Markus Söder, stimmte zu und verkündete, dass »wir (CDU/CSU und SPD) uns einigen auf eine Optimierung der Situation, den Missbrauch zu bekämpfen«.

Kaum war die neue Arbeits-Einheitsfront gegen den Hartz-IV-Missbrauch, die nur von der *Linkspartei.PDS* und der WASG gestört wurde (Söder: »Wer Oskar Lafontaine zujubelt, der kann nicht zukunftsfähig sein«), hergestellt, da tauchte als Spielverderber ausgerechnet die Bundesagentur für Arbeit auf, die Institution, deren Kunden das ganze schöne ALG-II-Geld missbräuchlich verprassen. Sie teilte mit, dass die Zahl der Missbrauchsfälle weitaus geringer ist, als das die Großkoalitionäre dargestellt hatten. Ein Agentur-Sprecher erklärte: »Unsere Zahlen können Annahmen von 10, 20 oder 25 Prozent an Betrugsfällen, wie sie in Berlin gelegentlich genannt werden, in keiner Weise stützen.« Bislang seien 26 Millionen Euro zu Unrecht ausgezahlt worden.

Im Gegensatz zu den durch den Missbrauch angeblich verschwundenen Milliarden wurde diese Meldung nur am Rande vermerkt, es gab dazu weder parlamentarische Sondersitzungen noch Talkshows. Aber immerhin: Geld ist Geld, und 26 Millionen missbrauchte Euro sind fünf Euro pro Arbeitslosen, und dieser Betrag muss irgendwoher kommen.

Da jedoch, wie behauptet, der häufigste Missbrauch von den »Bedarfsgemeinschaften« ausgeht, liegt es nahe, andere derartige Gemeinschaften am finanziellen Ausgleich der Verluste zu beteiligen. Als Kandidaten bieten sich die »Bedarfsgemeinschaften« Harry Roels, Klaus Sturany, Jan Zilius und Berthold Bonekamp an. Das sind die fleißigen Manager des Essener Energieriesen RWE, die nach jüngsten Meldungen allein in diesem Jahr für die Einlösung von ihnen gewährten Aktienoptionen zusammen 18,06 Millionen Euro kassieren. Natürlich würde der Verzicht auf diese Gelder die vier Bosse ein wenig schmerzen, aber als kleiner Trost blieben ihnen schließlich immer noch ihre bescheidenen Jahresgehälter, bei Roels sind das gerade einmal 3,8 Millionen Euro.

Sollten die RWE-Größen wider Erwarten zögern, dem Vaterland diesen Dienst zu erweisen und einmalig auf ihren bescheidenen Zuverdienst zu Gunsten der Arbeitsagentur-Kasse zu verzichten, dann ständen gewiss andere Gemeinschaften bereit, die Republik vor den Folgen der Missetaten der Hartz-IV-Betrüger zu bewahren: etwa die Gemeinschaften der Familien Quandt (BMW, Altana) und Haniel (Metro, Celesio, Anzag, Takkt), die dieses Jahr laut dem Wirtschaftsmagazin Capital mit Dividenden von 263 beziehungsweise 141 Millionen Euro rechnen können. Mit ihrer selbstllosen Hilfe dürfte es für den deutschen Rechts- und Sozialstaat ein Leichtes sein, die durch die raffgierigen Arbeitslosen verursachten Ausfälle im Bundeshaushalt auszugleichen, zumal wenn man der neuen Kampflosung der SPD, von Kurt Beck kürzlich höchstselbst formuliert, folgt und »mit mehr Anstand [...] nicht alles rausholt, was geht«.

Juni 2006

Liebeserklärung
an Deutschland

Bundespräsident Horst Köhler bekannte nach seiner äußerst knappen Wahl 2004 mit bewegter Stimme: »Ich liebe unser Land.« Wie erinnerlich setzte er sich mit diesem Bekenntnis von einem seiner Amtsvorgänger, Gustav Heinemann, ab, der klargestellt hatte, er liebe seine Frau und nicht Deutschland. Horst Köhler liebt, wie er wiederholt betonte, ebenfalls seine Frau, aber eben auch Deutschland.

Auf dem Höhepunkt des schwarz-rot-geilen Jubels im Sommer 2006, kurz vor der Niederlage der Klinsmann-Truppe gegen die »Squadra azzurra« und ihrer Metamorphose zum »Weltmeister der Herzen«, hat Köhler noch eins draufgesetzt und gestanden, dass er »stolz auf dieses Land« sei.

Meine eigene Liebe zur Bundesrepublik Deutschland geht nicht ganz so weit. Aber wie liebenswert die BRD ist, lässt sich schon an Kleinigkeiten erkennen, zum Beispiel daran, dass jeder bei jeder Gelegenheit jedem »einen schönen Tag noch« wünscht und jeder jeden, und sei es ein anerkannter Dummbartel oder ein verachteter Sittenstrolch, im Brief mit »sehr geehrter Herr« anredet.

Oder ist es etwa nicht liebenswert, wenn jeder Bürger in seiner marktwirtschaftlich wichtigsten Eigenschaft, nämlich als Konsument, seit Jahrzehnten für so dämlich eingeschätzt wird, dass er bei jedem Kauf, von der Leberwurst bis zur Hundehütte, Preise, die auf 99 Pfennig beziehungsweise Cent enden, für besonders vorteilhaft hält?

Es muss noch gewichtigere Gründe geben, »unser Land« zu lieben. Vielleicht ein wohlgeordnetes Gesundheitswesen? Ein privilegienfreies Bildungssystem? Allseits geförderte Wissenschaft? Minimale Bürokratie? Das Fehlen jeglicher Diskriminierung (der Ostdeutschen, der Behinderten, der Frauen, der Ausländer)? Die bürgernahen sympathischen Politiker von

Koch bis Stoiber, von Beck bis Müntefering, den Spaßvogel Westerwelle nicht zu vergessen? Die verfassungstreuen Geheimdienste, der entschlossene Kampf gegen Neonazis und die sicheren nationalen Verteidigungslinien am Hindukusch, in Kosovo und nunmehr auch im Kongo? Der Versuch, all diese Gründe hier näher zu beleuchten, würde schon am Einspruch des Lektors scheitern, der zu Recht auf möglichst kurze Texte dringt. Unter diesem Druck beschränke ich mich schweren Herzens darauf, nur einen, bisher nicht genannten Grund meiner Liebe zum deutschen Vaterland in seiner derzeitigen Verfassungt zu erläutern: die vorbildliche soziale Gerechtigkeit.

In »unserem Land« leben 84 Euro-Milliardäre, 756.000 Euro-Millionäre sowie rund sieben Millionen ALG-2-Empfänger. Das private Gesamtvermögen beträgt fünf Billionen Euro. Davon gehört mehr als die Hälfte einem Zehntel der Haushalte, 50 Prozent der Haushalte teilen sich ganze vier Prozent des Vermögens. Milliardäre und Millionäre sind durch das Steuergeheimnis geschützt. Viele Konzernmanager, die Jahr für Jahr Millionen von Euro kassieren, sind nicht verpflichtet, ihr Einkommen offenzulegen. Vom Volk gewählte und bezahlte Abgeordnete wehren sich unter Verweis auf Datenschutz und Steuergeheimnis mit Händen und Füßen, dem Volk ihre Einkünfte aus »Nebentätigkeiten« offenzulegen.

Der stellvertretende SPD-Vorsitzende Wolfgang Thierse, vormals Parlamentspräsident, sprach sich für Transparenz, aber dagegen aus, dass sich Abgeordnete »plötzlich nackt ausziehen« müssen. Aber diejenigen, die von geldgierigen – ich sollte wohl sagen: klug rechnenden – Unternehmern in die Arbeitslosigkeit gestoßen wurden, müssen sich beim Beantragen von ALG 2 bis aufs Hemd ausziehen und über Einnahmen »gleich welcher Art« aller Familienangehörigen, über Girokontenstand auf Euro und Cent, Sparbuch der Kinder, Lebensversicherungen, Gemälde, Antiquitäten, Schmuck und so fort detaillierteste Auskunft geben.

Wenn ein hochqualifizierter arbeitsloser Elektroingenieur aufmuckt und nicht bereit ist, für einen Hungerlohn Spargel zu stechen, dann wird sein ALG 2 von 345 auf 241,50 Euro gekürzt. Ein ehemaliger Vorstandsvorsitzender der Bankgesellschaft Berlin dagegen, Wolfgang Rupf, der mit krimineller

Energie maßgeblich zum größten Skandal in der bundesdeutschen Bankengeschichte beiträgt, durch den der öffentlichen Hand ein Schaden von mehreren Milliarden Euro entsteht, erhält eine monatliche Pension von 30.000 Euro. Der Ingenieur verdankt seine ALG-2-Kürzung dem Exkanzler-Freund Peter Hartz, der von der Staatsanwaltschaft Braunschweig als ein Hauptbeschuldigter in der Sex- und Schweigegeld-Affäre des VW-Konzerns eingestuft wird und doch höchstwahrscheinlich vor allen Schadenersatzforderungen in Millionenhöhe bewahrt bleiben wird. Der Unterschied besteht darin, dass der kleine Elektroingenieur jahrzehntelang in die Arbeitslosenversicherung eingezahlt hat und der Konzern für sein Vorstandsmitglied Peter Hartz eine sogenannte Manager-Haftpflichtversicherung abgeschlossen hat.

So leben sie denn friedlich nebeneinander: die vom Recht geschützten Kapitalisten mitsamt ihren Managern, Chefredakteuren und Politikern auf der einen Seite und die rechtlosen, grundlegender Menschenrechte beraubten Arbeitslosen auf der anderen. Für beide gilt das Grundgesetz der Bundesrepublik Deutschland, das im Kapitel »Die Grundrechte« verkündet: »Alle Menschen sind vor dem Gesetz gleich.« Die Verfassung ist gar nicht schlecht, nur das Land ist in einer Verfassung, die es schwer macht, es aus vollem Herzen zu lieben.

Die Klassengegensätze wachsen. Auch das Blatt, dem Horst Köhler seinen Stolz auf Deutschland bekundete, wies in einer milden Frage darauf hin: »Die Mehrheit der Bürger hat Schwierigkeiten, ihren Lebensstandard zu halten, gleichzeitig wird eine kleine Gruppe immer reicher. Ist es gerecht, wenn Löhne sinken und Managergehälter drastisch steigen?«

In seiner Antwort formulierte der Herr im Schloss Bellevue den bemerkenswerten Satz: »Man kann Zweifel haben, ob sich alle Managergehälter durch Leistung ausreichend rechtfertigen.«

Wahrlich, wer in einer so komplizierten Frage von Zweifel geplagt ist, verdient Liebe und Zuneigung – wie die ganze Republik, der er vorsteht.

Juli 2006

Die raffgierigen Alten

Am Dienstag, dem 1. Juli 2008, können zwanzig Millionen deutsche Frauen und Männer aufatmen. Ihre Renten werden erhöht: um 1,1 Prozent. Noch in diesem Jahr wird der sogenannte Eckrentner pro Monat 13,05 Euro und damit insgesamt 78,30 Euro mehr auf sein Konto überwiesen bekommen.

Nun gut, ganz so viel ist es nicht, denn gleichzeitig steigt der Beitrag zur Pflegeversicherung um 0,25 Prozent, aber immerhin bleiben noch 58,73 Euro.

Ewig Unzufriedene, notorische Nörgler verweisen darauf, dass die Inflationsrate von 3,3 Prozent den Prozentsatz der Rentensteigerung weit übersteigt und die Kaufkraft der Rentner daher um rund 2,2 Prozent sinken wird. Sie übersehen, dass die Inflation ihr Realeinkommen auch ohne die Rentensteigerung schmälern würde. Fakt ist doch: Die Rente wächst und mit ihr die Sorge, wohin mit dem vielen Geld?

Das Ehepaar Müller hat das Problem schon lange hin- und hergewälzt. Nun wollen die Müllers einmal ins Theater gehen und in der Pause ein Mineralwasser trinken. Gerhard Schulze, er ist Witwer, beabsichtigt, mit seinen Enkeln den Zoo zu besuchen und ihnen anschließend ein großes Eis zu spendieren. Die Lehmanns brauchen sich darüber nicht mehr den Kopf zu zerbrechen. Ihre Wohnungsmiete wurde zum 1. Juli exakt um die erwarteten Mehreinnahmen erhöht.

Nur wenige Rentner denken an den Staat, der für die deftige Erhöhung pro Jahr über zwei Milliarden Euro locker machen muss. Dunkle Zeiten brechen an. Auch am Horizont ist kein Licht zu sehen. Da die Alten immer älter, die Kinder, die Jungen und die arbeitenden Beitragszahler weniger werden, kurz gesagt, der demografische Faktor die Rentenkasse ausplündert, müssen die Renten weiter sinken. Und der Staat muss hilflos zusehen, wie die Altersarmut wächst und wächst.

Besonders alarmierend ist die Lage im Osten Deutschlands. Mittlerweile dämmert das auch regierenden SPD-Politikern, die fleißig zur Misere beigetragen haben. Die Finanzminister von Sachsen-Anhalt und Mecklenburg-Vorpommern, Bullerjahn und Sellering, beklagen die Folgen der Arbeitslosigkeit: »Je länger die Wiederherstellung der deutschen Einheit im Jahr 1990 zurückliegt, um so mehr verlieren die kontinuierlichen Erwerbsbiographien der DDR-Zeit für den Aufbau von Rentenanwartschaften an Bedeutung.« Endlich haben sie einmal Recht. Seit 2007 erwirbt ein ALG-II-Empfänger nur noch einen Rentenanspruch von 2,19 Euro pro Jahr. Auch die Niedrigverdiener, immerhin sind das 41 Prozent der ostdeutschen Beschäftigten, stehen nicht besser da. Ihr Durchschnittsstundenlohn beträgt 4,86 Euro. Angesichts dieser Tatsachen konstatieren die SPD-Minister: »Wer schon in der Erwerbsphase arm ist, wird aller Voraussicht nach auch im Alter bedürftig sein.«

Doch auch ohne ALG II und Niedriglöhne scheint die Rechnung simpel zu sein, und die Warnungen werden lauter und lauter: »Immer weniger Arbeitende sollen immer mehr Ruheständler versorgen. Das kann nicht gut gehen!« Das Argument, dass immer weniger immer mehr produzieren, akzeptieren die Kassandrarufer nicht. Der Einfachheit halber blenden sie beispielsweise sowohl die Tatsache, dass im Jahr 1900 ein deutscher Bauer etwa vier, 1950 bereits zehn und heute 128 Menschen ernährt, aus, als auch den Umstand, dass die Arbeitsproduktivität in der Industrie jährlich um etwa zwei Prozent wächst. Ihr Interesse gilt dem Profit, den wachsenden Gewinnen, die doch nicht einfach an die unproduktiven, raffgierigen Rentner verschleudert werden dürften.

So klammern denn die sogenannten Wirtschafts- und Demografie-Experten in allen Debatten die Wertschöpfung durch den Einzelnen, die Entwicklung der Arbeitsproduktivität völlig aus und warnen vor den Folgen der immensen 1,1-Rentensteigerung. Bert Rürup zum Beispiel, der den schönen Titel »Vorsitzender des Wirtschafts-Sachverständigenrates« trägt, meint, finanzpolitisch sei der »teure Schritt« nur dann zu rechtfertigen, wenn die ausgesetzte Rentenkürzung, er nennt sie »Rentendämpfung«, wie angekündigt wieder rückgängig gemacht werde. Und der Chef des Bonner Instituts für Wirtschaft und Gesellschaft (IWG), Meinhard Miegel, rechnet nicht damit, dass die Rentner in Zukunft freiwillig auf die

Belastbarkeit der Jüngeren Rücksicht nehmen und ihre Ansprüche zurückschrauben würden, denn: »Die ältere Bevölkerungsgruppe hat einen kurzen Zeithorizont und will in der Gegenwart Kasse machen.«

Die Wirtschaftskoryphäen stehen nicht allein. Sie erfreuen sich der Unterstützung aller Unternehmerverbände und nicht weniger Edelpensionäre, darunter bekanntlich des allseits verehrten Roman Herzog. Vom Turm der Götzenburg in Jagsthausen, in der er mit Alexandra Freifrau von Berlichingen sein Gnadenbrot verzehrt, warnt er vor einer »Rentnerdemokratie« und davor, »dass die Älteren die Jüngeren ausplündern«. Wahrlich, Deutschland kann stolz auf diesen Altpräsidenten sein, der sich mit einer bescheidenen Jahrespension von über 200.000 Euro und einigen Rücklagen mühsam durchs Leben schlägt.

Wie anders dagegen unsere Kanzlerin, die die geplante Erhöhung der Renten als »verantwortbar« verteidigt. Auch der SPD-Fraktionsvorsitzende Peter Struck meint, er könne die Erhöhung verantworten, »weil auch die Rentner den Aufschwung spüren sollen [...] Schon aus Respekt vor ihrer Lebensleistung.« Freilich, auch manchem SPD-Politiker fällt die Rentenerhöhung um 1,1 Prozent angesichts der eigenen »Lebensleistung« zu niedrig aus. Dem früheren hessischen Ministerpräsidenten und von 1999 bis 2005 Bundesfinanzminister Hans Eichel, der für minimale Rentenerhöhungen und Nullrunden sorgte, stehen monatlich gerade einmal 7.150 Euro zu. Nun verlangt er 82 Prozent mehr, schließlich war er einst auch Oberbürgermeister der Stadt Kassel, die ihm dieses kleine Zubrot verweigerte.

Für die Niedrig- und Durchschnittsrentenbezieher ist das allerdings kein Grund für Sozialneid. Sie brauchen sich nur an den Rat von Ferdinand Piëch, dem VW-Aufsichtsratchef, zu halten, der auf die Frage »Weshalb sind reiche Leute reich?« die einleuchtende Antwort gab: »Weil sie weniger ausgeben als einnehmen.« Wie wahr. Der mit der Erhöhung von 1,1, exakter 0,85 Prozent beglückte Rentner braucht davon nur weniger auszugeben, und schon kann er trotz fortgeschrittenen Alters noch ziemlich reich werden.

So einfach ist es, am »Aufschwung« teilzuhaben.

Juni 2008

Vermaledeites Klassendenken

Nun liegt es wieder einmal hinter uns: Weihnachten. Auch ohne Schnee und Frost war es ein schönes Fest, ein Fest der Familie, des Lichtes und der Besinnlichkeit. An diesen Tagen habe auch ich mich besonnen und einer Denkweise abgeschworen, der ich seit meiner frühesten Jugend verhaftet war. Damals, in der von Kommunisten beherrschten Ostzone, war mir das »Kommunistische Manifest« untergeschoben worden, und seitdem glaubte ich, dass jede Gesellschaft aus Klassen und Schichten, aus Armen und Reichen, aus Ausbeutern und Ausgebeuteten besteht und die Geschichte aller bisherigen Gesellschaften die Geschichte von Klassenkämpfen ist. Doch wo Glaube ist, ist auch Zweifel. Letzterer kam, als mir das Glück zuteil und ich Bürger der Bundesrepublik Deutschland wurde und mich intensiv mit dem Grundgesetz vom Mai 1949 befasste, in dem für alle Zeiten festgeschrieben ist, dass alle Menschen vor dem Gesetz gleich sind und niemand wegen seiner Herkunft benachteiligt oder bevorzugt werden darf.

15 Jahre im demokratischen und freien Deutschland haben dann das Übrige getan, um das vermaledeite Klassendenken zu überwinden. Den letzten Ausschlag gaben das erwähnte Fest und die Vorweihnachtszeit mit ihren Herz und Sinne gleichermaßen bewegenden Begebenheiten. Wem wurde nicht warm ums Herz, als am Nikolaustag über Funk und Fernsehen berichtet wurde, dass in Erfurt wieder mehr als 150 Hartz-IV-Empfänger, alleinstehende Frauen mit kleinen Renten und Kinder aus armen Familien in die Evangelische Stadt-Mission kamen, um nahezu kostenlos ein Mittagessen in drei Gängen einzunehmen? Im »Restaurant des Herzens«, eingerichtet nach der Idee der französischen »Restaurants du Coeur«, werden bis zum 25. Januar täglich bis zu 200 sozialschwache Gäste bewirtet. Zum Auftakt gab es Thüringer Bratwurst, Sauerkraut und

Kartoffeln – alles für ganze 50 Cent. Da mussten die 450 Gäste, die zu dem unter der Schirmherrschaft der Bundespräsidentengattin Eva Luise Köhler stehenden 4. Benefiz-Dinner zu Gunsten der Organisation »Innocence in Danger« ins Berliner Ritz-Carlton-Hotel kamen, ein wenig tiefer in die Tasche greifen. Sie berappten das Tausendfache für das Essen: 500 Euro. Dafur wurde ihnen ebenfalls ein Drei-Gänge-Menü serviert (Tagliatella mit Riesengarnelen, geschmorte Kalbsschulter mit getrüffeltem Cremespinat, Grand-Marnier-Parfait mit Baiser-Sahne). In beiden Restaurationen soll es den Gästen vorzüglich geschmeckt haben.

Solche Mitmenschlichkeit beweist, dass unser Deutschland keine Klassenschranken kennt, sondern ein Hort der Nächstenliebe und der Gerechtigkeit ist. Zu dieser nun gefestigten Erkenntnis trug auch unsere Justiz bei, die ich fälschlicherweise als Klassenjustiz betrachtet hatte. Sozialschmarotzer haben vor ihr keine Chance. Eine Langzeitarbeitslose aus Baden-Württemberg hatte geklagt, weil ihr die Zahlung von ALG II verweigert worden war, auf die sie Anspruch erhob, obwohl ihrer dreiköpfigen Familie dank der Schwerbehindertenrente des Ehemanns und eines Kindergeldes monatlich 1.082 Euro zur Verfügung stehen. Das Bundessozialgericht in Kassel wies die Klage ab, da ihrer »Bedarfsgemeinschaft« nur 858 Euro zustehen und damit »schon mathematisch« keine Hilfsbedürftigkeit besteht. Ähnlich erging es dem Bundesbankpräsidenten Ernst Welteke. Beim Frankfurter Verwaltungsgericht hatte er auf eine Verdopplung seiner Frühpension von 8.000 Euro monatlich geklagt. Das Gericht entschied, dass seine Pension lediglich um rund 20 Prozent seines früheren Monatsgehaltes von 24.000 Euro aufgestockt werden muss. Nun muss er mit gerade einmal 12.800 Euro auskommen, das ist nicht einmal das 40fache des ALG-II-Regelsatzes.

Gleichermaßen streng und schichtenunabhängig gehen deutsche Gerichte gegen Straftäter vor. Der Fall Ackermann, Esser und andere ist gut bekannt. Obwohl die Konzernmanager von der Staatsanwaltschaft der schweren Untreue beschuldigt wurden, stellte das Landgericht Düsseldorf das Strafverfahren gegen Geldauflagen ein. Ackermann muss 3,2 und Esser 1,5 Millionen Euro zahlen. Dem Bankchef blieb damit 2006, Aktiengewinne nicht eingerechnet, nur ein Jahreseinkommen von kaum zehn Millionen Euro, und Esser verlor seinen Zinsgewinn aus der erhaltenen Abfindungssumme von 30 Millionen Euro. Strafe muss sein – ohne Ansehen der Person. Das zeigte auch der Fall der exakt zur gleichen Zeit vor dem Amtsgericht Berlin-Moabit verhandelt wurde. Eine 38jährige ALG-II-Bezieherin mit dem schönen Vornamen Babette fuhr mit ihrem Kleinkind mit der Straßenbahn nach Hause, mit einem ermäßigten Fahrschein, der ihr als einer Arbeitslosen nicht zustand. Als zwei eifrige Kontrolleure das feststellten, verfolgten sie sie und das schreiende Kind bis vor die Haustür und wurden dort handgreiflich, wodurch sie sich zu Beschimpfungen wie »Arschloch« und »Wichser« hinreißen ließ. Der Richter ließ Gnade vor Recht ergehen, stellte das Verfahren wegen des falschen Fahrscheines ein und verurteilte Frau Babette nur wegen Beleidigung zu einer Geldstrafe von 500 Euro. Das ist 3.000mal weniger als Herr Esser bezahlen muss und noch nicht einmal das Doppelte der Summe, die ihr für einen Monat zur Verfügung steht.

Jedes dieser Beispiele bestärkt mich in der Überzeugung, dass der Gleichheitsgrundsatz in Deutschland nicht nur Verfassungsnorm, sondern gesellschaftliche Realität ist. Deshalb hatte unsere Regierungschefin Merkel selbstverständlich Recht, als sie wenige Tage nach den Urteilen von Moabit und und Düsseldorf auf dem Dresdner Parteitag der CDU erklärte: »Schichtendenken beziehungsweise Klassendenken ist und bleibt uns fremd.« Diese Erkenntnis war ihr auch schon früher gekommen. Drei Wochen bevor sie zur Kanzlerin gewählt wurde, hatte sie in der Katholischen Akademie in Bayern konstatiert: »Wir haben den unheilvollsten Strömungen in der Geschichte – Kolonialismus, Nationalismus, Rassismus, Klassenkampf – ein Ende gesetzt – ich hoffe: ein für allemal.« Nicht ganz zufällig kam ihr das auf bayerischem Boden in den Sinn, hatte doch die CSU bereits 1976 in ihrem Grundsatzprogramm »Klassendenken und eine ausschließlich schichtbezogene Betrachtungsweise abgelehnt«.

An Merkels Seite stehen viele Gleichgesinnte, natürlich auch der CDU-Generalsekretär Pofalla. In einer Rede zum Thema »Grundsätze christdemokratischer Politik« erhob er die

»soziale Marktwirtschaft« in den Rang einer »Gesellschaftsordnung«, um zu verkünden: »Auf diese Weise gelang es in der Bundesrepublik, Klassendenken zu überwinden und soziale Grenzen durchlässig zu machen.«

Mit anderen Worten: Die Gesellschaft in der Bundesrepublik ist längst nicht mehr eine in Klassen gespaltene, sondern eine klassenlose und damit, das habe ich dem mir seiner Zeit untergeschobenen Manifest entnommen, eine kommunistische. Viele haben es nur noch nicht bemerkt.

Januar 2007

Inhalt

3. Kapitel
Krieg dem Palast

4. Kapitel
Helden unserer Zeit

5. Kapitel
Liebeserklärung an Deutschland

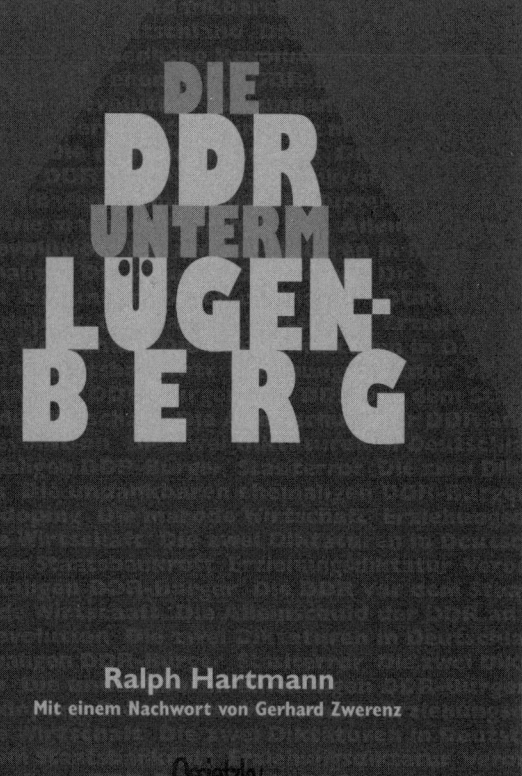